献礼北京大学120周年校庆

最高人民法院指导性案例司法应用研究报告（2017）

Research Report on the Application in Judicial Proceedings of Guiding Cases Issued by the Supreme People's Court（2017）

组织编写　北大法律信息网　　学术支持　中国法学会案例法学研究会

北京大学出版社
PEKING UNIVERSITY PRESS

图书在版编目（CIP）数据

最高人民法院指导性案例司法应用研究报告 . 2017/北大法律信息网组织编写. —北京：北京大学出版社，2018.11

ISBN 978-7-301-29940-1

Ⅰ. ①最… Ⅱ. ①北… Ⅲ. 最高法院—审判—案例—研究报告—中国—2017 Ⅳ. ①D925.05

中国版本图书馆 CIP 数据核字(2018)第 224605 号

书　　名	最高人民法院指导性案例司法应用研究报告（2017） ZUIGAO RENMIN FAYUAN ZHIDAOXING ANLI SIFA YINGYONG YANJIU BAOGAO（2017）
著作责任者	北大法律信息网　组织编写
策划编辑	陆建华
责任编辑	王丽环　陆建华
标准书号	ISBN 978-7-301-29940-1
出版发行	北京大学出版社
地　　址	北京市海淀区成府路 205 号　100871
网　　址	http://www.pup.cn　http://www.yandayuanzhao.com
电子信箱	yandayuanzhao@163.com
新浪微博	@北京大学出版社　@北大出版社燕大元照法律图书
电　　话	邮购部 010-62752015　发行部 010-62750672　编辑部 010-62117788
印　刷　者	北京宏伟双华印刷有限公司
经　销　者	新华书店
	730 毫米×1020 毫米　16 开本　21 印张　380 千字 2018 年 11 月第 1 版　2018 年 11 月第 1 次印刷
定　　价	58.00 元

未经许可，不得以任何方式复制或抄袭本书之部分或全部内容。
版权所有，侵权必究
举报电话：010-62752024　电子信箱：fd@pup.pku.edu.cn
图书如有印装质量问题，请与出版部联系，电话：010-62756370

编委会

组织编写 北大法律信息网

学术支持 中国法学会案例法学研究会

主　　编 郭　叶

副 主 编 刘馨宇

执行主编 孙　妹

撰 稿 人（按照姓氏笔画顺序）

朱雨婷　李凤娇　吴晓婧　张文硕　张　微

秦必雪　鹿　前　彭重霞　訾永娟　潘晓岚

序

近些年来，司法案例在我们国家的法律实践和社会生活中得到越来越广泛的应用，具有越来越重要的意义，而指导性案例则在其中发挥了关键性的作用。《中共中央关于全面推进依法治国若干重大问题的决定》提出，要"加强和规范司法解释和案例指导，统一法律适用标准""建立法官、检察官、行政执法人员、律师等以案释法制度"。北大法律信息网组织编写的《最高人民法院指导性案例司法应用研究报告（2017）》在帮助法律从业者和社会公众理解法律，学习、应用指导性案例，推动案例制度建设方面具有十分重要的意义和作用。具体来说，至少包括以下四个方面。

第一，它有益于法治教育和宣传。《中共中央关于全面推进依法治国若干重大问题的决定》指出："法律的权威源自人民的内心拥护和真诚信仰。"存在决定意识。要实现人民对法律的拥护和信仰，就需要法律和法律制度在切实维护人民的自由与权利、实现公正方面发挥实际作用。《最高人民法院指导性案例司法应用研究报告（2017）》通过展示指导性案例的适用，帮助公众理解法律、接受法治理念。不仅帮助理解法律条文，而且帮助理解司法公正；不仅帮助理解实体维度的司法公正，而且帮助理解程序维度的司法公正。同时，法律实务工作者和法学理论工作者可以从《最高人民法院指导性案例司法应用研究报告（2017）》中发现蕴含于指导性案例中的法治思想与理念。

第二，它有益于法律实务界和法学理论界研讨法律方法、提高司法技术。《最高人民法院指导性案例司法应用研究报告（2017）》不仅收集了指导性案例，而且还对指导性案例的适用情况进行了多角度分析。人们不仅可以从中研究指导性案例中的法律思维与法律方法，还可以借此不断提高各自的司法技术。

第三，它有益于广大社会公众对法律适用进行监督。《最高人民法院指导性案例司法应用研究报告（2017）》的读者不仅有法律从业人员，而且还有普通公民。普通公民在阅读、学习案例的同时，根据他们的法治观和普通人的常理（common sense），对司法判决的结果和过程进行判断，这是一种对司法过程没有任何干扰、但又十分有效的事后监督。对我国的法治建设十分有益。

第四，它为修改、完善立法准备资料。《最高人民法院指导性案例司法应用研究报告（2017）》中不乏对现行法律、法规中的模糊、冲突和遗漏之处的分析。它们对指导法官依法办案,对法律制定者修改、完善法律都具有十分积极的、不可多得的参考、辅助作用。

北大法律信息网坚持数年,持续组织编写"最高人民法院指导性案例司法应用报告",其研究规模和研究成果越来越得到法律界的认可。这次以《最高人民法院指导性案例司法应用研究报告(2017)》的形式出版,对法律界和社会公众都是一件好事。是为序。

张骐[*]

北京大学法学院教授

2018年9月

---

[*] 法学博士、北京大学法学院教授、最高人民法院案例指导工作专家委员会委员、中国案例法研究会副会长、中国比较法研究会副会长。

前　言

我国是成文法国家，法律适用以成文法为依据，但由于成文法有滞后性，难以适应当今社会的瞬息万变。在司法实践中，法律条文与案例的互补适用越来越受到实务界的认可。在此背景下，2010年11月26日，最高人民法院发布了《关于案例指导工作的规定》，以期实现总结审判经验、统一法律适用、提高审判质量、维护司法公正的目标。此规定的发布标志着案例指导制度在我国的正式确立。至今，我国案例指导制度已实施近八年，指导性案例的应用呈现快速增长的趋势，最高人民法院指导性案例的应用状况也日益受到法律学术界和实务界的关注。

"北大法宝"作为国内较早的法律专业数据库，30多年来在法律信息方面一直走在行业前列，尤其注重数据研究和资源建设。在北京大学法学院张骐教授的鼓励和指导下，从2014年起，"北大法宝"开展最高人民法院指导性案例司法应用的智能分析和研究工作，以指导性案例作为研究对象，以"北大法宝—司法案例库"作为数据来源，运用人工智能、大数据分析的技术手段和实证分析方法，获得一些研究成果。这些研究成果在法律学术界和实务界引起了关注并得到了认可。已发表的研究成果包括：2015年，在《中国案例法评论》创刊号发表的《最高人民法院指导性案例的司法应用——我国案例指导制度的实践与问题》；2017年，在《法律适用》第1期发表的《最高人民法院民商事指导性案例的司法应用研究》，在《中国案例法评论》第1辑发表的《最高人民法院指导性案例司法应用年度比较分析报告——以2011—2016年应用案例为研究对象》，在《中国应用法学》第4期发表的《指导性案例应用大数据分析——最高人民法院指导性案例司法应用年度报告（2016）》（该文被《中国社会科学文摘》2017年第11期转载）；2018年，在《中国应用法学》第3期发表的《最高人民法院指导性案例司法应用情况2017年度报告》。此外，主要研究人员多次参加中国案例法研究会年会及案例学术研讨会。

经过近五年的研究和锤炼，北大法律信息网组织编写的《最高人民法院指导性案例司法应用研究报告》已成为"北大法宝"的一个具有影响力的品牌。我们计划持续集结出版这些指导性案例的研究成果。

"北大法宝"和北大法律信息网一直在网络、出版和自媒体领域深耕并打造精品。在网络方面，北大法律信息网作为国内第一个法律信息网站，20余年来一直走在法律学术的前沿。在出版方面，从 2010 年出版的业内较早的与数据库相结合的法律实务系列丛书"北大法宝法律人高级助手书系"，到 2013 年开始持续出版的《北大法律信息网文粹》，再到 2017 年出版的"北大法宝法律实务丛书"，"北大法宝"和北大法律信息网已打造涉及学术、实务的多个系列出版物。2013 年和 2014 年，先后开设了"北大法宝"和"北大法律信息网"微信公众号，实现了网络平台、新媒体平台和纸媒平台的共通共赢发展。

《最高人民法院指导性案例司法应用研究报告（2017）》一书，对最高人民法院指导性案例的发布和应用情况进行了全方位、深层次、多角度的数据应用研究，包括年度报告、年度对比报告以及刑事、民商事、知识产权、行政、交通肇事和执行六类分报告。它们从多个维度深入剖析了最高人民法院指导性案例的发布和司法应用的特点和规律，并通过数据的直观反映，发现指导性案例在发布及应用中呈现出来的变化和趋势，以期为我国指导性案例司法应用的发展提供借鉴与参考。本书全面收录了最高人民法院发布的第一至十七批指导性案例以及与案例指导制度相关的法律规范性文件；对 92 例指导性案例进行了分类汇编，添加了指导性案例的分类标签；书后附主题词索引，以方便读者快速查找。本书将二维码技术贯穿始终，文中所使用的指导性案例、审判文书、应用案例以及与指导性案例相关的法律规范性文件，均可通过扫描二维码的方式在北大法律信息网、"北大法宝"数据库中查阅全文。

"最高人民法院指导性案例司法应用研究报告"将持续出版，欢迎法律实务工作者、法学学者和关注指导性案例研究的其他法律人提供宝贵建议，让我们共同关注指导性案例制度的发展。

本书的出版，应当感谢北京大学出版社的大力支持，感谢北京大学出版社编辑团队的积极推动，感谢"北大法宝"指导性案例研究团队优秀的编辑和技术团队，感谢为本书出版默默付出的所有工作人员。

郭　叶

北大法律信息网副总编辑

2018 年 8 月

目录
CONTENTS

第一部分　指导性案例司法应用报告

一、年度报告
- 最高人民法院指导性案例2017年度司法应用报告 …………………… 001

二、年度对比报告
- 最高人民法院指导性案例司法应用年度比较分析报告——以2011—2017年应用案例为研究对象 ……………………………………………… 030

三、刑事分报告
- 最高人民法院刑事指导性案例2017年度司法应用报告 ……………… 049

四、民商事分报告
- 最高人民法院民商事指导性案例2017年度司法应用报告 …………… 073
- 最高人民法院合同类指导性案例2017年度司法应用报告 …………… 098

五、知识产权分报告
- 最高人民法院知识产权指导性案例2017年度司法应用报告 ………… 118

六、行政分报告
- 最高人民法院行政指导性案例2017年度司法应用报告 ……………… 132

七、交通肇事分报告
- 最高人民法院指导案例24号2017年度司法应用报告 ………………… 170

八、执行分报告
- 最高人民法院执行指导性案例2017年度司法应用报告 ……………… 183

第二部分　指导性案例分类汇编

一、刑事指导性案例

1 危害公共安全罪指导性案例（2例）
- 指导案例13号：王召成等非法买卖、储存危险物质案 ……………… 199
- 指导案例32号：张某某、金某危险驾驶案 …………………………… 199

2 破坏社会主义市场经济秩序罪指导性案例（4例）

- 指导案例61号：马乐利用未公开信息交易案 ·················· 200
- 指导案例62号：王新明合同诈骗案 ·················· 201
- 指导案例70号：北京阳光一佰生物技术开发有限公司、习文有等生产、销售有毒、有害食品案 ·················· 201
- 指导案例87号：郭明升、郭明锋、孙淑标假冒注册商标案 ·················· 202

3 侵犯公民人身权利、民主权利罪指导性案例（3例）

- 指导案例4号：王志才故意杀人案 ·················· 202
- 指导案例12号：李飞故意杀人案 ·················· 203
- 指导案例63号：徐加富强制医疗案 ·················· 204

4 侵犯财产罪指导性案例（3例）

- 指导案例14号：董某某、宋某某抢劫案 ·················· 204
- 指导案例27号：臧进泉等盗窃、诈骗案 ·················· 205
- 指导案例28号：胡克金拒不支付劳动报酬案 ·················· 205

5 妨害社会管理秩序罪指导性案例（1例）

- 指导案例71号：毛建文拒不执行判决、裁定案 ·················· 206

6 贪污贿赂罪指导性案例（2例）

- 指导案例3号：潘玉梅、陈宁受贿案 ·················· 207
- 指导案例11号：杨延虎等贪污案 ·················· 207

二、民商事指导性案例

1 婚姻家庭、继承纠纷指导性案例（2例）

- 指导案例50号：李某、郭某阳诉郭某和、童某某继承纠纷案 ·················· 209
- 指导案例66号：雷某某诉宋某某离婚纠纷案 ·················· 209

2 物权纠纷指导性案例（1例）

- 指导案例65号：上海市虹口区久乐大厦小区业主大会诉上海环亚实业总公司业主共有权纠纷案 ·················· 210

3 确认合同效力纠纷指导性案例（1例）

- 指导案例33号：瑞士嘉吉国际公司诉福建金石制油有限公司等确认合同无效纠纷案 ·················· 210

4 买卖合同纠纷指导性案例（4例）

- 指导案例9号：上海存亮贸易有限公司诉蒋志东、王卫明等买卖合同纠纷案 ······ 211

- 指导案例 15 号：徐工集团工程机械股份有限公司诉成都川交工贸有限责任公司等买卖合同纠纷案 ……………………………………… 212
- 指导案例 17 号：张莉诉北京合力华通汽车服务有限公司买卖合同纠纷案 …… 212
- 指导案例 23 号：孙银山诉南京欧尚超市有限公司江宁店买卖合同纠纷案 …… 213

5 房屋买卖合同纠纷指导性案例（1 例）

- 指导案例 72 号：汤龙、刘新龙、马忠太、王洪刚诉新疆鄂尔多斯彦海房地产开发有限公司商品房买卖合同纠纷案 ………………………… 214

6 借款合同纠纷指导性案例（3 例）

- 指导案例 53 号：福建海峡银行股份有限公司福州五一支行诉长乐亚新污水处理有限公司、福州市政工程有限公司金融借款合同纠纷案 ……… 214
- 指导案例 57 号：温州银行股份有限公司宁波分行诉浙江创菱电器有限公司等金融借款合同纠纷案 ………………………………………… 215
- 指导案例 68 号：上海欧宝生物科技有限公司诉辽宁特莱维置业发展有限公司企业借贷纠纷案 …………………………………………… 216

7 建设工程合同纠纷指导性案例（1 例）

- 指导案例 7 号：牡丹江市宏阁建筑安装有限责任公司诉牡丹江市华隆房地产开发有限责任公司、张继增建设工程施工合同纠纷案 …………… 216

8 运输合同纠纷指导性案例（1 例）

- 指导案例 51 号：阿卜杜勒·瓦希德诉中国东方航空股份有限公司航空旅客运输合同纠纷案 ………………………………………………… 217

9 居间合同纠纷指导性案例（1 例）

- 指导案例 1 号：上海中原物业顾问有限公司诉陶德华居间合同纠纷案 ………… 218

10 服务合同纠纷指导性案例（1 例）

- 指导案例 64 号：刘超捷诉中国移动通信集团江苏有限公司徐州分公司电信服务合同纠纷案 ………………………………………………… 218

11 劳动、人事争议指导性案例（1 例）

- 指导案例 18 号：中兴通讯（杭州）有限责任公司诉王鹏劳动合同纠纷案 ……… 219

12 海事海商纠纷指导性案例（2 例）

- 指导案例 31 号：江苏炜伦航运股份有限公司诉米拉达玫瑰公司船舶碰撞损害赔偿纠纷案 …………………………………………………… 220
- 指导案例 52 号：海南丰海粮油工业有限公司诉中国人民财产保险股份有限公司海南省分公司海上货物运输保险合同纠纷案 ……………… 220

13 与公司有关的民事纠纷指导性案例（3 例）

- 指导案例 8 号：林方清诉常熟市凯莱实业有限公司、戴小明公司解散纠纷案 …… 221
- 指导案例 10 号：李建军诉上海佳动力环保科技有限公司公司决议撤销纠纷案 ……………………………………………………………………… 222
- 指导案例 67 号：汤长龙诉周士海股权转让纠纷案 ……………………… 222

14 与破产有关的民事纠纷指导性案例（1 例）

- 指导案例 73 号：通州建总集团有限公司诉安徽天宇化工有限公司别除权纠纷案 ……………………………………………………………… 223

15 保险纠纷指导性案例（2 例）

- 指导案例 25 号：华泰财产保险有限公司北京分公司诉李志贵、天安财产保险股份有限公司河北省分公司张家口支公司保险人代位求偿权纠纷案 ……… 223
- 指导案例 74 号：中国平安财产保险股份有限公司江苏分公司诉江苏镇江安装集团有限公司保险人代位求偿权纠纷案 …………………… 224

16 侵权责任纠纷指导性案例（4 例）

- 指导案例 19 号：赵春明等诉烟台市福山区汽车运输公司卫德平等机动车交通事故责任纠纷案 ………………………………………… 225
- 指导案例 24 号：荣宝英诉王阳、永诚财产保险股份有限公司江阴支公司机动车交通事故责任纠纷案 ………………………………… 225
- 指导案例 56 号：韩凤彬诉内蒙古九郡药业有限责任公司等产品责任纠纷管辖权异议案 ……………………………………………………… 226
- 指导案例 75 号：中国生物多样性保护与绿色发展基金会诉宁夏瑞泰科技股份有限公司环境污染公益诉讼案 …………………………… 226

17 适用特殊程序指导性案例（2 例）

- 指导案例 16 号：中海发展股份有限公司货轮公司申请设立海事赔偿责任限制基金案 ……………………………………………………… 227
- 指导案例 54 号：中国农业发展银行安徽省分行诉张大标、安徽长江融资担保集团有限公司执行异议之诉纠纷案 ………………………… 228

三、知识产权指导性案例

1 著作权权属、侵权纠纷指导性案例（4 例）

- 指导案例 48 号：北京精雕科技有限公司诉上海奈凯电子科技有限公司侵害计算机软件著作权纠纷案 ………………………………………… 229

- 指导案例49号：石鸿林诉泰州华仁电子资讯有限公司侵害计算机软件著作权纠纷案 229
- 指导案例80号：洪福远、邓春香诉贵州五福坊食品有限公司、贵州今彩民族文化研发有限公司著作权侵权纠纷案 230
- 指导案例81号：张晓燕诉雷献和、赵琪、山东爱书人音像图书有限公司著作权侵权纠纷案 230

2 商标权权属、侵权纠纷指导性案例（4例）

- 指导案例30号：兰建军、杭州小拇指汽车维修科技股份有限公司诉天津市小拇指汽车维修服务有限公司等侵害商标权及不正当竞争纠纷案 231
- 指导案例46号：山东鲁锦实业有限公司诉鄄城县鲁锦工艺品有限责任公司、济宁礼之邦家纺有限公司侵害商标权及不正当竞争纠纷案 232
- 指导案例58号：成都同德福合川桃片有限公司诉重庆市合川区同德福桃片有限公司、余晓华侵害商标权及不正当竞争纠纷案 232
- 指导案例82号：王碎永诉深圳歌力思服饰股份有限公司、杭州银泰世纪百货有限公司侵害商标权纠纷案 233

3 专利权权属、侵权纠纷指导性案例（5例）

- 指导案例20号：深圳市斯瑞曼精细化工有限公司诉深圳市坑梓自来水有限公司、深圳市康泰蓝水处理设备有限公司侵害发明专利权纠纷案 234
- 指导案例55号：柏万清诉成都难寻物品营销服务中心等侵害实用新型专利权纠纷案 234
- 指导案例83号：威海嘉易烤生活家电有限公司诉永康市金仕德工贸有限公司、浙江天猫网络有限公司侵害发明专利权纠纷案 235
- 指导案例84号：礼来公司诉常州华生制药有限公司侵害发明专利权纠纷案 236
- 指导案例85号：高仪股份公司诉浙江健龙卫浴有限公司侵害外观设计专利权纠纷案 236

4 植物新品种权权属、侵权纠纷指导性案例（2例）

- 指导案例86号：天津天隆种业科技有限公司与江苏徐农种业科技有限公司侵害植物新品种权纠纷案 237
- 指导案例92号：莱州市金海种业有限公司诉张掖市富凯农业科技有限责任公司侵犯植物新品种权纠纷案 238

5 不正当竞争纠纷指导性案例（6例）

- 指导案例29号：天津中国青年旅行社诉天津国青国际旅行社擅自使用他人企业名称纠纷案 ·················· 238
- 指导案例30号：兰建军、杭州小拇指汽车维修科技股份有限公司诉天津市小拇指汽车维修服务有限公司等侵害商标权及不正当竞争纠纷案 ·················· 239
- 指导案例45号：北京百度网讯科技有限公司诉青岛奥商网络技术有限公司等不正当竞争纠纷案 ·················· 240
- 指导案例46号：山东鲁锦实业有限公司诉鄄城县鲁锦工艺品有限责任公司、济宁礼之邦家纺有限公司侵害商标权及不正当竞争纠纷案 ·················· 240
- 指导案例47号：意大利费列罗公司诉蒙特莎（张家港）食品有限公司、天津经济技术开发区正元行销有限公司不正当竞争纠纷案 ·················· 241
- 指导案例58号：成都同德福合川桃片有限公司诉重庆市合川区同德福桃片有限公司、余晓华侵害商标权及不正当竞争纠纷案 ·················· 242

6 垄断纠纷指导性案例（2例）

- 指导案例78号：北京奇虎科技有限公司诉腾讯科技（深圳）有限公司、深圳市腾讯计算机系统有限公司滥用市场支配地位纠纷案 ·················· 242
- 指导案例79号：吴小秦诉陕西广电网络传媒（集团）股份有限公司捆绑交易纠纷案 ·················· 243

四、行政指导性案例

1 行政处罚指导性案例（4例）

- 指导案例5号：鲁潍（福建）盐业进出口有限公司苏州分公司诉江苏省苏州市盐务管理局盐业行政处罚案 ·················· 245
- 指导案例6号：黄泽富、何伯琼、何熠诉四川省成都市金堂工商行政管理局行政处罚案 ·················· 245
- 指导案例60号：盐城市奥康食品有限公司东台分公司诉盐城市东台工商行政管理局工商行政处罚案 ·················· 246
- 指导案例90号：贝汇丰诉海宁市公安局交通警察大队道路交通管理行政处罚案 ·················· 247

2 行政确认指导性案例（2例）

- 指导案例40号：孙立兴诉天津新技术产业园区劳动人事局工伤认定案 ·········· 247
- 指导案例59号：戴世华诉济南市公安消防支队消防验收纠纷案 ·············· 248

3 行政许可指导性案例（3例）
- 指导案例38号：田永诉北京科技大学拒绝颁发毕业证、学位证案 …… 248
- 指导案例39号：何小强诉华中科技大学拒绝授予学位案 …… 249
- 指导案例88号：张道文、陶仁等诉四川省简阳市人民政府侵犯客运人力三轮车经营权案 …… 250

4 行政批准指导性案例（2例）
- 指导案例22号：魏永高、陈守志诉来安县人民政府收回土地使用权批复案 …… 250
- 指导案例41号：宣懿成等诉浙江省衢州市国土资源局收回国有土地使用权案 …… 251

5 行政合同指导性案例（1例）
- 指导案例76号：萍乡市亚鹏房地产开发有限公司诉萍乡市国土资源局不履行行政协议案 …… 251

6 行政受理指导性案例（1例）
- 指导案例69号：王明德诉乐山市人力资源和社会保障局工伤认定案 …… 252

7 行政征收指导性案例（1例）
- 指导案例21号：内蒙古秋实房地产开发有限责任公司诉呼和浩特市人民防空办公室人防行政征收案 …… 253

8 行政登记指导性案例（1例）
- 指导案例89号："北雁云依"诉济南市公安局历下区分局燕山派出所公安行政登记案 …… 253

9 其他行政行为指导性案例（2例）
- 指导案例26号：李健雄诉广东省交通运输厅政府信息公开案 …… 254
- 指导案例77号：罗镕荣诉吉安市物价局物价行政处理案 …… 254

五、执行类指导性案例
- 指导案例2号：吴梅诉四川省眉山西城纸业有限公司买卖合同纠纷案 …… 256
- 指导案例34号：李晓玲、李鹏裕申请执行厦门海洋实业（集团）股份有限公司、厦门海洋实业总公司执行复议案 …… 256
- 指导案例35号：广东龙正投资发展有限公司与广东景茂拍卖行有限公司委托拍卖执行复议案 …… 257
- 指导案例36号：中投信用担保有限公司与海通证券股份有限公司等证券权益纠纷执行复议案 …… 257
- 指导案例37号：上海金纬机械制造有限公司与瑞士瑞泰克公司仲裁裁决执行复议案 …… 258

六、国家赔偿指导性案例

- 指导案例 42 号：朱红蔚申请无罪逮捕赔偿案 ·················· 259
- 指导案例 43 号：国泰君安证券股份有限公司海口滨海大道（天福酒店）证券营业部申请错误执行赔偿案 ·················· 259
- 指导案例 44 号：卜新光申请刑事违法追缴赔偿案 ·················· 260
- 指导案例 91 号：沙明保等诉马鞍山市花山区人民政府房屋强制拆除行政赔偿案 ·················· 260

第三部分　与案例指导制度相关的法律规范性文件

- 最高人民法院印发《关于案例指导工作的规定》的通知（法发〔2010〕51 号）·················· 263
- 最高人民法院研究室关于印发《关于编写报送指导性案例体例的意见》、《指导性案例样式》的通知（法研〔2012〕2 号）·················· 264
- 最高人民法院印发《〈关于案例指导工作的规定〉实施细则》的通知（法〔2015〕130 号）·················· 267
- 最高人民法院关于印发《人民法院民事裁判文书制作规范》《民事诉讼文书样式》的通知（法〔2016〕221 号）·················· 269
- 最高人民法院关于印发《涉外商事海事裁判文书写作规范》的通知（法〔2015〕67 号）·················· 289
- 最高人民法院巡回法庭审判管理工作指导意见（2017 年 4 月 6 日　法发〔2017〕9 号）·················· 297
- 最高人民法院关于发布第 17 批指导性案例的通知（法〔2017〕332 号）····· 303
- 最高人民法院关于发布第 16 批指导性案例的通知（法〔2017〕53 号）······ 303
- 最高人民法院关于发布第 15 批指导性案例的通知（法〔2016〕449 号）····· 303
- 最高人民法院关于发布第 14 批指导性案例的通知（法〔2016〕311 号）····· 304
- 最高人民法院关于发布第 13 批指导性案例的通知（法〔2016〕214 号）····· 304
- 最高人民法院关于发布第 12 批指导性案例的通知（法〔2016〕172 号）····· 305
- 最高人民法院关于发布第 11 批指导性案例的通知（法〔2015〕320 号）····· 305
- 最高人民法院关于发布第十批指导性案例的通知（法〔2015〕85 号）······ 305
- 最高人民法院关于发布第九批指导性案例的通知（法〔2014〕337 号）····· 306
- 最高人民法院关于发布第八批指导性案例的通知（法〔2014〕327 号）····· 306
- 最高人民法院关于发布第七批指导性案例的通知（法〔2014〕161 号）····· 306

- 最高人民法院关于发布第六批指导性案例的通知（法〔2014〕18号） ……… 307
- 最高人民法院关于发布第五批指导性案例的通知（法〔2013〕241号） ……… 307
- 最高人民法院关于发布第四批指导性案例的通知（法〔2013〕24号） ……… 307
- 最高人民法院关于发布第三批指导性案例的通知（法〔2012〕227号） ……… 308
- 最高人民法院关于发布第二批指导性案例的通知（法〔2012〕172号） ……… 308
- 最高人民法院关于发布第一批指导性案例的通知（法〔2011〕354号） ……… 309

关键词索引 …………………………………………………………………… 311

第一部分 指导性案例司法应用报告

一、年度报告

最高人民法院指导性案例2017年度司法应用报告*

[摘要] 2010年11月26日,最高人民法院发布了《关于案例指导工作的规定》,案例指导制度在我国得以初步确立。截至2017年12月31日,最高人民法院已发布17批共计92例指导性案例。本文将92例指导性案例作为研究对象,以"北大法宝—司法案例库"中的裁判文书作为数据样本。在介绍指导性案例概况、特征和发布情况的基础上,从不同角度,深入剖析其司法应用的特点和规律,进而探讨在发布及应用中存在的问题并提出完善建议,以期为我国指导性案例的司法应用提供参考。

[关键词] 案例指导制度 指导性案例 司法应用 大数据分析

我国案例指导制度实施7年来,指导性案例在司法实践中的应用状况日益受到关注。截至2017年12月31日,最高人民法院共发布17批92例指导性案例,已被应用于司法实践的指导性案例共有60例,尚未被应用的有32例。同一应用案例中,既存在援引两三个指导性案例的情形,也存在既援引民商事类指导性案例,又援引行政类指导性案例的情形。2017年度,援引指导性案例的案例,即应用案例,共有1571例,比2016年同期(549例)增加了1022例,增幅显著。① 其中,民商事类指导性案例有27例被应用于1127例案例,刑事类指导性案例有11例被应用于36例案例,行政类指导性案例有14例被应用于369例案例,执行类指导性案例有2例被应用于36例案例,知识产权类指导性案例有6例被应用于8例案例,国家赔偿类指导性案例尚未发现被应用。② 应用频率最高的是指导案例①24号,高达399次。应用案例主要集中在广东省、浙江省、山东省、河南省及江苏省等,应用案例审理法院主要是中级人民法院,审理程序以终审程序为主。

---

* 本文发表于《中国应用法学》2018年第3期,出版时略有改动。本文对指导性案例发布情况的研究范围为最高人民法院发布的第一至十七批指导性案例,发布案例数据和应用案例数据截止时间均为2017年12月31日。

① 参见郭叶、孙妹:《指导性案例应用大数据分析——最高人民法院指导性案例司法应用年度报告(2016)》,载《中国应用法学》2017年第4期,第40页。

② 各类指导性案例的应用案例总计1576例,大于1571例,原因在于有5例应用案例同时援引了民商事和行政类指导性案例。

一、指导性案例概况

（一）指导性案例的界定

2015年5月13日发布的《〈最高人民法院关于案例指导工作的规定〉实施细则》[①]（以下简称《实施细则》）第2条规定，指导性案例应当是裁判已经发生法律效力，认定事实清楚，适用法律正确，裁判说理充分，法律效果和社会效果良好，对审理类似案件具有普遍指导意义的案例。2011年12月30日发布的《最高人民法院研究室关于印发〈关于编写报送指导性案例体例的意见〉、〈指导性案例样式〉的通知》[②]规定，最高人民法院发布的每一个指导性案例均应由七个部分组成：标题、关键词、裁判要点、相关法条、基本案情、裁判结果及裁判理由。其中，最重要的是裁判要点、基本案情及裁判理由部分。这些部分的内容，发布者并不是照搬原生效裁判文书，而是对原生效裁判进行重新梳理、提炼和总结。这对于司法实践具有很强的指导意义。

（二）指导性案例的特征

1. 发布主体的一元化

指导性案例的发布主体[③]，又被称为创制主体，是指将符合条件的案例确定为指导性案例的权威机构。从理论上看，为了维护指导性案例的权威性和适用法律的统一性，发布指导性案例的主体应当实现一元化，即只能由国家最高审判机关发布。从实践上看，《最高人民法院关于案例指导工作的规定》（以下简称《案例指导工作规定》）第1条便开宗明义地指出，对全国法院审判、执行工作具有指导作用的指导性案例，由最高人民法院确定并统一发布。据此可知，在我国，指导性案例的发布权统一于最高人民法院，地方各级人民法院均不享有此项权力。

2. 来源途径的多元化

指导性案例的来源实行推荐制度，最高人民法院设立案例指导工作办公室，专门负责指导性案例的遴选、审查和报审工作。指导性案例的推荐主体及方式可以概括为三类：一是最高人民法院各审判业务单位、各高级人民法院及解放军军事法院，对本院和本辖区内已经发生法律效力的裁判，认为符合规定的，可直接向最高人民法院案例指导工作办公室推荐；二是各中级人民法院和基层人民法院对本院已经发生法律效力的裁判，认为符合规定的，经本院审判委员会讨论决定，层报高级人民法院，并建议向最高人民法院案例指导

[①] 参见北大法宝—法律法规库，http://www.pkulaw.cn/fbm/，法宝引证码：CLI.3.249447，最后访问日期：2018年1月10日。

[②] 参见北大法宝—法律法规库，http://www.pkulaw.cn/fbm/，法宝引证码：CLI.3.175399，最后访问日期：2018年1月10日。

[③] 参见陈兴良：《案例指导制度的规范考察》，载《法学评论》2012年第3期，第117页。

工作办公室推荐;三是人大代表、政协委员、专家学者、律师以及其他关心人民法院审判、执行工作的社会各界人士,对人民法院已经发生法律效力的裁判,认为符合规定的,可以向作出生效裁判的原审人民法院推荐。①

3. 参照效力具有强制性

《案例指导工作规定》第7条规定,最高人民法院发布的指导性案例,各级人民法院审判类似案例时应当参照。《实施细则》第9条规定,各级人民法院正在审理的案件,在基本案情和法律适用方面,与最高人民法院发布的指导性案例相类似的,应当参照相关指导性案例的裁判要点作出裁判。

4. 发布形式具有公示性

经最高人民法院审判委员会讨论决定的指导性案例,应当以公告的形式统一发布。目前,公告的法定途径有三种,即《最高人民法院公报》《人民法院报》和最高人民法院网站。

5. 援引方式具有规范性

《实施细则》第10条和第11条规定,指导性案例只能作为裁判理由予以引述,而不能直接作为裁判依据予以援引。法官在裁判理由部分引述指导性案例时,应当注明其编号和裁判要点。非法官援引指导性案例作为控(诉)辩理由时,案件承办人员亦应当在裁判理由中回应是否参照了该指导性案例并说明理由。最高人民法院发布的《人民法院民事裁判文书制作规范》在裁判理由中的第7项规定:正在审理的案件在基本案情和法律适用方面与最高人民法院颁布的指导性案例相类似的,应当将指导性案例作为裁判理由引述,并写明指导性案例的编号和裁判要点。但该文件也明确说明,指导性案例不作为裁判依据引用。②

二、指导性案例的发布状况

(一)指导性案例的发布规律

1. 指导性案例的发布日期不固定

最高人民法院从2011年开始,每年都发布指导性案例,且每年发布批次1—4批不等。从发布的月份来看,上半年主要集中在1月、3月、4月、5月、6月,下半年集中在9月、11月和12月。目前,2月、7月、8月、10月这四个月份尚无指导性案例发布。最高人民法院发布的92例指导性案例中,审结最早的案例可以追溯到1999年4月,

---

① 参见《最高人民法院关于案例指导工作的规定》,第4条、第5条。
② 参见《最高人民法院关于印发〈人民法院民事裁判文书制作规范〉〈民事诉讼文书样式〉的通知》,载北大法宝—法律法规库,http://www.pkulaw.cn/fbm/,法宝引证码:CLI.3.274653,最后访问日期:2018年1月10日。

最新的案例是 2017 年 5 月。审结日期主要集中于 2009 年之后，共有 81 例，总占比 88%。

2. 指导性案例的审结与发布日期间隔多在 5 年之内

指导性案例审结日期与发布日期两者间隔在 5 年之内的有 77 例，总体占比 84%。间隔时间在 10 年以上的有 3 例，即指导案例 38 号、41 号和 52 号。其中，指导案例 38 号是审结日期最早的案例，审结日期为 1999 年 4 月，发布日期为 2014 年 12 月，审结日期与发布日期的间隔达 15 年之久。间隔时间在 1 年之内的案例有 11 例，其中，有 3 例的发布日期和审结日期间隔在 7 个月左右，即指导案例 4 号、61 号和 88 号。

3. 指导性案例的发布频率不固定，但发布数量明显增多

除 2011 年年底作为第一批发布的 4 例指导性案例以外，最高人民法院于 2012 年、2013 年和 2015 年各发布两批指导性案例，发布的案例数量分别为 8 例、10 例和 12 例；2014 年和 2016 年各发布 4 批，发布的案例数量分别为 22 例和 21 例；2017 年发布了两批，发布的案例数量为 15 例。未来发布批次及单批次发布数量仍有上升的可能（见图 1-1 所示）。

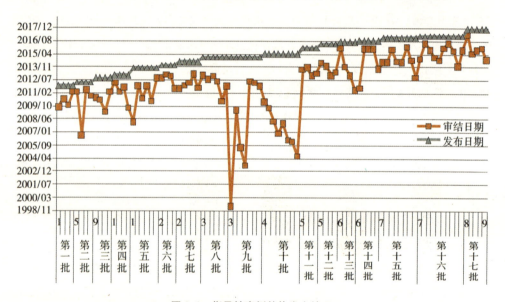

图 1-1　指导性案例整体发布情况

（二）指导性案例的发布特点

1. 指导性案例中的案由以民事类居多，合同纠纷总体占比最高

最高人民法院指导性案例所涉案由包括民事、刑事、行政、知识产权、国家赔偿及执行类。以民事类最多，有 31 例，总体占比为 34%，具体包括合同纠纷、公司纠纷、侵权责任纠纷等 12 类案由。其中，合同纠纷类案由共有 13 例；刑事类有 15 例，总体占比为

16%，具体包括故意杀人罪、抢劫罪、盗窃罪等13类案由，需要指出的是，第十五批中的指导案例71号是最高人民法院发布的首个拒不执行判决、裁定被判刑的指导性案例；行政类有17例，总体占比为18%，具体包括行政登记、行政征收、行政许可、行政处罚等9类案由；知识产权类有20例，总体占比22%，具体包括著作权、商标权、专利权权属纠纷、侵权纠纷等6类案由；执行类有5例；国家赔偿类仅有4例（见图1-2所示）。

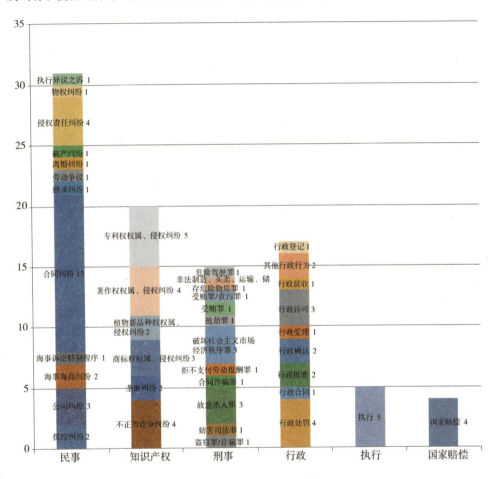

图1-2 指导性案例的案由分布

2. 指导性案例中的裁判要点以实体指引为主，程序指引为辅

裁判要点涉及案件实体问题的，共有82例，总体占比89%；涉及程序问题的仅有10例，其中，6例为民事诉讼程序问题，3例为行政诉讼程序问题，1例为刑事诉讼程序问题。

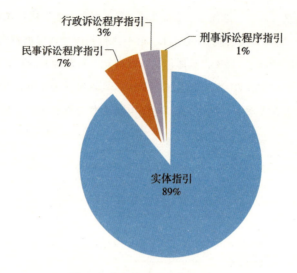

图 1-3　指导性案例裁判要点指引

3. 指导性案例中的关键词以法律通用词汇居多

最高人民法院发布的指导性案例，每篇有 3—7 个关键词不等。经统计，已发布的 92 例指导性案例共有 271 个关键词，累计出现次数较多的是"民事""刑事""民事诉讼""行政诉讼"等法律通用词汇，能够突出个案核心内容及主要法律适用问题的关键词出现频次较少（见表 1-1 所示）。

表 1-1　指导性案例关键词统计表

关键词出现次数（次）	关键词数量（个）	具体关键词
46	1	民事
14	1	刑事
10	1	行政
9	1	民事诉讼
8	1	行政诉讼
6	1	不正当竞争
4	4	执行复议；受案范围；行政处罚；举证责任
3	4	国家赔偿；连带责任；侵害商标权；告知义务
2	19	保护范围；恶意串通；法律效力；高等学校；工伤认定；故意杀人罪；金融借款合同；垄断；买卖合同；侵害发明专利权；侵害计算机软件著作权；侵权对比；权利滥用；死刑缓期执行；违约；限制减刑；刑事赔偿；著作权侵权；行政许可

续表

关键词出现次数（次）	关键词数量（个）	具体关键词
1	238	"合办"公司受贿；颁发证书；保险代位求偿权；保险人代位求偿；备案结果通知；被诉侵权药品制备工艺查明；必要措施；别除权；不具备用工主体资格的单位或者个人；不履行和解协议；财产保险合同；财产返还；撤回上诉；诚实信用；诚信原则；程序性行政行为；出质登记；船舶碰撞损害赔偿；错误执行；搭售；单方解除；到期债权；盗窃；第三者对保险标的的损害；电信服务合同；毒害性物质；二手房买卖；发还赃物；发明专利权；法定义务；防空地下室；非法经营数额；非法买卖、储存危险物质；分期付款；服务提供者；工作场所；工作过失；工作原因；公司僵局；公司解散；公司决议撤销；公司清算义务；功能性特征；股权转让；关联公司；管辖；管辖异议；规章参照；过错责任；海上货物运输保险合同；海事；海事赔偿责任限额计算；海事赔偿责任限制基金；海事诉讼；行使期限；行政确认；行政协议；行政征收；航班延误；航空旅客运输合同；合同解除；合同解释；合同诈骗；合意违反航行规则；和解；后续行为；环境污染公益诉讼；婚恋纠纷引发；婚生子女；机动车交通事故；技术保护措施；技术术语；技术调查官；既遂；继承；家用汽车；假冒注册商标罪；交通事故；借款合同；金钱质押；禁止令；经营管理严重困难；精神损害赔偿；竞争关系；居间合同；举报答复；拒不支付劳动报酬罪；拒不执行判决、裁定罪；抗诉；捆绑交易；捆绑销售；滥用市场支配地位；劳动合同；老字号；累犯；离婚；离婚时；历史题材；利用未公开信息交易罪；利用信息网络；连带清偿责任；临时保护期；没收较大数额财产；民间矛盾引发；民间文化艺术衍生作品；拍卖无效；赔偿责任；批复；骗取土地使用权；欺诈；企业借贷；起算点；起算时间；强制医疗；抢劫罪；侵害；侵害实用新型专利权；侵害外观设计专利；侵害植物新品种权；亲属协助抓捕；清偿债务；情节恶劣；情节特别严重；权利承受人；缺陷性特征；确认合同无效；人防；人格混同；人工授精；擅用他人企业名称；擅自处分共同财产；商标侵权；商品房买卖合同；商品通用名称；设计特征；涉外仲裁裁决；申请撤诉；申请执行；申请执行期间起算；申请执行一审判决；审查；生产、销售有毒、有害食品罪；十倍赔偿；实质相似；食品安全；食品安全标准；食品标签；食品说明书；市场支配地位；适用法律错误；收益权质押；受贿罪；受理；数额犯；刷信誉；司法赔偿；司法审查；司法审查范围；诉讼时效；贪污罪；坦白悔罪；套牌；特定化；特有包装、装潢；听证程序；外来原因；网络；网络服务；网络申请；网络销售；危险驾驶罪；违约行为；委托拍卖；未成年人犯罪；未遂；未引用具体法律条款；无罪逮捕；相关市场；相互授权许可；消防验收；协助履行；刑事诉讼；刑事追缴；虚假诉讼；虚假宣传；学术自治；学位授予；盐业管理；药品制备方法发明专利；业主共有权；一切险；移地占有；易地建设费；影视作品；优先受偿权；有毒有害的非食品原料；有继续危害社会可能；有效期限；有效通知；逾期答复；原告资格；援引法定刑；再审期间；责任；责任认定；诈骗；整体视觉效果；正当程序；政府信息公开；知名商品；知识产权；执行；执行管辖；执行回转；执行异议之诉；职务便利；质权实现；终结审查；专门从事环境保护公益活动的社会组织；专项维修资金；追逐竞驶；最高额担保；期限；行政程序；确认违法判决；公安行政登记；姓名权；公序良俗；正当理由；机动车让行；正在通行人行横道；行政赔偿；强制拆除；市场合理价值；侵犯植物新品种；玉米品种鉴定；DNA指纹检测；近似品种

4. 指导性案例的来源以最高人民法院及苏、沪、浙等地法院为主

指导性案例主要来源于最高人民法院及江苏省等 18 个省份的法院。其中，最高人民法院的指导性案例数量占绝对优势，共计 25 例；其次为江苏省、上海市和浙江省，分别为 14 例、11 例及 9 例。遴选出 2—5 例指导性案例的 4 个省和 2 个直辖市分别为四川省、江西省、山东省、安徽省及北京市、天津市；甘肃省、福建省、广东省、贵州省、河南省、黑龙江省、湖北省、内蒙古自治区和重庆市 8 个省和 1 个直辖市的指导性案例数量最少，均仅涉及 1 例案例（见图 1-4 所示）。

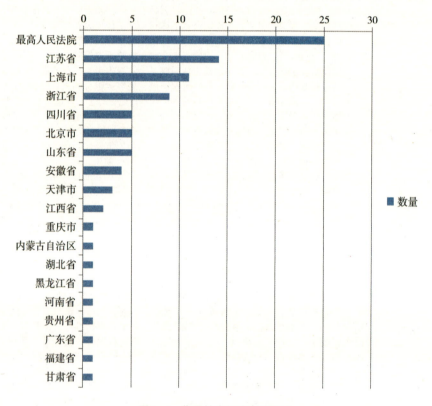

图 1-4　指导性案例的来源地域

5. 指导性案例的审理法院以高级人民法院居多

已发布的指导性案例中，普通法院审理的案件占绝大部分，专门法院审理的案件仅有 1 例。高级人民法院审理的案件数量最多，共计 26 例，总体占比 28%；最高人民法院、中级人民法院以及基层人民法院审理的案件数量依次为 25 例、22 例及 18 例，总体占比分别为 27%、24% 和 20%（见图 1-5 所示）。

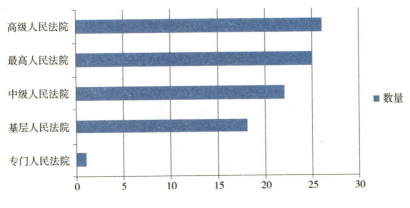

图 1-5　指导性案例的审理法院

6. 指导性案例所涉的审理程序以二审程序居多

审理程序为二审的指导性案例共 48 例，总体占比 52%；为一审程序的指导性案例共 20 例，总体占比 22%；为再审程序、执行程序、国家赔偿程序的指导性案例分别有 15 例、5 例及 3 例，总体占比分别为 16%、5%、3%。另外，2016 年公布的第十三批指导性案例中，指导案例 63 号首次涉及刑事诉讼中的强制医疗程序，本文将其归于其他程序（见图 1-6 所示）。

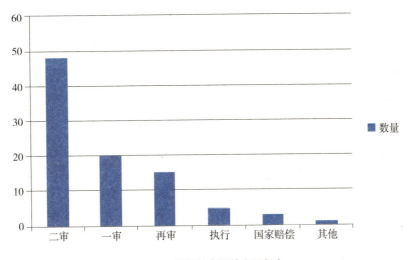

图 1-6　指导性案例的审理程序

7. 指导性案例的文书类型以判决书为主

在最高人民法院已发布的 92 例指导性案例中，文书类型为判决书的有 69 例，总体占比约 75%；为裁定书的有 18 例，约占 20%；为决定书的有 4 例，约占 4%；为执督复函的仅有 1 例，所占比例最小，占 1%（见图 1-7 所示）。

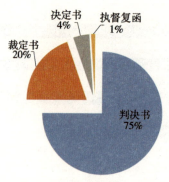

图 1-7 指导性案例的文书类型

三、指导性案例的司法应用

指导性案例被援引的情况可以分为确定性援引和不确定性援引。① 为了确保研究结果的准确性,本文仅对确定性援引进行分析。在最高人民法院发布的 92 例指导性案例中,为了对确定性援引作更为深入的剖析,进一步对确定性援引作类型化区分,按照法官在裁判案件时是否明确援引了指导性案例进行说理,将确定性援引分为明示援引和隐性援引。② 1571 例应用案例中,明示援引共涉及 580 例,隐性援引共涉及 980 例;另外一种特殊援引方式,即法官评析援引③,共涉及 11 例。

(一) 指导性案例的整体应用情况

1. 从整体来看,近 2/3 的指导性案例已被应用

截至 2017 年 12 月 31 日,在最高人民法院发布的 17 批 92 例指导性案例中,已被应用的指导性案例 60 例,未被应用的指导性案例 32 例,总体占比分别为 65% 和 35%(见表 1-2 所示)。

表 1-2 指导性案例整体应用情况

应用情况	应用数量(例)	指导案例编号
已被应用	60	1—15 号、17—19 号、21—26 号、28—29 号、31—34 号、38—41 号、45—47 号、50 号、52—54 号、56—62 号、65—69 号、71—74 号、76—77 号、85 号
未被应用	32	16 号、20 号、27 号、30 号、35—37 号、42—44 号、48—49 号、51 号、55 号、63—64 号、70 号、75 号、78—84 号、86—92 号

---

① 确定性援引,是指根据裁判文书内容(包括评析)的表述,能够直接确定其援引了几号指导性案例;不确定性援引,是指根据裁判文书内容(包括评析)的表述,不能确定其是否援引了指导性案例。

② 明示援引,是指法官作出裁判时明确援引了指导性案例进行说理。主要包括法官主动援引和被动援引两种情形,前者是指法官主动援引指导性案例进行说理;后者是指法官被动援引指导性案例进行说理,即检察人员建议或诉讼参与人请求参照指导性案例时,法官在裁判理由中对此作出了回应。隐性援引,是指在审判过程中,检察人员建议或诉讼参与人请求法官参照指导性案例进行裁判,法官对此在裁判理由部分未明确作出回应,但是其裁判结果与指导性案例的精神是一致的情况。参见张骐:《再论类似案件的判断与指导性案例的使用》,载《法制与社会发展》2015 年第 5 期,第 138 页。

③ 评析援引,是指裁判文书正文中并未提及指导性案例,但是在该案例后所附的专家点评、评析、补评及典型意义等中提到指导性案例的情况。

2. 在个案应用上，仅有 4 例指导性案例的应用较多

在最高人民法院已发布的 92 例指导性案例中，有 60 例指导性案例被应用于司法实践，共计 1571 例应用案例（见图 1-8 所示）。其中，涉及机动车交通事故责任纠纷的指导案例 24 号被应用的次数最高，共 399 次；指导案例 60 号、15 号、23 号被应用的较多，分

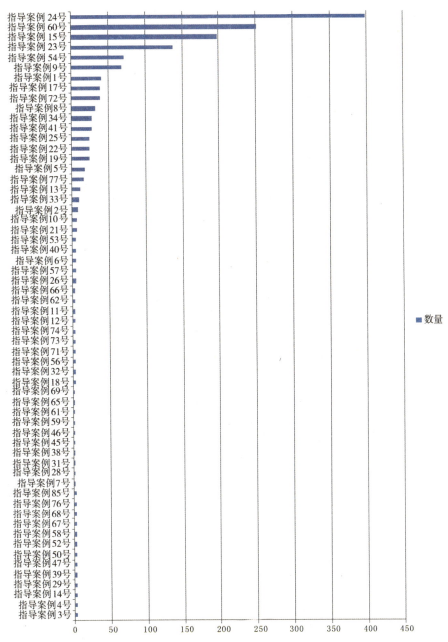

图 1-8　指导性案例的应用次数

别为 252 次、198 次、138 次；指导案例 60 号为工商行政处罚纠纷，指导案例 15 号、23 号为买卖合同纠纷；指导案例 54 号、9 号被应用的次数分别为 71 次、68 次。被累计应用 10 次以上 40 次以下的指导性案例有 13 例，分别是指导案例 1 号、5 号、8 号、13 号、17 号、19 号、22 号、25 号、33 号、34 号、41 号、72 号、77 号。另外，还有 41 例指导性案例的应用次数均在 10 次以下，应用次数较少。

3. 在援引方式上，法官更倾向于隐性援引

从援引的方式来看，包括明示援引、隐性援引及法官评析援引。其中，法官采用明示援引方式的应用案例共涉及 580 例，总体占比为 37%，包括法官主动援引的 401 例和法官被动援引的 179 例；法官采用隐性援引方式的应用案例共涉及 980 例，总体占比为 62%；法官采用评析援引方式的应用案例共涉及 11 例，总体占比仅为 1%，为 3 例指导性案例发布前的案例评析援引和 8 例发布后的案例评析援引（见图 1-9 所示）。

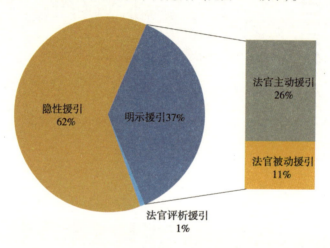

图 1-9 指导性案例的援引情况

4. 应用案例的案由主要集中在机动车交通事故责任纠纷和买卖合同纠纷

指导性案例被应用于包括机动车交通事故责任纠纷在内的 168 种案由中。其中，以机动车交通事故责任纠纷为案由的应用案例最多，共计 365 例，总体占比为 23%；其次是买卖合同纠纷、产品责任纠纷和执行类纠纷案由，其应用案例分别为 299 例、125 例和 67 例，总体占比分别为 19%、8% 和 4%。此外，包括民间借贷纠纷、商品房预售合同纠纷在内的 18 种案由，其应用案例均在 10 例以上 50 例以下；包括行政处罚、追偿权纠纷在内的 146 种案由，其应用案例均在 10 例以下（见图 1-10 所示）。

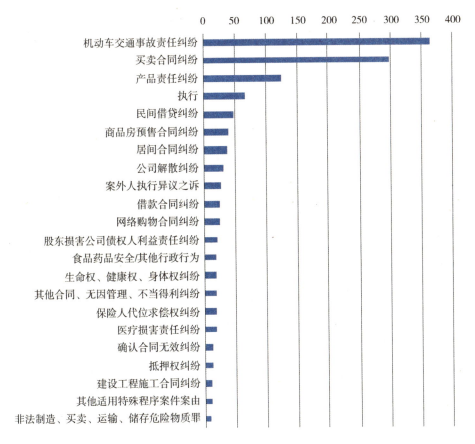

图 1-10 指导性案例案由的应用

(二) 应用案例与指导性案例的对比分析

1. 指导性案例案由的应用

在已被应用于司法实践的 60 例指导性案例中,涉及民事类的有 27 例,刑事类的有 11 例,行政类的有 14 例,知识产权类的有 6 例,执行类的有 2 例。

(1) 指导性案例中的案由多数被应用于同类案由的案件中

在已被应用的 60 例指导性案例中,有 43 例被应用于同类案由的案件。指导案例 3 号、4 号、8 号、14 号、29 号、52 号、58 号、61 号、67 号、71 号和 85 号仅被应用于相同案由的案件,尚未发现应用于不同案由的案件。有 32 例指导性案例既被应用于同类案由的案件,又被应用于不同类案由的案件。在指导案例 24 号的 399 例应用案件中,应用案由相同的有 339 例,总体占比为 85%。

(2) 指导性案例中的案由被应用于不同案由的案件中

上文提到,32 例指导性案例既被应用于同类案由的案件,又被应用于不同案由的案件,这32例指导性案例具体是指,指导案例1号、2号、5号、7号、9号、10号、11号、12号、13号、15号、17号、18号、19号、21号、22号、23号、24号、25号、31号、32号、33号、34号、38号、40号、45号、46号、53号、54号、57号、66号、72号及74号。例如,指导案例24号的裁判要点为"交通事故的受害人没有过错,其体质状况对损害后果的影响不属于可以减轻侵权人责任的法定情形",该裁判要点在司法实践中还常被法官或当事人应用于案由为"医疗损害责任纠纷""财产损害赔偿纠纷""财产保险合同纠纷"和"生命权、健康权、身体权纠纷"等各类案件中。其中,应用于"医疗损害责任纠纷"和"财产损害赔偿纠纷"类案件时,法官适用的裁判规则均为"被侵权人或受害人没有过错,其体质状况对损害后果的影响不属于可以减轻侵权人责任的法定情形";应用于"财产保险合同纠纷"案由的案件时,与指导案例24号的相似点在于,引发该保险合同纠纷的基础案情与指导案例24号相似,均为交通事故引发的事故责任或赔偿纠纷;生命权、健康权、身体权纠纷虽然与机动车交通事故责任纠纷不一致,但是其所涉及的内容存在交叉,均涉及当事人的体质对损害赔偿责任的影响。

在已被应用的60例指导性案例中,有17例指导性案例目前只被应用于不同案由的案件,包括指导案例6号、26号、28号、39号、41号、47号、50号、56号、59号、60号、62号、65号、68号、69号、73号、76号和77号。虽然它们的案由不同,但是案件的关键案情或者争议焦点具有相似性。例如,指导案例47号为不正当竞争纠纷类案件,被法官应用于商标权权属、侵权纠纷案中,主要是因为两者均是围绕商品包装、商品装潢的市场混淆的问题,案件关键事实相似;指导案例60号为工商、行政处罚类案件,被法官应用于买卖合同纠纷和产品责任纠纷案件中,虽然两者的案情不同,但争议焦点均涉及产品标签的认定问题。

2. 指导性案例的应用地域

(1)西部省份越来越重视指导性案例的应用

虽然指导性案例的来源地域以东部或经济发达地区为主,但指导性案例的司法应用不受来源地的限制。湖南省、辽宁省、河北省、吉林省、广西壮族自治区、陕西省、云南省、海南省、山西省、青海省、新疆维吾尔自治区、宁夏回族自治区和西藏自治区等13个省级行政区域,虽然没有入选的案例,但均在审判实践中应用了指导性案例。而且,西部省份越来越重视指导性案例在司法实践中的应用,例如,来自甘肃省的指导性案例在2017年11月15日首次入选发布,但在该指导性案例发布之前已有5例应用案例;西藏自治区在2017年6月9日首次应用了指导性案例(见图1–11所示)。

图1-11 指导性案例及其应用案例的地域分布情况

(2) 指导性案例的应用地域首次覆盖全国31个省级行政区域

2017年,已发布的指导性案例共涉及最高人民法院及江苏省等18个省级行政区域,而指导性案例应用地域首次覆盖全国除港、澳、台地区外的31个省级行政区域。其中,应用率最高的是广东省和浙江省,其次是山东省和河南省,然后依次为江苏省、四川省、福建省、内蒙古自治区、北京市、辽宁省、安徽省、湖南省、湖北省,其余省级行政区域的应用率较低。广东省、浙江省、山东省、河南省、江苏省和四川省的应用案例共计738例,总体占比45%。可知,应用地域集中在粤、浙、鲁、豫、苏、川等地。

（3）曾遴选出指导性案例的地域更注重指导性案例的应用

在应用案例超过 50 例的 13 个省级行政区域中，除湖南省、辽宁省外，其他 11 个省级行政区域均曾遴选出过指导性案例。可见，审判实践中曾遴选出指导性案例的地域更加注重对指导性案例的应用。

3. 法院对指导性案例的应用

（1）指导性案例的应用已扩展到知识产权法院、海事法院等专门法院

在审判实践中，应用指导性案例的法院主要是普通法院，共计 1553 例。应用指导性案例的专门法院除铁路运输法院和海事法院外，2017 年首次扩展到知识产权法院。但专门法院应用指导性案例的较少，仅有 18 例，其中，有 11 例为铁路运输中级人民法院，5 例为铁路运输基层人民法院，1 例为知识产权法院，1 例为海事法院。

（2）基层人民法院和中级人民法院应用指导性案例的频率较高

中级人民法院和基层人民法院应用指导性案例的频率较高，分别为 841 例和 588 例，应用率分别为 54% 和 37%；高级人民法院的应用案例较少，为 107 例，应用率为 7%；最高人民法院和专门人民法院的应用率合计约为 2%（见图 1-12 所示）。

（3）最高人民法院应用的指导性案例较少

在最高人民法院发布的 92 例指导性案例中，有 25 例来源于最高人民法院，总体占比为 27%。但最高人民法院的应用案例仅有 17 例，总体占比约为 1%。应用较少的原因是司法实践中由最高人民法院审理的案件普遍具有一定的特殊性和复杂性，从而一定程度上减少了最高人民法院对指导性案例的应用。

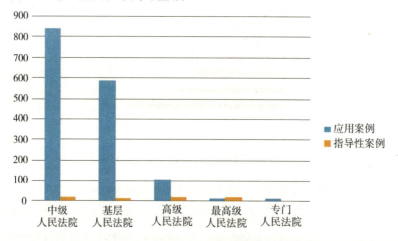

图 1-12　指导性案例及其应用案例的审级情况

4. 应用案例的审理程序

（1）应用案例的审理涉及普通程序的居多

最高人民法院发布的指导性案例所涉及的审理程序，比其应用案例所涉及的审理程序

更丰富，应用案例中，适用普通程序（包括一审、二审、再审）的有1498例，适用执行程序的有67例，适用特殊程序的有6例，尚无涉及国家赔偿程序的应用案例。

（2）应用案例的审理程序以二审程序为主

在最高人民法院发布的92例指导性案例的审理程序中，以适用二审程序的居多，共计48例案例，应用案例的审理程序也以适用二审程序为主，共计833例案例，总体占比为53%（见图1-13所示）。

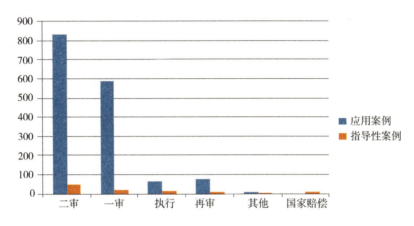

图1-13 指导性案例及其应用案例的审理程序情况

5. 指导性案例及其应用案例的终审结果

在最高人民法院的92例指导性案例中，终审结果涉及二审和再审程序的共有63例。在1571例应用案例中，终审结果涉及二审和再审程序的共计913例。

（1）指导性案例及其应用案例的终审结果均以二审维持原判居多

在终审结果涉及二审或再审程序的指导性案例中，二审维持原判的比例最高，总体占比为46%，二审改判的总体占比为21%，二审部分维持、部分改判的总体占比为9%；再审改判及驳回再审申请的总体占比分别为11%和6%，发回重审的总体占比为5%（见图1-14所示）。应用案例中，二审维持原判的总体占比约为63%，二审改判的总体占比近15%，二审部分维持、部分改判的总体占比约为11%；再审驳回申请的总体占比约为6%，再审改判的总体占比近2%。可见，与指导性案例相比，应用案例中，二审维持原判的比例更高，再审中改判和维持原判的比例较小（见图1-15所示）。

（2）指导性案例及其应用案例中的改判案例涉及合同纠纷的较多

在指导性案例中，改判的案例包括指导案例1号、4号、8号、12号、46号、49号、52号、72号等。这些指导性案例涉及的领域主要包括合同纠纷、故意杀人、公司纠纷、专利权纠纷、商标权纠纷、著作权纠纷、保险合同纠纷等。应用案例中的改判案件，其主要援引的指导性案例包括指导案例1号、8号、9号、15号、23号、24号、60号、72号等。这些应用案例以合同纠纷（尤其是买卖合同纠纷）和机动车交通事故责任纠纷为主。

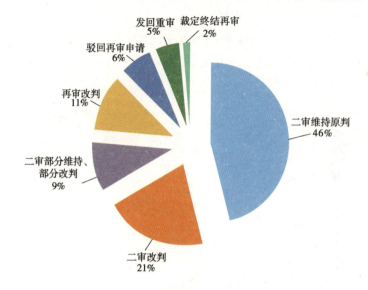

图1-14　指导性案例的终审结果

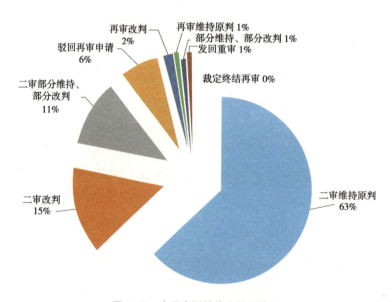

图1-15　应用案例的终审结果情况

（三）指导性案例的应用情况分析

1. 指导性案例的首次应用时间

在已被司法实践应用的60例指导性案例中，除了指导案例1号、8号、12号和24号之外，其余 56 例指导性案例的应用均发生在其发布以后。指导性案例被首次应用的时间分别为其发布后的 1—57 个月不等。其中，最高人民法院指导案例 2 号的发布日期为 2011 年 12 月 20 日，首次应用日期为 2012 年 1 月 5 日，前后间隔仅 16 天；指导案例 72 号的发布日期为 2016 年 12 月 28 日，首次应用日期为 2017 年 1 月 16 日，前后间隔仅 19 天。指导性案例的发布日期与首次应用日期间隔较短的还有指导案例 41 号、54 号、57 号、61 号，间隔时间依次为 27 天、37 天、50 天、57 天（见图 1-16 所示）。

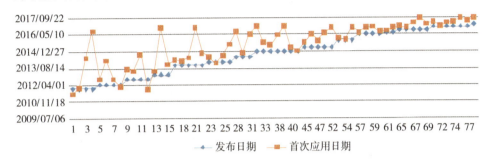

图 1-16　指导性案例发布日期与首次应用日期

2. 指导性案例的应用主体

（1）应用主体广泛

审判实践中，应用指导性案例的主体非常广泛，包括法官、原告、被告、公诉人、辩护人、上诉人、被上诉人、申请人和被申请人等。其中上诉人的应用比例最高，总体占比约为 29%；其次是法官和原告，总体占比分别约为 26% 和 20%；再次为被上诉人、被告、再审申请人，总体占比分别约为 10%、7%、3%；而公诉人、辩护人和被申请人的引用很少（见图 1-17 所示）。

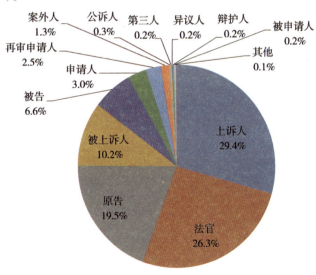

图 1-17　指导性案例的应用主体

(2)法官主动援引指导性案例,以期实现同案同判

实践中,法官主动援引指导性案例的,裁判时基本上都参照指导性案例作出了相同的判决。在法官主动援引的 401 例应用案例中,共涉及 38 例指导性案例,其中援引最多的是指导案例 24 号,共计 181 次;其次是指导案例 15 号和 34 号,分别为 80 次、21 次。其他 35 例指导性案例被援引的次数均在 20 次以下(见图 1-18 所示)。

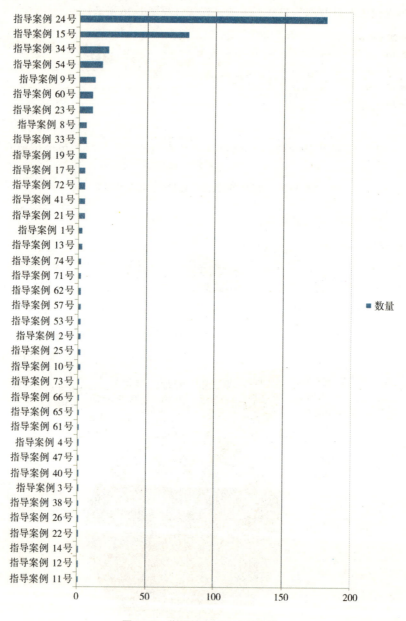

图 1-18 指导性案例的应用数量

（3）当事人引用指导性案例的频率最高，形式较丰富

当事人在审判中应用指导性案例的频率最高，总体占比约为74%。当事人，既包括审理程序、也包括执行程序中的当事人，在起诉、上诉、答辩和举证质证等环节均可援引指导性案例来证明自己的主张。在当事人引用的56例指导性案例中，引用次数最多的是指导案例60号，其次是指导案例24号、23号和15号。

（4）公诉人引用指导性案例较少，形式较单一

对于公诉人而言，其应用指导性案例的方式比较单一，即向人民法院提出检察建议。指导案例11号、12号、13号和32号都曾被公诉人作为向人民法院提出检察建议的参考依据。

3. 指导性案例的应用内容

根据前文对指导性案例编写结构的介绍可知，每篇指导性案例均由七个部分组成，即标题、关键词、裁判要点、相关法条、基本案情、裁判结果及裁判理由。其中，最重要的是裁判要点、基本案情及裁判理由部分。指导性案例的撰写是个极其重要的司法工作，其意味着最高人民法院能否通过指导性案例这种方式，逻辑清晰地表达对法律问题的认识，建构可以适用于同类案件的规范内容①。

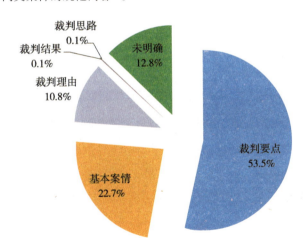

图1-19 指导性案例应用内容的参照情况②

在审判实践中，无论是法官、公诉人，还是当事人，在引用指导性案例时，其引用的内容不仅包括裁判要点、基本案情、裁判理由及裁判结果，还包括裁判思路。其中，引用

---

① 参见朱芒：《论指导性案例的内容构成》，载《中国社会科学》2017年第4期，第126页。
② 说明：应用内容中的"未明确"，是指在引用指导性案例时未明确说明其引用的具体内容，且根据裁判文书也不能判断其引用的内容。

裁判要点的，总体占比约为54%，应用的频率最高，引用基本案情的，总体占比近23%；引用裁判理由的，总体占比近11%；引用裁判结果和裁判思路的，总体占比均不足1%；另外，还有部分未明确引用内容的，总体占比近13%（见图1-19所示）。

4. 指导性案例的应用表述

根据《实施细则》第11条第1款的规定，在办理案件过程中，案件承办人员应当查询相关指导性案例。在裁判文书中引述相关指导性案例的，应在裁判理由部分引述指导性案例的编号和裁判要点。

援引指导性案例时的应用表述主要包括发布主体、发布日期、发布批次、指导性案例编号、指导性案例字号、指导性案例标题、指导性案例案号、裁判要点八个要素。

（1）发布主体、案例编号和裁判要点是援引次数较高的三个要素

发布主体被援引的频率最高，为1502次，在全部应用案例中的占比达到了96%。其主要的表述形式有：参照/依据/根据最高人民法院发布的指导性案例、与最高院发布的指导性案例、请求/建议/应当参照最高院发布的指导性案例等。其次是指导性案例的编号，仅次于发布主体，被援引的次数为1159次，在全部应用案例中的占比达到了74%，其主要的表述方式有：指导案例×号、第×号指导性案例、指导性案例第×号等。再次是裁判要点，其被援引的次数为594次。除此以外，援引次数较高的，还有发布日期和指导性案例标题（见图1-20所示）。

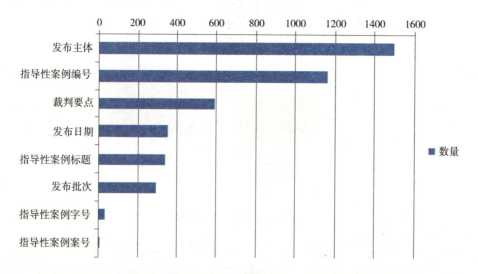

图1-20 指导性案例应用表述要素的使用情况

（2）应用表述模式并不固定，表述要素中以"主体+编号""主体+编号+要点""主体"为主导模式

根据应用表述所涉及的八个要素的引述情况，可将其分为单要素表述、双要素表述、三要素表述、四要素表述、五要素表述和六要素表述六大类。通过对1571例应用案例的统计和分析，具体情况如下（见表1-3所示）：

表1-3 指导性案例的应用表述分类及组合模式①

序号	应用表述分类	组合模式	数量（例）
1	单要素表述	主体	180
		编号	25
		指导（性）案例字样	12
		标题	11
		要点	10
		日期	1
2	双要素表述	主体+编号	326
		主体+要点	74
		主体+批次	24
		主体+标题	23
		主体+日期	8
		编号+要点	5
		批次+字号	1
		主体+字号	1
		主体+案号	1
3	三要素表述	主体+编号+要点	191
		主体+日期+编号	103
		主体+批次+编号	78
		主体+编号+标题	53

---

① 参见"上海华优化学品有限公司与上海市酒类专卖管理局要求返还财物上诉案"，上海市第三中级人民法院（2015）沪三中行终字第37号行政判决书，载北大法宝—司法案例库：http：//www.pkulaw.cn/case/，法宝引证码：CLI.C.6226616，访问日期：2018年3月19日。该案属于广义的隐性援引，未提及任何应用表述要素，无法统计到表格中。
参见"刘世伟故意伤害致人死亡案"，广东省高级人民法院（2011）粤高法刑三终字第272号裁定书，载北大法宝—司法案例库：http：//www.pkulaw.cn/case/，法宝引证码：CLI.C.1500604，访问日期：2018年3月19日。该案属于评析援引，编辑的［评析］部分未出现指导性案例，只在［编辑链接］中提到，无法统计到表格中。

续表

序号	应用表述分类	组合模式	数量（例）
3	三要素表述	主体+标题+要点	12
		主体+日期+要点	11
		主体+日期+标题	8
		主体+批次+要点	7
		主体+批次+标题	4
		主体+批次+字号	3
		主体+编号+字号	3
		主体+日期+批次	2
		主体+标题+字号	1
		日期+批次+标题	1
		日期+编号+标题	1
4	四要素表述	主体+编号+标题+要点	71
		主体+日期+编号+要点	67
		主体+批次+编号+要点	34
		主体+日期+编号+标题	24
		主体+批次+编号+标题	23
		主体+日期+批次+编号	21
		主体+批次+编号+字号	8
		主体+批次+标题+要点	8
		主体+日期+标题+要点	3
5	五要素表述	主体+日期+编号+标题+要点	49
		主体+批次+编号+标题+要点	16
		主体+日期+批次+编号+要点	12
		主体+日期+批次+编号+标题	12
		主体+日期+批次+编号+字号	11
		主体+批次+编号+案号+要点	4
		主体+批次+编号+标题+字号	2
		主体+批次+编号+字号+要点	2
		主体+日期+批次+标题+要点	2
		主体+批次+标题+案号+要点	1
		主体+日期+批次+案号+要点	1
		主体+日期+批次+编号+案号	1

续表

序号	应用表述分类	组合模式	数量（例）
6	六要素表述	主体+日期+批次+编号+标题+要点	13
		主体+日期+批次+编号+字号+要点	1
		主体+日期+批次+编号+标题+案号	2
		主体+日期+批次+编号+标题+字号	1

根据表 1-3 中的统计结果可以看出，六种不同的表述类别所涉及的要素种类和组合模式各不相同，即使是相同的表述类别，具体的要素种类和组合模式也存在差异。其中，三要素的表述数量最多，有 478 例，双要素的有 463 例。单要素、四要素、五要素表述的数量分别为 239 例、259 例、113 例，六要素的表述相对较少，仅有 17 例。

三要素的表述中包含十几种表述模式，其中，"主体+编号+要点"模式有 191 例，"主体+日期+编号"模式有 103 例，两者占三要素表述模式中的一半以上，处于主导模式。双要素表述中，"主体+编号"模式有 326 例，占双要素模式的 70%。单要素表述中，以"主体"为主要的表述模式，同时一般表述构成为"主体"+"指导性案例"字样。四要素、五要素、六要素的主要表述模式分别为"主体+编号+标题+要点""主体+日期+编号+标题+要点""主体+日期+批次+编号+标题+要点"。

（3）法官同时引述指导性案例编号和裁判要点的情况较多

在 1571 例应用案例中，法官明示援引的有 580 例，包含法官主动援引的 401 例，法官被动援引 179 例。法官在援引指导性案例时，在裁判理由部分同时引述指导性案例编号和裁判要点的共有 298 例，总体占比为 19%，引述其他要素的共有 282 例，总体占比为 18%（见图 1-21 所示）。

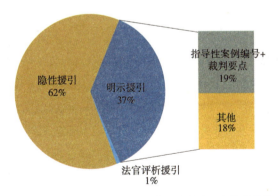

图 1-21　法官援引民商事指导性案例时表述要素的使用情况

5. 指导性案例的应用结果

在 1571 例应用案例中，法官明示援引的共有 580 例。其中，法官主动援引的有 401 例，予以参照的有317例，总体占比为79%；未参照、未说明的有84例（未参照34例，未说明50例），总体占比为21%。法官被动援引的有179例，予以参照的有51例，总体占比为28%；未参照的有128例，总体占比为72%。法官隐性援引的共有980例。法官主动援引的参照率较高，被动援引的参照率较低。同时，法官主动援引的指导性案例未参照较低，主要是由于指导性案例的案情或裁判要点不适用于应用案例，法官就此特地进行了说明。法官被动援引的指导性案例参照率较低，主要是因为指导性案例的案情或裁判要点与应用案例不同，法官大多给出了明确回应（见图1-22所示）。

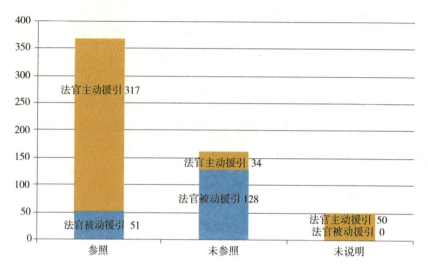

图1-22 指导性案例应用结果（明示援引）①

四、调研综述

我国案例指导制度已确立7年有余，目前仍处于初步发展阶段，理论界对指导性案例非常关注，有学者提出，随着司法改革向纵深推进，我国现有的案例指导制度所面临的问题表明，其已经与实践需要不相适应，应当向司法判例制度转型。② 从2017年度调研的情况来看，指导性案例的应用呈现出新的变化趋势。本文通过对指导性案例的研究得出如下结论：

（一）指导性案例的发布数量呈波浪形变化，2017年的应用案例数量实现突破

指导性案例的遴选标准比较宽泛，尚未有具体明确的规定③，发布数量整体比较有

---

① 说明：主动援引中的"未说明"，是指一审法官在审理该案件时援引了某一指导性案例，但是二审法官在终审判决中并未对此进行回应和说明。

② 参见张骐：《论中国案例指导制度向司法判例制度转型的必要性与正当性》，载《比较法研究》2017年第5期，第131页。

③ 参见胡云腾、吴光侠：《指导性案例的编选标准》，载《人民司法（应用）》2015年第15期，第25页。

限。最高人民法院目前已发布92例指导性案例，2011—2014年，指导性案例的发布数量呈上升趋势，且增长速度较快。从2011年的4例，2013年的10例，到2014年已上升至22例，达到历史最高发布数量。而从2014年开始，发布数量呈波浪形变化。2015年下降至12例，2016年又上升至21例，2017年则下降至15例。指导性案例的发布数量呈现出不规律的发布特点。

截至2017年12月31日，最高人民法院发布的92例指导性案例，已有60例在司法实践中被应用，应用情况较好。2014—2017年，应用案例的数量呈现较快增长的态势，尤其是2017年，应用案例数量达到1571例，实现应用案例数量历史上的突破。

（二）应用案由涉及范围显著增加，机动车交通事故责任纠纷和买卖合同纠纷比重最大

司法实践中，全国法院系统各类案件数量增幅明显，随着互联网的发展，各类新型案件、疑难复杂案件不断涌现，亟须通过案例指导制度来加以研究和指导。从2017年度分析报告中可以看到，指导性案例的应用案由范围明显扩大，案由种类从2016年度的110种增加到168种，增量明显。指导性案例已被应用于包括动车交通事故责任纠纷、买卖合同纠纷、产品责任纠纷、执行类纠纷等案由。其中，以机动车交通事故责任纠纷为案由的应用案例最多，有365例，总体占比为23%。其次是买卖合同纠纷，有299例，总体占比为19%。

（三）应用地域首次覆盖全国31个省级行政区域，主要集中在粤、浙、鲁、豫、苏、川等地

指导性案例来源于最高人民法院及江苏省等18个省级行政区域，而应用案例的地域分布更为广泛。2017年，指导性案例的应用地域首次覆盖全国除港、澳、台以外的31个省级行政区域。其中，应用最多的6个省级行政区域依次为广东省、浙江省、山东省、河南省、江苏省和四川省，共计有738例应用案例，总体占比为45%，是指导性案例的主要应用地域。

（四）隐性援引虽仍占多数，但法官主动援引中近八成参照了指导性案例

指导性案例的参照效力具有强制性。根据《案例指导工作规定》第7条的规定，最高人民法院发布的指导性案例，各级人民法院审判类似案例时应当参照。根据《实施细则》第9条的规定，各级人民法院正在审理的案件，在基本案情和法律适用方面，与最高人民法院发布的指导性案例相类似的，应当参照相关指导性案例的裁判要点作出裁判。

由于裁判要点的效力定位过低、权威性不足，难以使法官产生足够的动力去援引指导性案例。[①] 而且，对"参照"究竟应该具有何种程度的拘束力，也存在不同理解。在司法

[①] 参见孙光宁：《反思指导性案例的援引方式——〈〈关于案列指导工作的规定〉实施细则〉为分析对象》，载《法制与社会发展》2016年第4期，第98页。

实践中，指导性案例的应用仍以隐性援引占多数，上诉人和法官在应用主体中所占比例较高，总和达到55%。在1571例应用案例中，法官明示援引有580例，法官隐性援引有980例。明示援引中的法官主动援引有401例，其中，予以参照的有317例，总体占比为79%，未参照、未说明的84例，总体占比为21%。明示援引中的法官被动援引有179例，其中，予以参照的51例，总体占比为28%；未参照的128例，总体占比为72%。对比可知，法官明示援引的数量有限，更倾向通过隐性援引的方式援引指导性案例。从应用结果来看，在法官主动援引的情况下，近八成应用案例都参照了指导性案例，且呈现出逐年增多的趋势。

（五）中级人民法院对指导性案例的应用最多，应用案例的审理程序以二审为主

在1571例应用案例中，中级人民法院应用指导性案例的频率最高，有841例，应用率为54%。其次是基层人民法院，有588例，应用率为37%。高级人民法院的应用较少，有107例，应用率为7%。最高人民法院应用最少，仅有17例，应用率约1%。专门法院对指导性案例的应用已延伸至铁路运输法院、知识产权法院、海事法院。但相比而言，专门法院应用指导性案例的较少，仅有18例，应用率约1%。应用案例的审理程序涉及一审程序、二审程序、再审程序、执行程序及特殊程序，尚未涉及国家赔偿程序。应用案例审理程序以二审程序最多，共计833例，总体占比为53%。

（六）应用内容多样化，但主要集中在裁判要点

最高人民法院发布的《人民法院民事裁判文书制作规范》在裁判理由第7项规定，正在审理的案件，在基本案情和法律适用方面与最高人民法院颁布的指导性案例相类似的，应当将指导性案例作为裁判理由引述，并写明指导性案例的编号和裁判要点。但该文件也明确说明，指导性案例不作为裁判依据引用。① 指导性案例仍是对法律规则的辅助，辅助法律规则的统一理解与适用，防止"同案不同判"的出现。② 类似案件是指导性案例应用的必要条件。在司法实践中，对于类似案件的判断存在着不同的理解。对于如何判断类似案件目前尚无定论，基本案情相似性的比较仅在简单案件中容易适用。对于复杂案件而言，案情复杂多样不宜作出相似判断。相比较而言，虽然案情不同但是争议焦点相似更具有法律适用上的可行性。③ 因此，司法实践中，应用内容不存在固定的形式，具有多样化的特点，不仅包括裁判要点、基本案情、裁判理由及裁判结果，还包括裁判思路。其中，

---

① 参见《最高人民法院关于印发〈人民法院民事裁判文书制作规范〉〈民事诉讼文书样式〉的通知》，载北大法宝—法律法规库：http://www.pkulaw.cn/fbm/，法宝引证码：CLI.3.274653，最后访问日期：2018年1月10日。
② 参见雷槟硕：《如何"参照"：指导性案例的适用逻辑》，载《交大法学》2018年第1期，第72页。
③ 参见张骐：《再论类似案件的判断与指导性案例的使用——以当代中国法官对指导性案例的使用经验为契口》，载《法制与社会发展》2015年第5期，第138页。

引用裁判要点的,总体占比约为54%,应用的频率最高;引用基本案情的,总体占比近23%;引用裁判理由的,总体占比近11%;引用裁判结果和裁判思路的,总体占比均不足1%;另外还有部分未明确引用内容的,总体占比近13%。

五、结语

通过对最高人民法院发布的指导性案例的司法应用状况数据研究分析可知,从指导性案例制度建立以来,2017年指导性案例的应用实现了历史性的突破。不仅有近7成的指导性案例已被应用,最值得关注的是,应用案例数量在2017年新增1022例,接近前6年应用案例总和的两倍。与此同时,指导性案例在2017年度首次实现了除港、澳、台外的全国31个省级行政区域的全覆盖,应用案由类型、专门法院数量也有所增加,总体而言呈现出大幅度提升的趋势,且指导性案例的学术研究热度依然不减。我们有理由相信,我国指导性案例的发展已进入了春天,指导性案例制度的应用进程将大力度地推进,各地人民法院的应用力度也将会进一步增强。

二、年度对比报告

最高人民法院指导性案例司法应用年度比较分析报告
——以 2011—2017 年应用案例为研究对象

[摘要] 近年来，最高人民法院指导性案例的司法应用情况越来越受到关注。截至 2017 年 12 月，最高人民法院已发布 17 批共计 92 例指导性案例。本文采用年度比较分析的方式，针对最高人民法院发布的 92 例指导性案例，总结其发布规律与特征，同时将"北大法宝—司法案例库"中的裁判文书作为数据样本，利用关键词单独或并列进行全文检索，对 2011—2017 年指导性案例的司法应用情况进行对比分析，归纳总结出指导性案例发布以来在司法实践中的应用现状、规律及特点。

[关键词] 案例指导制度　指导性案例　司法应用　年度比较

指导性案例自 2011 年发布以来，备受社会各界关注。随着我国司法改革的不断深入，具有中国特色的案例指导制度正在逐步发展完善，最高人民法院先后出台了一系列有关案例指导制度的规范性文件。① 截至 2017 年 12 月 31 日，最高人民法院发布的 17 批 92 例指导性案例中，已被应用于司法实践的有 60 例，应用案例数为 1571 例。与 2016 年度同期数据相比，指导性案例年应用率上升明显，尤其 2017 年的应用率达到 65%，增幅显著。② 本文采用年度比较分析的方式，以"北大法宝—司法案例库"近 4000 万裁判文书作为数据样本，在详细介绍指导性案例发布情况的基础上，通过大数据，深入研究 2011—2017 年指导性案例的应用现状，以期为我国案例指导制度的发展提供一定的参考。

一、指导性案例的发布情况

（一）知识产权类指导性案例上升趋势明显

自 2011 年以来，最高人民法院每年发布指导性案例 1—4 批不等。其中发布批次最多的是 2014 年和 2016 年，均各发布 4 批，分别为 22 例和 21 例。其中，民事类从 2011 年的

---

① 参见《最高人民法院关于案例指导工作的规定》，载北大法宝—法律法规库：http://www.pkulaw.cn/fbm/，法宝引证码：CLI.3.143870，最后访问日期：2018 年 1 月 20 日；《〈最高人民法院关于案例指导工作的规定〉实施细则》，载北大法宝—法律法规库：http://www.pkulaw.cn/fbm/，法宝引证码：CLI.3.249447，最后访问日期：2018 年 1 月 20 日；《最高人民法院关于印发〈人民法院民事裁判文书制作规范〉〈民事诉讼文书样式〉的通知》，载北大法宝—法律法规库：http://www.pkulaw.cn/fbm/，法宝引证码：CLI.3.274653，最后访问日期：2018 年 1 月 20 日。

② 参见郭叶、孙妹：《最高人民法院指导性案例司法应用年度比较分析报告——以 2011—2016 年应用案例为研究对象》，载《中国案例法评论》2017 年第 1 辑，法律出版社 2017 年版，第 129 页。

1 例上升至 2016 年的 10 例，2017 年未发布；刑事类除 2015 年未发布外，其他年份基本保持在 1—5 例；知识产权类案例发布近 3 年来呈明显增多趋势，尤其 2017 年，共发布 10 例。2017 年 3 月份，最高人民法院在第十六批指导性案例中共发布 10 例指导性案例，其中涉及知识产权的案例为 9 例；2017 年 11 月，最高人民法院在第十七批指导性案例中共发布 5 例指导性案例，其中有知识产权案例 1 例。此外，行政类指导性案例在 5 个年份均有发布，2012 年和 2013 年，每年 2 例；2014 年和 2016 年，上升到每年 5 例，2017 年减少到 3 例。执行类案例除 2014 年集中有 4 例发布外，仅在 2011 年有 1 例，发布数量相对较少。国家赔偿类案例在 2014 年发布了 3 例，2017 年发布了 1 例（见图 2-1 所示）。

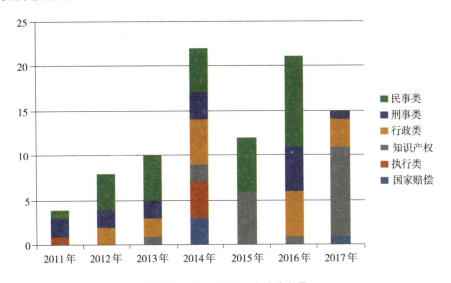

图 2-1　指导性案例历年发布数量

（二）指导性案例所涉案由在各年份零散发布，未有连续 7 年发布的案由

最高人民法院发布的指导性案例共涉及 69 种具体案由。其中涉及合同纠纷类案由的有 13 例，位居第一。合同纠纷是唯一连续 6 年有指导性案例发布的案由，除 2017 年外，其他年份均发布 2—4 例不等的指导性案例。此外，涉及执行类案由的指导性案例主要集中在 2014 年，共有 4 例；另外，2011 年有 1 例。侵权责任纠纷和商标权权属、侵权纠纷案由的指导性案例连续 4 年均有发布，每年各 1 例。国家赔偿类、执行类案由的指导性案例的发布主要集中在 2014 年，共有 3 例，另外，2017 年有 1 例。其他类型的案由在各年度发布的指导性案例中均有少量分布（见表 2-1 所示）。

表 2-1 指导性案例案由在历年的发布情况①

序号	案由分类	2011年	2012年	2013年	2014年	2015年	2016年	2017年
1	合同纠纷	1	2	2	2	2	4	
2	执行	1			4			
3	海事诉讼特别程序			1				
4	专利权权属、侵权纠纷				1	1		3
5	侵犯财产罪				1	2	1	
6	侵权责任纠纷				1	1	1	
7	商标权权属、侵权纠纷					1	1	1
8	著作权权属、侵权纠纷						2	2
9	国家赔偿				3		1	
10	其他行政行为				1		1	
11	侵犯公民人身权利、民主权利罪	1	1				1	
12	行政处罚		2				1	1
13	与公司有关的纠纷		2				1	
14	执行异议之诉					1		
15	保险纠纷				1		1	
16	婚姻家庭、继承纠纷					1	1	
17	行政受理						1	
18	行政合同						1	
19	垄断纠纷							2
20	劳动争议、人事争议			1				
21	贪污贿赂罪	1	1					
22	危害公共安全罪				1			
23	行政批准				1			
24	行政许可				2			1
25	不正当竞争纠纷				1	3	1	
26	妨害司法罪						1	
27	海事海商纠纷				1	1		
28	破坏金融管理秩序罪						1	
29	侵犯知识产权罪							1
30	生产、销售伪劣商品罪						1	
31	所有权纠纷						1	

① 本表将最高人民法院指导性案例中涉及买卖合同纠纷的 69 种具体案由进行了归类整理,将其归纳为合同纠纷等 36 类。

续表

序号	案由分类	2011年	2012年	2013年	2014年	2015年	2016年	2017年
32	行政确认				1		1	
33	行政征收			1				
34	与破产有关的纠纷						1	
35	行政登记							1
36	植物新品种权权属、侵权纠纷							2

（三）2017年甘肃省和贵州省的案例首次入选最高人民法院指导性案例

指导性案例主要来源于最高人民法院及江苏省等18个省级行政区域。2017年甘肃省和贵州省首次成为指导性案例的来源地。截至2017年12月31日，指导性案例的来源以最高人民法院最多，共计25例。除了2011年以外，2012—2017年连续6年都有来自最高人民法院的案例发布，其中以2014年和2017年最多，各7例。位居第二的是江苏省，其也是唯一连续7年都有指导性案例入选的省份，每年有1—4例入选。上海市排名第三，除2017年无指导性案例入选外，其他6个年份均有1—3例入选。浙江省排名第四，除2011年和2015年无入选的指导性案例外，其他5个年份均有1—2例入选。剩余的其他15个省级行政区域，所入选的指导性案例数量均在5例（含5例）以下，于各年份零星分布（见图2-2所示）。

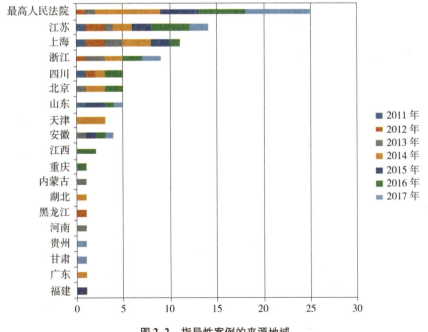

图2-2 指导性案例的来源地域

(四) 由高级人民法院和中级人民法院审理的案例连续 7 年均有发布

从最高人民法院指导性案例的审理法院看,以普通法院为主,由高级人民法院和中级人民法院审理的案例连续 7 年均有发布,而由专门人民法院审理的案例仅在 2014 年发布 1 例。由高级人民法院审理的最多,共有 26 例,案例数量从 2012—2015 年起逐年上升,2016 年有所下降,2017 年又略微上升,并以 2014—2015 年的案例较集中。其次是最高人民法院,其案例数量位居第二位,共 25 例,除 2011 年外,2012—2017 年连续 6 年均有发布,2014—2017 年较集中。再次是中级人民法院,其审理的案例 2011—2015 年每年均有 1—3 例发布,2016 年有 8 例,2017 年有 3 例。由基层人民法院审理的案例在 2012—2017 年连续 6 年亦有发布,2014 年数量最多(见图 2-3 所示)。

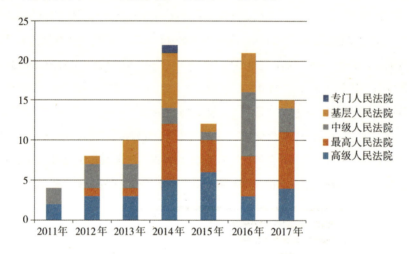

图 2-3　指导性案例的审理法院

(五) 指导性案例所涉审理程序以二审程序居多,且连续 7 年均有涉及

最高人民法院指导性案例所涉审理程序以二审程序居多。自 2011 年以来,连续 7 年均有适用二审程序的案例,2011—2016 年呈逐年递增趋势,以 2016 年最多,共 12 例;涉及适用一审程序的案例除 2011 年外,2012—2017 年连续 6 年均有发布,其中 2014 年最多,共 8 例;涉及适用再审程序的案例分别在 2015 年和 2016 年各有 4 例发布,2017 年有 5 例,2012 年、2013 年各有 1 例;涉及适用执行程序的案例在 2011 年有 1 例,2014 年有 4 例。涉及适用国家赔偿程序的案例仅在 2014 年有 3 例。涉及适用其他程序(强制医疗程序)的案例在 2016 年仅 1 例(见图 2-4 所示)。

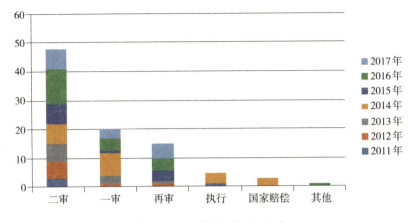

图 2-4 指导性案例的审理程序

（六）指导性案例中的文书类型历年均以判决书为主

在最高人民法院发布的指导性案例中，2011—2017 年连续 7 年均涉及的文书类型是判决书和裁定书。其中判决书最多，且在 2011—2014 年，呈现逐年递增的趋势，2015 年有所下降，2016 年达到历年最高，为 16 例，2017 年下降到 14 例；以裁定书为文书类型的指导性案例，以 2014 年最多，共 6 例，2016 年降为 4 例，其他年份均在 2 例以下。以决定书为文书类型的案例在 2014 年、2016 年分别有 3 例、1 例。其他文书（执督复函）仅在 2011 年有 1 例（见图 2-5 所示）。

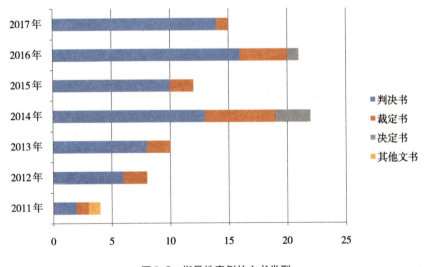

图 2-5 指导性案例的文书类型

（七）指导性案例中的裁判要点历年均以实体指引为主

2011—2017 年，最高人民法院发布的指导性案例中的裁判要点，大多涉及实体指引问题，且这样的指导性案例在2011—2014年逐年递增，2015年略有下降，2016年再度回升，达到历年最高，共有20例，2017年又有所下降，为14例。而涉及程序指引问题的指导性案例较少，其中涉及民事程序指引的，主要分布在2011年、2014年和2015年，分别为1例、4例和1例；涉及行政程序指引的，主要分布在2014年和2017年，分别为2例和1例；涉及刑事程序指引的，仅在2016年有1例（见图2-6所示）。

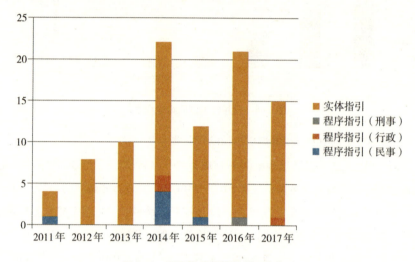

图2-6 指导性案例的裁判要点指引

二、指导性案例的司法应用

为保证数据来源的权威性和准确性，本文以"北大法宝—司法案例库"的裁判文书作为数据样本，将2011—2017年度最高人民法院发布的17批共计92例指导性案例的司法应用情况作为分析对象，利用与指导性案例相关的关键词，进行多个关键词单独或并列的全文检索，从而揭示出2011—2017年指导性案例的司法应用现状，并在此基础上归纳和总结出其应用规律和特点。

（一）指导性案例的整体应用情况

1. 指导性案例的应用数量逐年递增，近两年大幅增长

截至2017年12月31日，在最高人民法院发布的92例指导性案例中，已经有60例被应用于1571例案例中。其中，2011—2013年的应用案例非常少，分别仅有2例、8例和16例；2014年和2015年应用案例出现明显增长，上升至146例和233例；2016年应用案例开始大幅增长，上升至519例，同比增长1.2倍；2017年应用案例为647例，同比增长25％。值得一提的是，2016年和2017年的应用案例数量合计为1166例，总体占比高达74％。指导性案例在司法实践中发挥的指引作用正在日益增

强（见图2-7所示）。

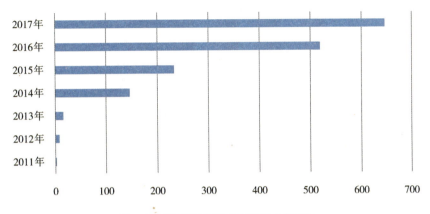

图2-7 指导性案例的应用案例年度对比

2. 指导性案例在各年度的累计应用数量占累计发布数量的一半以上

截至2017年12月31日，最高人民法院各年度累计发布了指导性案例92例，其中，第一、二、三、六、十二以及十四批指导性案例，均已被司法实践应用，累计应用数量达到60例。指导性案例发布之初，其应用数量较少，2011年发布的4例指导性案例，当年被应用的仅有1例，但随着指导性案例发布数量的逐年增长，指导性案例的应用数量也在逐步增多，发布当年就被应用的指导性案例包括：指导案例1号、5号、7号、8号、13号、15号、23-25号、29号、45号、47号、54号、58号、59号、60号、61号、62号、66号、85号（见图2-8所示）。

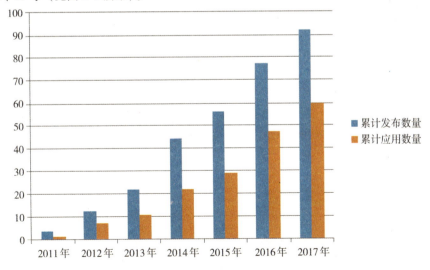

图2-8 指导性案例累计发布情况与应用情况年度对比

3. 在个案应用上，指导案例 24 号、60 号的应用案例相对较多，以 2017 年增长较快

截至 2017 年 12 月 31 日，在最高人民法院发布的 92 例指导性案例中，有 60 例被应用于司法实践，应用案例累计有 1571 例。在 2016 年和 2017 年的应用案例中，存在同时引用两个或三个指导性案例的情况。从年度应用数量看，2014—2017 年的案例应用数量分别为 146 例、233 例、519 例及 647 例，累计占应用案例总量的 98%以上。

从个案的年度应用情况看，指导案例 24 号（机动车交通事故责任纠纷）的应用数量逐年快速增长，以 2014—2017 年的应用次数最多，依次为 64 例、87 例、112 例、136 例，且年度应用数量分别占到当年应用案例数量的 44%、37%、22%、21%。另外，2016 年 5 月 20 日发布的指导案例 60 号（工商行政处罚纠纷），虽然发布时间较晚，但是应用较多，且应用数量逐年增长，2016 年和 2017 年分别有 65 例和 187 例应用案例，分别占当年应用案例数量的 13%和 29%。除指导案例 24 号和 60 号外，指导案例 15 号、23 号（均为买卖合同纠纷）的应用也相对较多，其中，指导案例 15 号在 2015 年、2016 年和 2017 年分别有 37 例、94 例和 54 例应用案例，分别占当年应用案例数量的 16%、18% 和 8%；指导案例 23 号在 2015 年、2016 年和 2017 年分别有 20 例、51 例和 59 例应用案例（见图 2-9 所示）。

4. 采用明示援引和隐性援引的应用案例在 2014—2017 年明显增长

从年度对比来看，2011 年最高人民法院指导性案例发布之初，法官对指导性案例的应用主要采用评析援引①的方式；从 2012 年起，采用明示援引②或隐性援引③方式的应用案例开始少量出现；2013 年采用明示援引方式的应用案例依旧较少，但采用隐性援引方式的应用案例开始出现增长；在 2014—2017 年这四年间，采用明示援引和隐性援引的应用案例数量呈现大幅增长的趋势，尤其是在 2017 年，采用隐性援引方式的应用案例数量明显增长（见图 2-10 所示）。

---

① 评析援引，是指裁判文书正文中并未提及指导性案例，但是在该案例后所附的专家点评、评析、补评及典型意义等中提到指导性案例。

② 明示援引，是指法官作出裁判时明确援引了指导性案例进行说理。主要包括法官主动援引和被动援引两种情形，前者是指法官主动援引指导性案例进行说理；后者是指法官被动援引指导性案例进行说理，即检察人员建议或诉讼参与人请求参照指导性案例时，法官在裁判理由中对此作出了回应。

③ 隐性援引，是指在审判过程中，检察人员建议或诉讼参与人请求法官参照指导性案例进行裁判，法官对此在裁判理由部分未明确作出回应，但是其裁判结果与指导性案例的精神是一致的情况。

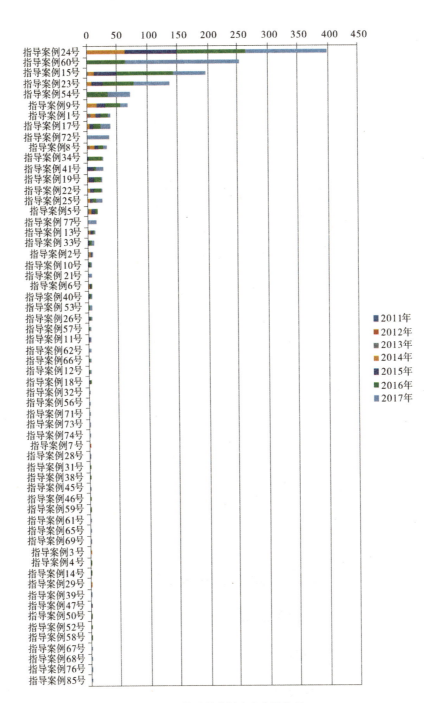

图 2-9　指导性案例个案应用情况

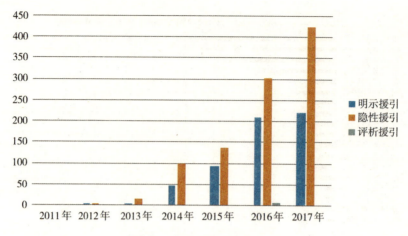

图 2-10　指导性案例的援引情况

(二) 应用案例的案由分析

从对历年应用案例案由的统计看，最高人民法院指导性案例被应用于约 168 种案由，位居前五位的应用案由分别是：机动车交通事故责任纠纷、买卖合同纠纷、产品责任纠纷、执行和民间借贷纠纷，其应用案例数量依次为 365 例、299 例、125 例、67 例和 48 例。其中，以机动车交通事故责任纠纷为案由的应用案例主要分布在 2014—2017 年，分别为 61 例、83 例、105 例和 115 例，而 2012 年仅有 1 例。以买卖合同纠纷为案由的应用案例，在 2013—2017 年连续 5 年依次为 3 例、13 例、33 例、98 例和 152 例。在 2014—2017 年连续 4 年均有以产品责任纠纷、执行和民间借贷纠纷为案由的应用案例。其中，以产品责任纠纷为案由的应用案例在 2014 年和 2015 年较少，在 2016 年和 2017 年却增长较快，2017 年增加到 78 例；以执行为案由的应用案例在 2016 年最多，为 46 例；以民间借贷纠纷为案由的应用案例在 2014—2017 年整体呈上升趋势，2017 年上升到 21 例（见图 2-11 所示）。

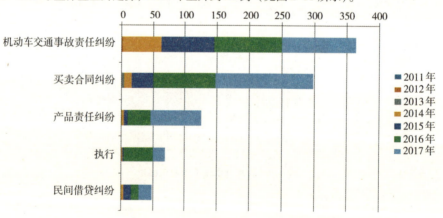

图 2-11　指导性案例的应用案由前五名

（三）指导性案例的应用主体分析

最高人民法院指导性案例的应用主体比较广泛，以上诉人和法官为主。其中，上诉人的应用最多，从2011—2017年，上诉人的应用次数总计为462次，且逐年增长明显，2015年应用66次，2016年应用118次，2017年的应用次数为223次。法官是唯一历年都应用指导性案例的主体，从2011—2017年，法官的应用次数总计为413次，以2014—2017年的应用相对集中，应用次数分别为36次、63次、166次和141次。此外，原告在2012—2017年连续6年均应用指导性案例，其中，以2017年的应用最多，共有119次；被上诉人和被告在2013—2017年连续5年均应用指导性案例，其中，被上诉人的应用主要集中在2014—2017年，分别为23次、20次、48次和66次；其他应用主体的应用次数相对较少（见图2-12所示）。

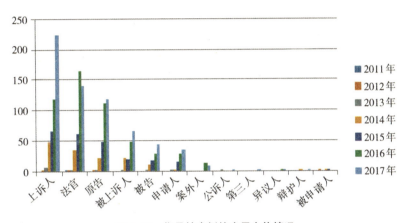

图2-12 指导性案例的应用主体情况

（四）指导性案例的应用地域分析

从应用地域来看，共涉及最高人民法院及除港、澳、台以外的31个省级行政区域，且以粤、浙、鲁、豫、苏为主，但各地域的应用差异明显。2011—2017年，累计应用指导性案例次数在80次以上的，分别为广东省、浙江省、山东省、河南省、江苏省和四川省。其中，广东省的应用次数最多，且连续7年均有应用案例，累计应用指导性案例209次，2015—2017年分别应用36次、72次、79次，其他年份应用较少。另外，连续7年均有应用案例的还有江苏省，累计应用指导性案例88次，2015—2017年分别应用21次、30次和23次，其他年份应用较少。

连续6年均有应用案例的省份还有浙江省、山东省和河南省。浙江省在2014—2017年分别应用指导性案例20次、14次、46次和58次，其他年份应用较少；山东省在2015—2017年分别应用指导性案例25次、41次和42次，其他年份应用较少；河南省在2015—2017年分别应用指导性案例15次、28次和35次，其他年份应用较少。其余省级行政区域的应用案例也主要集中在 2014 年至 2017 年，历年应用次数均在 50 次以下（见图 2-13 所示）。

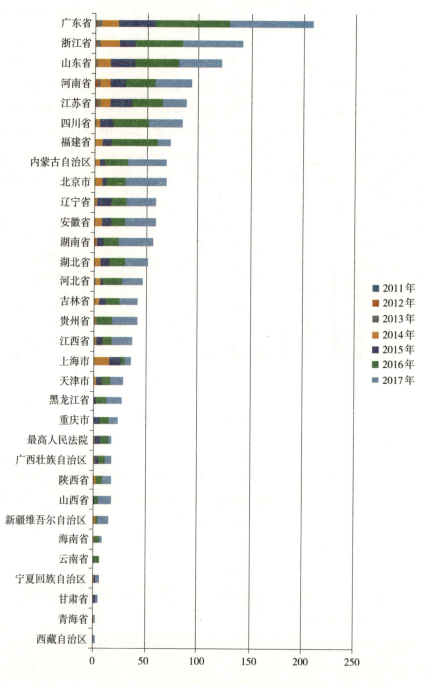

图 2-13　指导性案例应用案例的地域分布

（五）应用案例的审理法院分析

从应用案例的审理法院看，以中级人民法院和基层人民法院为主，分别有 841 例及 588 例，总体占比约为 91%。作为审理法院，中级人民法院和基层人民法院在 2011 至 2017 年连续 7 年均有应用案例，且应用案例数量从 2014 年起逐年增长。由中级人民法院审理的应用案例主要集中在 2015—2017 年，分别有 122 例、269 例及 352 例。由基层人民法院审理的应用案例主要集中在 2016 年和 2017 年，分别有 198 例和 243 例；2014 年、2015 年次之，分别有 56 例和 83 例；其他年份均在 5 例以下。高级人民法院从 2013 年起连续 5 年均在审理中产生了应用案例，2016 年的应用案例数量最高，共有 41 例。最高人民法院和专门人民法院的应用案例数量非常少（见图 2-14 所示）。

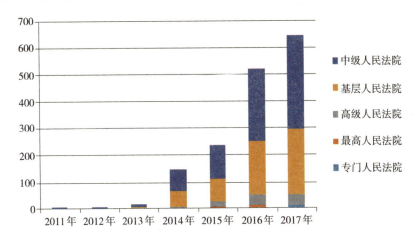

图 2-14　指导性案例应用案例的审理法院

（六）应用案例的审理程序分析

最高人民法院指导性案例的应用案例，以适用二审和一审程序的居多，分别有 833 例和 585 例，且从 2011—2017 年连续 7 年都有适用二审和一审程序的应用案例。除执行程序外，适用其他审理程序的应用案例数量呈逐年上升趋势。其中，适用二审程序的应用案例在 2016—2017 年有较大数量的增多，分别有 256 例和 359 例；2014—2015 年次之，分别有 83 例和 120 例；其他年份应用较少。适用一审程序的应用案例以 2017 年最多，共有 233 例；2014—2016 年分别有 58 例、93 例及 193 例；其他年份均在 5 例之下。适用再审程序的应用案例从 2012—2017 年连续 6 年均有少量分布，其中 2016—2017 年分别有 24 例和 35 例，其他年份均在 20 例以下。此外，适用执行程序的应用案例在 2014 年有 1 例，在 2015 年有 3 例，在 2016 年则上升为 46 例，增长明显，但在 2017 年却仅有 17 例，应用不稳定（见图 2-15 所示）。

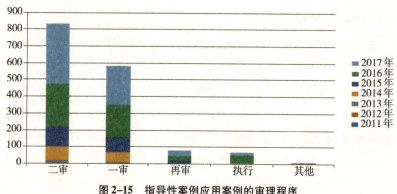

图 2-15　指导性案例应用案例的审理程序

(七) 指导性案例的应用内容分析

2015 年 5 月 13 日发布的《〈最高人民法院关于案例指导工作的规定〉实施细则》第 9 条规定，各级人民法院正在审理的案件，在基本案情和法律适用方面，与最高人民法院发布的指导性案例相类似的，应当参照相关指导性案例的裁判要点作出裁判。从司法实践的应用情况看，应用内容以裁判要点和基本案情为主，且从 2011 年到 2017 年连续 7 年都有应用。其中，裁判要点应用主要集中在 2014—2017 年，分别为 99 例、150 例、323 例及 254 例；2011—2013 年也有少量案例。基本案情是仅次于裁判要点的应用内容，其主要集中在 2014—2017 年，其中，在 2014 年、2015、2016 年和 2017 年的应用分别有 42 例、64 例、101 例和 144 例。未明确应用内容的情况从 2013 年开始逐年上升，且增长较快，从 2013 年的 1 例，到 2016 年的 50 例，2017 年达到 132 例。裁判理由的应用主要集中在 2016—2017 年，分别有 45 例和 116 例。另外，极少数应用案例仅提到指导性案例的裁判思路或裁判结果具有参照性（见图 2-16 所示）。

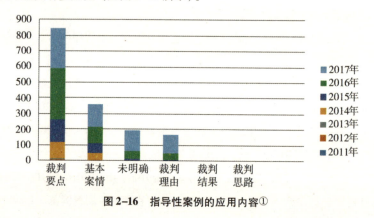

图 2-16　指导性案例的应用内容①

---

① 说明：应用内容中的"未明确"，是指在引用指导性案例时未明确说明其引用的具体内容，且根据裁判文书也不能判断其引用的内容。

（八）指导性案例的应用表述分析

根据《〈最高人民法院关于案例指导工作的规定〉实施细则》第 11 条第 1 款的规定，在办理案件过程中，案件承办人员应当查询相关指导性案例。在裁判文书中引述相关指导性案例的，应在裁判理由部分引述指导性案例的编号和裁判要点。

司法实践中，援引指导性案例时的应用表述主要包括：发布主体、发布日期、发布批次、指导性案例编号、指导性案例字号、指导性案例案号、指导性案例标题、裁判要点八个要素（见图 2-17 所示）。

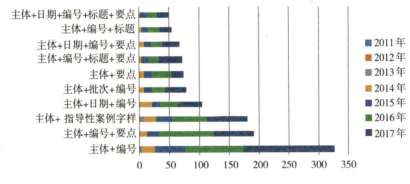

图 2-17 指导性案例的应用表述要素

从 40 例以上应用案例的表述要素组合方式看，"发布主体 + 指导性案例编号"的表述方式最多，主要集中在 2015—2017 年，分别为 49 例、97 例及 154 例。"发布主体 + 指导性案例编号 + 裁判要点"的表述方式居第二，主要集中在 2015—2017 年，尤其是在 2016 年出现了大幅增长。仅提到发布主体及指导性案例字样的位居第三，也主要分布在 2015—2017 年，且呈现逐年增长的趋势。而发布"主体 + 发布日期 + 指导性案例编号"的表述方式有 103 例，主要分布在 2016—2017 年，分别为 30 例和 38 例。其他表述方式也主要分布在 2016—2017 年。

（九）指导性案例的应用结果分析

由于法官的隐性援引比较隐晦，往往不会在裁判文书的理由阐述部分进行明确提示或说明，所以，为了保证研究结果的准确，本文仅对法官明示援引的应用结果进行分析。除 2011 年外，其余年份均有明示援引的应用案例。从法官明示援引的案例看，以法官主动援引且予以参照的应用案例居多，主要集中在 2015—2017 年，分别为 57 例、109 例及 114 例；法官主动援引但未参照或未说明的应用案例相对较少，2014—2017 年分别为 1 例、5 例、51 例及 27 例。在法官被动援引中，未参照的案例相对较多，以 2017 年最多，有 63 例；2015 年和 2016 年分别为 23 例和 32 例。法官被动援引且予以参照的案例相对不多，2014—2017 年分别为 4 例、9 例、19 例、19 例（见图 2-18 所示）。

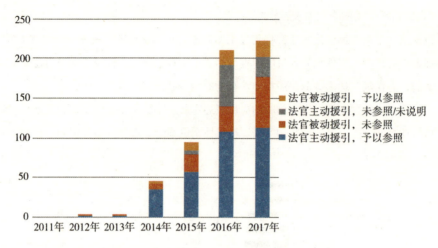

图 2-18　指导性案例的应用结果（明示援引）①

三、调研综述

自 2011 年确立指导性案例制度以来，每年最高人民法院均有指导性案例发布，指导性案例的司法应用也越来越得到理论和实务界的重视。应用案例数量也逐年增多，且增速较快。本文通过对指导性案例的发布情况和司法应用情况的年度对比分析，得出如下结论：

（一）民事类指导性案例的发布总量稳居第一，且知识产权类指导性案例上升明显

自 2011 年以来，最高人民法院每年均发布指导性案例 4—22 例不等。截至 2017 年 12 月 31 日，民事类指导性案例已发布 31 例，发布总量稳居第一。民事类除 2017 年未发布外，其余年份均有发布，且年发布数量基本上是最多的，2016 年有 10 例。知识产权类指导性案例的发布数量近 3 年明显上升，发布总量已上升到第二位；2017 年增长最明显，有 10 例，占当年发布总量的 67%。行政类和刑事类指导性案例的发布数量较稳定，基本保持在每年 1—5 例。执行类和国家赔偿类指导性案例的发布总量较少，且执行类仅在 2011 年和 2014 年发布，国家赔偿类指导性案例仅在 2014 年和 2017 年发布。

（二）应用案例数量大幅增长，年应用率总体呈上升趋势，基本保持在 50%～65% 之间

指导性案例的应用数量逐年递增，近两年出现大幅增长，2016 年的应用案例有 519 例，同比增长 1.2 倍；2017 年的应用案例有 647 例，同比增长 25%；2016 年和 2017 年的应用案例数量合计为 1166 例，总体占比高达 74%。最高人民法院自 2011 年到 2017 年发布的指导性案例，年累计总量分别为 4 例、12 例、22 例、44 例、56 例、77 例及 92 例。

---

①　说明：主动援引中的"未说明"，是指一审法官在审理该案件时援引了某一指导性案例，但是二审法官在终审判决中并未对此进行回应和说明。

被应用的指导性案例数量也逐年增多,年累计总量分别为1例、7例、11例、22例、29例、47例及60例。年应用率分别为25%、58%、50%、50%、52%、61%及65%。年应用率总体呈上升趋势。除2011年外,基本保持在50%~65%。指导性案例在司法实践中发挥的指引作用正在日益增强。

(三)机动车交通事故责任纠纷和买卖合同纠纷案由的应用逐年上升,总体占比达42%

截至2017年12月31日,最高人民法院发布的92例指导性案例被应用于约168种案由,位居前五位的案由是机动车交通事故责任纠纷、买卖合同纠纷、产品责任纠纷、执行和民间借贷纠纷。其中,以机动车交通事故责任纠纷和买卖合同纠纷为案由的应用案例的数量逐年上升,且占当年应用案例总量的比例基本上是最高的。截至2017年12月31日,两者总体占比达到42%。以机动车交通事故责任纠纷为案由的应用案例集中分布在2014—2017年,主要是对指导案例24号的应用。以买卖合同纠纷为案由的应用案例集中分布在2015—2017年。

(四)应用主体以上诉人和法官居多,法官是唯一历年都在应用指导性案例的主体

最高人民法院发布的指导性案例的应用主体比较广泛,包括法官、上诉人、被上诉人、原告、被告、申请人、被申请人等。其中,以上诉人的应用最多,且增长明显。法官是唯一历年都在应用指导性案例的主体,从2011—2017年,累计应用413次,仅次于上诉人。2014—2016年,法官援引指导性案例的次数呈现大幅增长的趋势,但2017年又略微有所下降。

(五)应用地域覆盖全国31个省级行政区域,广东省和江苏省自2011年至2017年,连续7年均有应用案例

指导性案例的应用地域逐年扩大,以2014年最为明显。截至2017年12月31日,指导性案例的应用地域已覆盖全国除港、澳、台以外的31个省级行政区域,而且大部分省级行政区域的应用案例数量总体呈逐年上升趋势。其中,广东省和江苏省是连续7年均有应用案例的省级行政区域。广东省也是应用案例数最多的省级行政区域,江苏省的应用案例数量位居第五位。

(六)中级人民法院历年审理的应用案例数量最多,专门人民法院审理的应用案例数量明显上升

中级人民法院审理的应用案例数量呈逐年上升趋势,且增速较快,历年审理的应用案例数量最多。2011—2017年审理的应用案例分别为1例、5例、10例、82例、122例、269例及352例,占当年全国应用案例的比例分别为50%、63%、63%、56%、52%、52%及54%。基层人民法院审理的应用案例数量仅次于中级人民法院,也呈逐年上升的趋势。专门人民法院自2014年开始有应用案例,但在2014—2016年数量较少,分别为2例、1例

及3例，2017年明显上升，有12例。

（七）应用内容历年均以裁判要点为主，法官主动援引的参照率保持在50%以上

司法实践中，指导性案例的应用内容从2011年到2017年连续7年均以裁判要点为主，分别为1例、6例、11例、99例、150例、323例及254例，占当年应用案例的比例分别为50%、75%、69%、68%、64%、62%、39%，但在2017年比重有所下降。

虽然隐性援引指导性案例的数量最多，但是法官隐性援引比较隐晦，一般不会在裁判文书的理由阐述部分进行明确提示或说明，因此，从法官明示援引的应用结果分析指导性案例的应用结果较为准确和科学。从法官明示援引的案例看，截至2017年12月31日，法官主动援引且予以参照的应用案例数量历年均为最多，从2012—2017年分别为1例、1例、35例、57例、109例及114例，占当年明示援引应用案例的比例分别为33%、33%、76%、61%、52%及51%。自2014年以后，法官主动援引的参照率保持在50%以上。

三、刑事分报告

最高人民法院刑事指导性案例2017年度司法应用报告*

[摘要] 自2010年确立指导性案例制度以来，截至2017年12月31日，最高人民法院共发布15例刑事指导性案例。本文以"北大法宝—司法案例库"中的裁判文书作为数据样本，经调研结果显示，刑事指导性案例的裁判要点侧重于重申司法解释，指引依据侧重于刑法分则；已有11例刑事指导性案例被应用于司法实践，应用率较高；应用案例的数量较少，仅有36例，以非法制造、买卖、运输、储存危险物质罪为主。

[关键词] 刑事指导性案例　司法应用　重申司法解释　应用率　参照率

截至2017年12月31日，最高人民法院共发布了17批92例指导性案例，其中刑事指导性案例15例，在各类指导性案例中排名第四，低于民商事、知识产权、行政指导性案例，具体包括故意杀人罪、危险驾驶罪、合同诈骗罪、抢劫罪等14种具体罪名。其中，以故意杀人罪最多，有3例，总体占比为20%；已被应用于司法实践的刑事指导性案例共有11例，应用率为73%；尚未被应用的有4例。援引刑事指导性案例的案例，即应用案例，仅有36例。其中应用频率最高的是指导案例13号（"王召成等非法买卖、储存危险物质案"），应用次数为12次，而指导案例3号、4号、14号、28号及61号的应用次数都在3次及以下。应用案由的种类比较有限，包括非法制造、买卖、运输、储存危险物质罪等19类。应用地域主要分布在广东省、内蒙古自治区、北京市、四川省、浙江省等省级行政区域。应用案例的审理法院主要是基层人民法院和中级人民法院。应用案例的审理程序以一审程序为主。

一、刑事指导性案例的发布情况

（一）刑事指导性案例的发布规律

1. 刑事指导性案例的发布日期不固定

最高人民法院刑事指导性案例的发布日期不固定。从发布年份来看，主要分布在2011—2014年和2016—2017年。从发布的月份看，上半年主要集中在1月、3月及6月，下半年主要集中在9月和12月。在最高人民法院发布的15例刑事指导性案例中，审结最

---

* 本文对刑事指导性案例发布情况的研究范围为最高人民法院发布的第一至十七批指导性案例，发布案例数据和应用案例数据的截止时间均为2017年12月31日。

早的案例可以追溯到 2009 年 3 月，最新案例的审结时间是 2015 年 12 月。

2. 刑事指导性案例的发布频率和每年发布的数量不固定

最高人民法院发布的 17 批指导性案例中，涉及刑事指导性案例的有 8 个批次，分别是第一批、第三批、第四批、第七批、第八批、第十三批、第十五批及第十六批。除 2015 年外，其余每年均有发布刑事指导性案例。从 2011 至 2013 年每年仅有 2 例，2014 年有 3 例，到 2016 年上升至 5 例。2017 年仅 1 例。未来发布批次及单批次发布数量仍有上升的可能。

3. 刑事指导性案例的审结日期与发布日期间隔多在 3 年之内

审结日期与发布日期间隔在 3 年之内的刑事指导性案例有 13 例，总体占比为 87%。间隔时间在 3 年以上的案例有 2 例，即指导案例 11 号和 63 号。其中，指导案例 11 号是审结日期最早的案例，审结日期为 2009 年 3 月，发布日期为 2012 年 9 月，审结日期与发布日期的间隔约为 3.5 年。间隔在 1 年之内的指导性案例有 3 例，即指导案例 4 号、13 号及 61 号，发布日期与审结时间的间隔分别约为 7 个月、10 个月及 6 个月（见图 3-1 所示）。

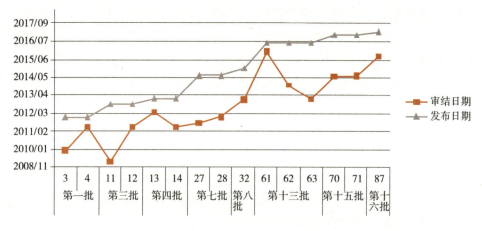

图 3-1　刑事指导性案例整体发布情况

（二）刑事指导性案例的发布特点

1. 刑事指导性案例的案由集中在六大类，具体罪名以故意杀人罪较多，总体占比为 20%（见表 3-1 所示）。

表 3-1　刑事指导性案例的案由分布

序号	案由	具体案由	数量（例）
1	危害公共安全罪	危险驾驶罪	1
		非法制造、买卖、运输、储存危险物质罪	1

续表

序号	案由	具体案由	数量（例）
2	破坏社会主义市场经济秩序罪	合同诈骗罪	1
		生产、销售有毒、有害食品罪	1
		利用未公开信息交易罪	1
		假冒注册商标罪	1
3	侵犯公民人身权利、民主权利罪	故意杀人罪	3
4	侵犯财产罪	抢劫罪	1
		盗窃罪/诈骗罪	1
		拒不支付劳动报酬罪	1
5	妨害社会管理秩序罪	拒不执行判决、裁定罪	1
6	贪污贿赂罪	受贿罪/贪污罪	1
		受贿罪	1

最高人民法院发布的 15 例刑事指导性案例所涉案由，主要分布在危害公共安全罪，破坏社会主义市场经济秩序罪，侵犯公民人身权利、民主权利罪，侵犯财产罪，妨害社会管理秩序罪，贪污贿赂罪共六大类。其中，以故意杀人罪最多，有 3 例，总体占比为 20%；其余的 12 例为危险驾驶罪，受贿罪/贪污罪，受贿罪，合同诈骗罪，生产、销售有毒、有害食品罪，抢劫罪，利用未公开信息交易罪，拒不执行判决、裁定罪，拒不支付劳动报酬罪，假冒注册商标罪，非法制造、买卖、运输、储存危险物质罪，盗窃罪/诈骗罪，其分别有 1 例。

此外，危害国家安全罪、危害国防利益罪、渎职罪、军人违反职责罪这四大类中尚未有相应的指导性案例发布。

2. 刑事指导性案例中的裁判要点侧重于重申司法解释

根据刑事指导性案例裁判要点所反映的问题，可以将其分为四大类，即回应公共议题、考虑被害人诉求、重申司法解释和拓展司法解释。其中，只有拓展司法解释的指导性案例才真正符合刑事案例指导制度的应有之义，对司法实践具有直接的指导作用。①

经分析，15 例刑事指导性案例中，裁判要点为重申司法解释的最多，有 7 例，分别为指导案例 3 号、11 号、12 号、14 号、28 号、62 号及 70 号；其次为拓展司法解释的，有 5 例，分别为指导案例 13 号、27 号、32 号、61 号及 71 号；再次为回应公共议题的，有 4 例，分别为指导案例 3 号、11 号、63 号及 87 号；最后为考虑被害人诉求的，有 2 例，分别为指导案例 4 号和 12 号（见图 3-2 所示）。

---

① 参见周光权：《刑事案例指导制度：难题与前景》，载《中外法学》2013 年第 3 期，第 482－487 页。

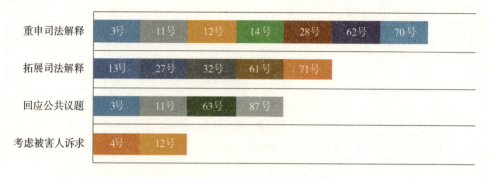

图 3-2 刑事指导性案例裁判要点的类型

3. 刑事指导性案例中的指引依据侧重于刑法分则

相关法条是刑事指导性案例编写结构中不可或缺的内容之一。在一篇指导性案例中,相关法条与其裁判要点是相呼应的,裁判要点的总结往往来源于相关法条。15 例刑事指导性案例中,有 14 例的裁判要点为实体指引,仅有 1 例为刑事诉讼程序问题。相关法条涉及刑法总则的有 5 例,总体占比为 33%,具体包括指导案例 4 号、12 号、14 号、62 号及 63 号;涉及刑法分则的有 10 例,总体占比为 67%,具体包括指导案例 3 号、11 号、13 号、27 号、28 号、32 号、61 号、70 号、71 号及 87 号(见图 3-3 所示)。

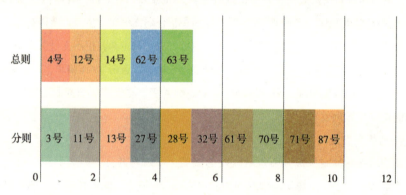

图 3-3 刑事指导性案例中的相关法条分布

4. 刑事指导性案例中的关键词"刑事"出现的次数最多,出现 1 次的关键词有 41 个,较为分散

最高人民法院发布的指导性案例,每篇有 3—7 个关键词不等。经统计,已发布的 15 例刑事指导性案例中共有 45 个关键词,其中,"刑事"累计出现 14 次,次数最多;其次是"故意杀人罪""死刑缓期执行""限制减刑",分别出现 3 次;另外,"盗窃"等 41 个关键词仅出现 1 次(见表 3-2 所示)。

表 3-2　刑事指导性案例关键词统计表

出现次数（次）	关键词数量（个）	具体关键词（个）
14	1	刑事
2	3	故意杀人罪；死刑缓期执行；限制减刑
1	41	盗窃；"合办"公司受贿；不具备用工主体资格的单位或者个人；毒害性物质；非法经营数额；非法买卖、储存危险物质；合同诈骗；婚恋纠纷引发；既遂；假冒注册商标罪；禁止令；拒不支付劳动报酬罪；拒不执行判决、裁定罪；累犯；利用未公开信息交易罪；利用信息网络；民间矛盾引发；骗取土地使用权；起算时间；强制医疗；抢劫罪；亲属协助抓捕；情节恶劣；情节特别严重；生产、销售有毒、有害食品罪；受贿罪；数额犯；刷信誉；贪污罪；坦白悔罪；网络销售；危险驾驶罪；未成年人犯罪；未遂；刑事诉讼；有毒有害的非食品原料；有继续危害社会可能；援引法定刑；诈骗；职务便利；追逐竞驶

5. 刑事指导性案例的来源以浙、苏、川等地法院为主（见图 3-4 所示）

刑事指导性案例主要来源于最高人民法院及浙江省等 8 个省级行政区域的各级法院。其中，浙江省的最多，有 4 例；其次为江苏省和四川省，分别有 3 例和 2 例；最高人民法院以及上海市、山东省、黑龙江省、河南省、北京市的各级法院，分别有 1 例。

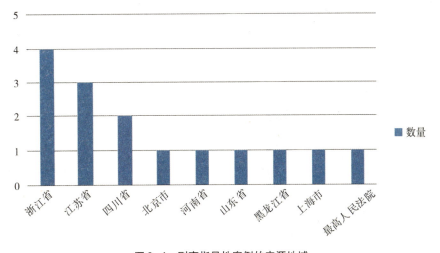

图 3-4　刑事指导性案例的来源地域

6. 刑事指导性案例的审理法院以基层人民法院和高级人民法院为主，总体占比为 73%

在已发布的刑事指导性案例中，由基层人民法院审理的案件数量最多，共计 6 例，总体占比为 40%；由高级人民法院和中级人民法院审理的案件数量依次为 5 例和 3 例，总体占比分别为33%和20%;由最高人民法院审理的仅有1例,总体占比为7%(见图3-5所示)。

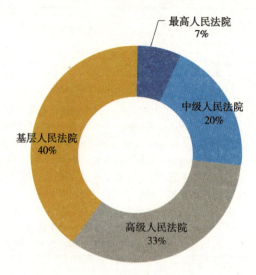

图3-5 刑事指导性案例的审理法院

7. 刑事指导性案例的审理程序以二审程序和一审程序为主,总计为13例

在刑事指导性案例中,审理程序为二审的共有7例,总体占比约为47%;审理程序为一审的共有6例,总体占比为40%;审理程序为再审和其他程序的分别为1例,总体占比合计约为13%(见图3-6所示)。

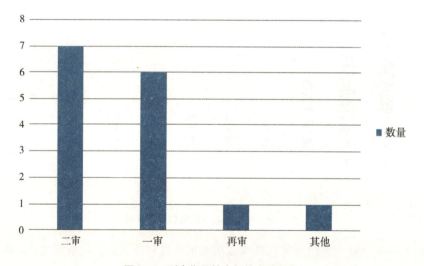

图3-6 刑事指导性案例的审理程序

8. 刑事指导性案例的文书类型以判决书为主

在最高人民法院已发布的 15 例刑事指导性案例中，文书类型为判决书的有 9 例，总体占比约为 60%；文书类型为裁定书的有 5 例，总体占比约为 33%；文书类型为决定书的有 1 例，总体占比约为 7%（见图 3-7 所示）。

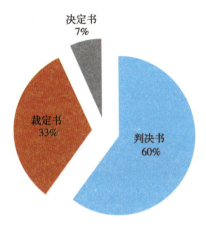

图 3-7　刑事指导性案例的文书类型

二、刑事指导性案例的司法应用

指导性案例被援引的情况可以分为确定性援引和不确定性援引。① 为了确保研究结果的准确性，本文仅对确定性援引进行分析，并对确定性援引作了类型化区分，按照法官在裁判案件时是否明确援引了指导性案例进行说理，将确定性援引分为明示援引和隐性援引。② 在最高人民法院发布的 15 例刑事指导性案例中共有 36 例应用案例，其中涉及明示援引③的有 14 例，涉及隐性援引④的有 20 例。另外，还有一种特殊的援引方式，即法官评析援引⑤，共有 2 例应用案例。

---

① 确定性援引，是指根据裁判文书内容（包括评析）的表述，能够直接确定其援引了几号指导性案例；不确定性援引，是指根据裁判文书内容（包括评析）的表述，不能确定其是否是援引了指导性案例。
② 参见张骐：《再论类似案件的判断与指导性案例的使用》，载《法制与社会发展》2015 年第 5 期，第 138 页。
③ 明示援引，是指法官作出裁判时明确援引了指导性案例进行说理。主要包括法官主动援引和被动援引两种情形，前者是指法官主动援引指导性案例进行说理；后者是指法官被动援引指导性案例进行说理，即检察人员建议或诉讼参与人请求参照指导性案例时，法官在裁判理由中对此作出了回应。
④ 隐性援引，是指在审判过程中，检察人员建议或诉讼参与人请求法官参照指导性案例进行裁判，法官对此在裁判理由部分未明确作出回应，但是其裁判结果与指导性案例的精神是一致的情况。
⑤ 评析援引，是指裁判文书正文中并未提及指导性案例，但是在该案例后所附的专家点评、评析、补评及典型意义等中提到指导性案例的情况。

（一）刑事指导性案例的整体应用情况

1. 从整体来看，已有 11 例刑事指导性案例被应用

截至 2017 年 12 月 31 日，最高人民法院共发布了 15 例刑事指导性案例。其中，已被应用的刑事指导性案例有 11 例，应用率达到 73%；未被应用的刑事指导性案例有 4 例，总体占比为 27%（见表 3-3 所示）。

表 3-3　刑事指导性案例的整体应用情况

应用情况	应用数量	指导案例编号
已被应用	11	3 号、4 号、11 号、12 号、13 号、14 号、28 号、32 号、61 号、62 号、71 号
未被应用	4	27 号、63 号、70 号、87 号

2. 在个案应用上，仅有指导案例 13 号的应用相对较多，其余 10 例应用较少

最高人民法院发布的 15 例刑事指导性案例，有 11 例已被应用于司法实践，应用案例共计 36 例。其中指导案例 13 号的应用次数最多，共 12 次；其次是指导案例 11 号和 62 号，应用次数均为 4 次；再次是指导案例 12 号、32 号及 71 号，应用次数均为 3 次。指导案例 28 号和指导案例 61 号，分别被应用 2 次。指导案例 3 号、4 号及 14 号，分别仅被应用 1 次，应用较少（见图 3-8 所示）。

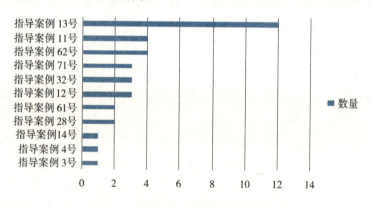

图 3-8　刑事指导性案例的个案应用情况

3. 在援引方式上，法官较倾向于隐性援引

在明示援引、隐性援引及法官评析援引三种援引方式下，法官采用明示援引的共涉及 14 例，总体占比为 39%，包括法官主动援引的 13 例和法官被动援引的 1 例；法官采用隐性援引的共涉及 20 例，总体占比为 56%；另外，法官评析援引的应用案例共有 2 例，总体占比约为 5%（见图 3-9 所示）。

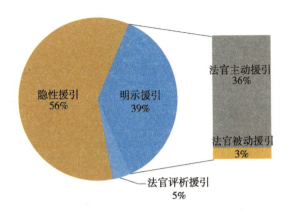

图 3-9 刑事指导性案例的援引情况

4. 应用案例的案由种类有限，主要集中在非法制造、买卖、运输、储存危险物质罪

刑事指导性案例中的 19 类案由被应用于具体案例中。其中，案由为非法制造、买卖、运输、储存危险物质罪的应用案例最多，共计 10 例，总体占比为 28%；案由为贪污罪/受贿罪，故意杀人罪，拒不执行判决、裁定罪的应用案例各有 3 例，总体占比均约为 8%；案由为利用未公开信息交易罪、受贿罪的应用案例各有 2 例，总体占比均约为 6%；案由为盗窃罪、危险驾驶罪、诈骗罪、贪污罪、抢劫罪、敲诈勒索罪、故意伤害罪、非法吸收存款等其他 13 类的应用案例，均各有 1 例（见图 3-10 所示）。

图 3-10 刑事指导性案例案由的应用

（二）刑事指导性案例与刑事应用案例的对比分析

1. 刑事指导性案例案由的应用（见表3-4所示）

表3-4　刑事指导性案例案由与应用案例案由的对比

案例编号	指导性案例中的案由	应用案例中的案由
指导案例3号	受贿罪	受贿罪
指导案例4号	故意杀人罪	故意杀人罪
指导案例11号	受贿罪/贪污罪	贪污罪/受贿罪
		贪污罪
		治安/其他行政行为
指导案例12号	故意杀人罪	故意伤害罪
		故意杀人罪
指导案例13号	非法制造、买卖、运输、储存危险物质罪	非法制造、买卖、运输、储存危险物质罪
		非法制造、买卖、运输、储存危险物质罪/盗窃罪
		非法制造、买卖、运输、邮寄、储存枪支、弹药、爆炸物罪
指导案例14号	抢劫罪	抢劫罪
指导案例28号	拒不支付劳动报酬罪	劳动和社会保障/其他行政行为
		房屋拆迁/行政赔偿
指导案例32号	危险驾驶罪	受贿罪
		危险驾驶罪
		非法吸收公众存款罪
指导案例61号	利用未公开信息交易罪	利用未公开信息交易罪
指导案例62号	合同诈骗罪	诈骗罪
		贪污罪/受贿罪
		敲诈勒索罪
		盗窃罪
指导案例71号	拒不执行判决、裁定罪	拒不执行判决、裁定罪

（1）有9例刑事指导性案例被应用于同类案由的案件

在已被应用的11例刑事指导性案例中，有9例被应用于同类案由的案件。其中，有5例刑事指导性案例，即指导案例3号、4号、14号、61号、71号目前仅被应用于同类案由的案件；尚未被发现应用于不同案由的案件，有4例指导性案例既被应用于同类案由的案件，又被应用于不同案由的案件，在指导案例13号的12例应用案例中，应用案由相同的案例有10例，总体占比约为83%。

（2）有 4 例刑事指导性案例既被应用于同类案由的案件，又被应用于不同案由的案件

上文提到，有 4 例刑事指导性案例既被应用于同类案由的案件又被应用于不同案由的案件，这 4 例具体包括指导案例 11 号、12 号、13 号及 32 号。例如，指导案例 13 号为非法制造、买卖、运输、储存危险物质罪类案件，司法实践中，该案不仅主要被应用于同类案由的案件中，而且被应用于非法制造、买卖、运输、邮寄、储存枪支、弹药、爆炸物罪类案件中，两者虽然案由不同，但均围绕危害公共安全罪展开，存在一定的相似性。

（3）2 例刑事指导性案例目前仅被应用于不同案由的案件

在已被应用的 11 例刑事指导性案例中，有 2 例指导性案例目前仅被应用于不同案由的案件，即指导案例 28 号和 62 号。虽然两者的案由不同，但是案件在关键案情或争议焦点上存在着相似性。例如，指导案例 62 号为合同诈骗类案件，被法官应用于诈骗类案件中，两者均围绕诈骗问题展开，存在一定的相关性。

2. 刑事指导性案例的应用地域

（1）刑事指导性案例的应用案例主要集中在粤、蒙、京、川、浙等地

已发布的刑事指导性案例共涉及最高人民法院及浙江省、江苏省、四川省、北京市、河南省、黑龙江省、山东省、上海市 8 个省级行政区域的法院，而应用刑事指导性案例的法院共涉及广东省、内蒙古自治区、北京市、四川省、浙江省、重庆市、贵州省、河北省和山东省等 16 个省级行政区域，两者不完全重合。其中，应用率最高的是广东省，其次是内蒙古自治区，再次是北京市、四川省、浙江省。其余省级行政区域的应用率较低（见图 3-11 所示）。

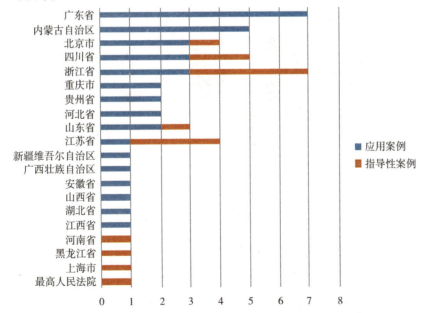

图 3-11　刑事指导性案例及其应用案例的地域分布

(2) 最高人民法院及沪、黑、豫均曾遴选出刑事指导性案例，但未发现应用案例

目前，刑事指导性案例的来源地域以浙、苏、川为主，广东省、内蒙古自治区、贵州省、重庆市、河北省、湖北省和山西省等11个省级行政区域，尚无遴选出的指导性案例，但在审判实践中均已应用了刑事指导性案例。相反，曾遴选出刑事指导性案例的最高人民法院以及上海市、黑龙江省及河南省，尚未发现有应用案例。

3. 刑事应用案例的审理法院

(1) 刑事应用案例的审理法院均为普通法院，未发现专门法院

在审判实践中，应用刑事指导性案例的法院均为普通法院，共计36例。尚未发现专门法院应用刑事指导性案例。

(2) 基层人民法院和中级人民法院的应用案例最多，最高人民法院没有应用案例

基层人民法院和中级人民法院应用刑事指导性案例的频率最高，应用率均为44%。高级人民法院的应用案例较少，仅有4例，应用率约为11%。刑事指导性案例有1例来源于最高人民法院，但司法实践中，尚未发现最高人民法院对刑事指导性案例的应用（见图3-12所示）。

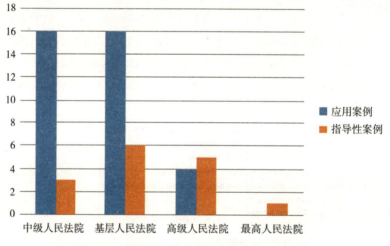

图3-12 刑事指导性案例及其应用案例的审理法院

4. 刑事应用案例的审理程序

(1) 刑事应用案例的审理程序仅涉及一审和二审程序

最高人民法院发布的刑事指导性案例涉及一审程序、二审程序、再审程序和其他审理程序，而司法实践中的刑事应用案例仅涉及一审和二审程序。

(2) 刑事应用案例的审理程序以一审为主，总体占比约为53%

在刑事指导性案例的审理程序中，以适用二审程序的最多，共有7例。而在刑事应用案例的审理中，则以一审程序的适用为主，共有19例，总体占比约为53%；适用二审程

序的有 17 例，总体占比约为 47%（见图 3-13 所示）。

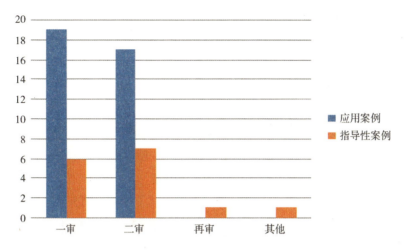

图 3-13　刑事指导性案例及其应用案例的审理程序

5. 刑事指导性案例及其应用案例的终审结果

刑事指导性案例中涉及二审和再审程序的，共有 8 例。36 例应用案例中，涉及二审程序的案件共计 17 例，不涉及再审案件。

（1）刑事指导性案例及其应用案例的终审结果以二审维持原判的居多

涉及二审和再审程序的刑事指导性案例中，二审维持原判的比例最高，总体占比约为 62%；二审改判的，总体占比约为 25%；部分维持、部分改判的，总体占比为 13%（见图 3-14 所示）。应用案例中，二审维持原判的案件，总体占比约为 59%；二审改判的，总体占比约为 18%；部分维持、部分改判的，总体占比约为 23%（见图 3-15 所示）。可见，与指导性案例相比，应用案例中，维持原判的比例略低，二审改判的比例更低一些，部分维持、部分改判的比例更高些。

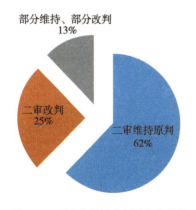

图 3-14　刑事指导性案例的终审结果

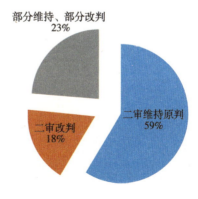

图 3-15　刑事应用案例的终审结果

(2) 刑事指导性案例及其应用案例的改判案例涉及不同领域

在刑事指导性案例中,改判的案例包括指导案例 4 号和 12 号,涉及的案由均为故意杀人罪。刑事应用案例中的改判案例,其主要援引的指导性案例包括指导案例 13 号和 61 号等。改判的刑事应用案例涉及的案由包括利用未公开信息交易罪和非法制造、买卖、运输、储存危险物质罪。

(三) 刑事应用案例的应用情况分析

1. 刑事指导性案例的首次应用日期与发布日期的间隔最短为 57 天

在已被司法实践应用的 11 例刑事指导性案例中,除了指导案例 12 号之外,其余 10 例指导性案例的应用,均发生在其被发布以后。刑事指导性案例被首次应用的时间,分别为其被发布后的 1—57 个月不等。其中,指导案例 61 号的发布日期为 2016 年 6 月 30 日,首次被应用的日期为 2016 年 8 月 26 日,前后间隔仅有 57 天。间隔较短的还有指导案例 13 号,其首次应用日期与发布日期间隔 124 天(见图 3-16 所示)。

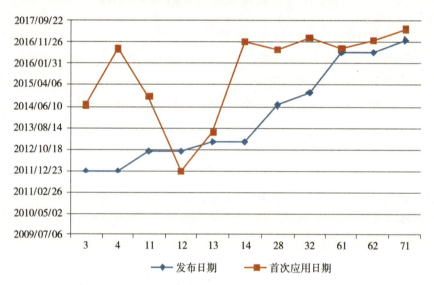

图 3-16 刑事指导性案例的发布日期与首次应用日期

2. 刑事指导性案例的应用主体

(1) 应用主体大体有 5 类,其中以法官居多,总体占比约为 53%

在司法实践中,刑事指导性案例的应用主体有 7 类,包括法官、原告、被告、公诉人、辩护人、上诉人、被上诉人。其中,法官的应用比例最高,总体占比约为 42%;其次为被告、上诉人和公诉人,总体占比分别约为 17%、14% 及 11%;最后为辩护人、原告和被上诉人,总体占比分别约为 8%、5% 及 3%(见图 3-17 所示)。

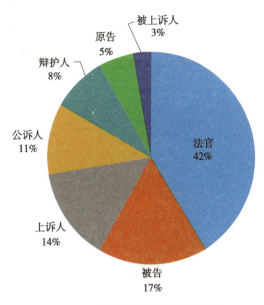

图 3-17 刑事指导性案例的应用主体

（2）在法官主动援引的刑事应用案例中共涉及 9 例刑事指导性案例

在实践中，法官主动援引指导性案例的，裁判时基本上都参照指导性案例作出了相同判决。在法官主动援引的 13 例刑事应用案例中，共涉及 9 例刑事指导性案例，其中，援引次数最多的是指导案例 13 号，共计 3 次；指导案例 71 号和指导案例 62 号，分别被引用 2 次；其他 6 例指导性案例均被援引 1 次（见图 3-18 所示）。

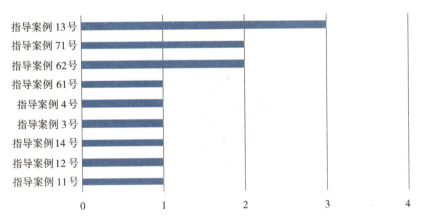

图 3-18 法官主动援引刑事应用案例的数量

（3）当事人援引的刑事应用案例中共涉及 6 例刑事指导性案例

在司法实践中，当事人应用刑事指导性案例的，共计 14 例，总体占比约为 39%。当事人，既包括审理程序中的，也包括执行程序中的当事人，其在起诉、上诉、答辩和举证、质证等环节均可以援引指导性案例来证明自己的主张。在当事人引用的14例刑事应用案例中共涉及6例刑事指导性案例，其中，指导案例13号被引用的次数最多，共计引用7次。

（4）在公诉人引用的刑事应用案例中，仅涉及4例刑事指导性案例

对于公诉人而言，其应用指导性案例的方式比较单一，即在向人民法院提出检察建议中引用。被公诉人作为参考依据向人民法院提出检察建议的刑事指导性案例共计4例，为指导案例11号、12号、13号及32号，其均被引用1次。

3. 刑事指导性案例的应用内容

根据2011年12月30日发布的《最高人民法院研究室关于印发〈关于编写报送指导性案例体例的意见〉、〈指导性案例样式〉的通知》① 的规定，每篇指导性案例均由七个部分组成，即标题、关键词、裁判要点、相关法条、基本案情、裁判结果及裁判理由。在审判实践中，无论是法官、公诉人，还是当事人，在引用指导性案例时，其引用的内容不仅包括裁判要点，还包括基本案情及裁判理由。从刑事指导性案例各部分的参照频率看，其中，引用裁判要点的，总体占比约为44%；引用基本案情的，总体占比约为25%；引用裁判理由的，总体占比约为3%；另外，还有部分未明确引用内容的，总体占比约为28%（见图3-19所示）。

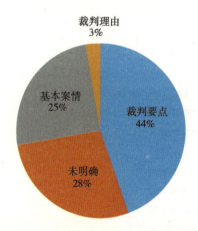

图3-19　刑事指导性案例应用内容参照情况②

---

① 参见北大法宝—法律法规库：http://www.pkulaw.cn/fbm/，法宝引证码：CLI.3.175399，最后访问日期：2018年3月18日。

② 说明：应用内容中的"未明确"，是指在引用指导性案例时未明确说明其引用的具体内容，且根据裁判文书也不能判断其引用的内容。

4. 刑事指导性案例的应用表述

根据 2015 年 6 月 2 日发布的《〈最高人民法院关于案例指导工作的规定〉实施细则》①第 11 条第 1 款规定，在办理案件过程中，案件承办人员应当查询相关指导性案例。在裁判文书中引述相关指导性案例的，应在裁判理由部分引述指导性案例的编号和裁判要点。

援引刑事指导性案例时的应用表述主要包括：发布主体、发布日期、发布批次、指导性案例编号、指导性案例标题、裁判要点六个要素。

（1）发布主体、指导性案例编号和指导性案例标题是应用次数较多的三个要素

在 36 例刑事应用案例中发布主体被援引的次数最高，为 34 次，总体占比达到了 94%。主要的表述形式有：参照/依据/根据最高人民法院发布的指导性案例、与最高院发布的指导性案例、请求/建议/应当参照最高院发布的指导性案例等。其次是指导性案例编号，仅次于发布主体，被援引次数为 22 次，总体占比达到了 61%。再次是指导性案例标题和裁判要点，被援引的次数分别为 13 次。指导性案例标题主要的表述方式有：指导案例×号、第×号指导性案例、指导性案例第×号等。除此以外，其他要素的援引次数较少（见图 3-20 所示）。

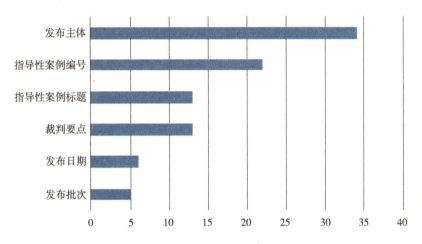

图 3-20　刑事指导性案例应用表述要素的使用情况

（2）应用表述模式并不固定，表述要素中以"主体+编号""主体+指导性案例""主体+编号+要点"为主导模式

根据应用表述所涉及的六个要素的引述情况，可将其分为单要素表述、双要素表述、三要素表述、四要素表述、五要素表述和六要素表述六大类。通过对 36 例刑事应用案例

---

① 参见北大法宝—法律法规库：http://www.pkulaw.cn/fbm/，法宝引证码：CLI.3.249447，最后访问日期：2018 年 3 月 18 日。

的统计和分析，具体情况如下（见表 3-5 所示）：

表 3-5　刑事指导性案例的应用表述分类及组合模式①

表述分类	组合模式	数量（例）
单要素表述	主体	6
	指导（性）案例字样	1
双要素表述	主体＋标题	4
	主体＋编号	6
三要素表述	主体＋编号＋要点	6
	主体＋批次＋要点	1
	主体＋日期＋编号	1
	主体＋编号＋标题	1
	主体＋标题＋日期	1
四要素表述	主体＋编号＋标题＋要点	2
	主体＋日期＋编号＋标题	1
	主体＋日期＋编号＋要点	1
五要素表述	主体＋日期＋批次＋编号＋标题	1
	主体＋批次＋编号＋标题＋要点	2
六要素表述	主体＋日期＋批次＋编号＋标题＋要点	1

根据表 3-5 中的统计结果可以看出，六种不同的表述类别所涉及的要素种类和组合模式各不相同，即使是相同的表述类别，具体的要素种类和组合模式也存在差异。在 36 例刑事应用案例中，三要素表述和双要素表述的数量最多，分别各有 10 例；单要素表述的有 7 例，四要素表述的有 4 例，五要素表述的有 3 例，六要素表述的仅有 1 例。

三要素表述中包含 5 种表述模式，其中，"主体＋编号＋要点"模式涉及的刑事应用案例有 6 例，占三要素表述模式刑事应用案例的一半以上，处于主导模式。双要素表述中，"主体＋编号"为主要表述模式。单要素表述中，以"主体"为单一表述模式，同时一般表述的构成为"主体"＋"指导（性）案例"字样。四要素表述模式有 3 种，涉及的刑事应用案例有 4 例；五要素表述模式有 2 种，涉及的刑事应用案例有 2 例；六要素表述模式为"主体＋日期＋批次＋编号＋标题＋要点"，涉及的刑事应用案例有 1 例。

---

① 参见"刘世伟故意伤害致人死亡案"，广东省高级人民法院（2011）粤高法刑三终字第 272 号刑事判决书，载北大法宝—司法案例库：http：//www.pkulaw.cn/case/，法宝引证码：CLI.C.1500604，访问日期：2018 年 3 月 19 日。该案属于评析援引，编辑的［评析］部分未出现指导性案例，只在［编辑链接］中提到，无法统计到表格中。

（3）法官同时引述刑事指导性案例编号和裁判要点的情况相对较多

在36例刑事应用案例中，法官明示援引的共有14例，总体占比为39%，其中包含法官主动援引的13例，法官被动援引的1例。法官在援引刑事指导性案例时，在裁判理由部分同时引述刑事指导性案例编号和裁判要点的共有9例，总体占比为25%，引述其他要素的涉及5例，总体占比为14%（见图3-21所示）。

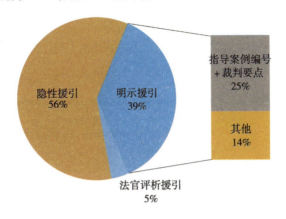

图3-21 法官援引刑事指导性案例时表述要素的使用情况

5. 刑事指导性案例的应用结果

（1）明示援引指导性案例的参照率为100%

在36例应用案例中，法官明示援引的共有14例。其中，法官主动援引的13例，在裁判时全都进行了参照；法官被动援引的1例，在裁判时也进行了参照。

（2）裁判要点和基本案情是法官判断参照与否的重要标准

在14例法官明示援引的刑事应用案例中，无论参照内容是裁判要点还是基本案情，其应用结果均为参照指导性案例。在法官主动援引的刑事应用案例中，参照裁判要点的有8例，参照基本案情的有3例，未明确参照内容的有2例；在法官被动援引的刑事应用案例中，参照裁判要点的有1例（见表3-6所示）。

表3-6 刑事指导性案例的参照标准

明示援引	参照标准	参照（例）
法官主动援引	裁判要点	8
	基本案情	3
	未明确	2
法官被动援引	裁判要点	1

三、刑事指导性案例的应用空间

从上文的调研和分析情况看,目前,最高人民法院刑事指导性案例的司法应用较少。为进一步探究刑事指导性案例在司法实践中是否存在应用空间,本报告对"北大法宝—司法案例库"中的数据作了如下调研:

(一)刑事指导性案例发布后,案由相同案件的审理情况

案情相似,是指导性案例应用于司法实践的前提和基础。而在刑事领域,判断两个案件是否相似的重要标准之一就是案由。因此,从某种程度上看,案由相同的案件可以视为相似案件,当然这种判断并不准确,但至少可以提供一定的参考(见图3-22所示)。

图 3-22 各类刑事指导性案例发布后相同案由案件的审理情况

根据2017年12月31日对"北大法宝—司法案例"上的裁判文书的查询结果,自各类刑事指导性案例发布以来,与其案由相同的各类案件均有审结,且数量不在少数,尤其是侵犯财产类犯罪,其审结的数量总体占比到了绝对优势。自2014年6月23日发布指导案例27号以来,截至2017年12月31日,盗窃案已审结956 819例,诈骗案已审结178 104例,但是,在如此庞大的案件数量中,却没有一例案件是参照指导案例27号作出的裁判。自2013年1月31日发布指导案例14号以来,截至2017年12月31日,抢劫案已审结415 697例,如此高的结案量,却仅有1例是参照指导案例14号作出的裁判。不过,这从另一个侧面也反映出,指导性案例在同类案件中的司法应用空间还是比较大的。

(二)刑事指导性案例发布后,其审理法院所在省级行政区域同类案件的审结情况

一般而言,曾遴选出指导性案例的地域应该更加关注和重视指导性案例的应用,但在

刑事领域，此规律尚未呈现。为了进一步了解刑事指导性案例的应用空间到底有多大，本报告以浙江省为例，对其在指导性案例发布后审结的同类案件进行如下调研（见图3-23所示）：

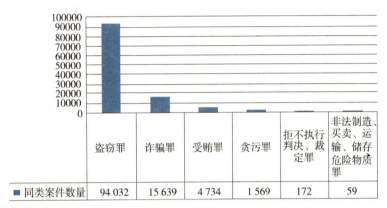

图3-23 浙江省审理同类案件的情况①

最高人民法院发布的由浙江省各人民法院审理的刑事指导性案例共涉及6个罪名，即贪污罪，受贿罪，盗窃罪，诈骗罪，拒不执行判决、裁定罪及非法制造、买卖、运输、储存危险物质罪。根据2017年12月31日对"北大法宝—司法案例"的裁判文书的查询结果，自各类刑事指导性案例发布以后，浙江省关于这6类案由，均有同类案件审结，且数量不在少数。其中，审结数量最多的是涉及盗窃罪的案件，从2014年6月23日至2017年12月31日，已审结94 032例；审结数量最少的是涉及非法制造、买卖、运输、储存危险物质罪的案件，从2013年1月31日至2017年12月31日，已审结59例。根据以上统计数据可知，尽管该省的刑事应用案例数量与同类案件的审结数量有所差异，但至少可以说明，由其审理的指导性案例在该省未来的司法实践中，具有更广泛的应用可能性。

（三）刑事指导性案例发布后，其审理法院审结同类案件的情况

根据浙江省审理同类案件的情况可以推知，在曾遴选出指导性案例的地域，法院审理同类案件的数量还是相当可观的，其司法应用的空间也是存在的。为了进一步印证这一结论，本报告将从审理法院角度，对指导性案例发布后法院审结的同类案件的情况进行调研（见表3-7所示）。

---

① 说明：由浙江省各级人民法院审理的刑事指导性案例涉及罪名相对较多，故以该省数据为例。

表 3-7 刑事指导性案例审理法院审理同类案件的情况

案由	刑事指导性案例的审理法院	同类案件的审理数量（例）（截至 2017 年 12 月 31 日）
故意杀人罪	山东省高级人民法院	3131
故意杀人罪	黑龙江省高级人民法院	1866
危险驾驶罪	上海市浦东新区人民法院	899
合同诈骗罪	北京市第一中级人民法院	195
盗窃罪	浙江省高级人民法院	115
诈骗罪	浙江省高级人民法院	92
受贿罪	江苏省高级人民法院	85
受贿罪	浙江省高级人民法院	34
假冒注册商标罪	江苏省宿迁市中级人民法院	16
抢劫罪	河南省平顶山市新华区人民法院	15
贪污罪	浙江省高级人民法院	15
故意杀人罪	四川省成都市武侯区人民法院	12
生产、销售有毒、有害食品罪	江苏省扬州市中级人民法院	7
利用未公开信息交易罪	最高人民法院	6
拒不支付劳动报酬罪	四川省双流县人民法院	5
拒不执行判决、裁定罪	浙江省平阳县人民法院	3
非法制造、买卖、运输、储存危险物质罪	浙江省绍兴市越城区人民法院	0

根据 2017 年 12 月 31 日对"北大法宝—司法案例"上的裁判文书的查询结果可知，自各类刑事指导性案例发布以后，刑事指导性案例的审理法院中，除浙江省绍兴市越城区人民法院外，其余的法院均有同类案件审结，案件数量各不相同（见表 3-7 所示）。其中，数量最多的是山东省高级人民法院，自 2011 年 12 月 20 日至 2017 年 12 月 31 日，已审结故意杀人罪案件共计 3131 例。其次是黑龙江省高级人民法院，自 2011 年 12 月 20 日至 2017 年 12 月 31 日，已审结故意杀人罪案件共计 1866 例。尽管各地对同类案件的审理数量有所差异，但刑事指导性案例依然有宽广的应用余地。

四、调研综述

我国案例指导制度自 2010 年确立以来已逾 7 年。理论界对指导性案例的关注度普遍较高，但是司法实践中刑事指导性案例的应用并不理想，本报告通过对刑事指导性案例的研究得出如下结论：

(一) 刑事指导性案例应用率较高，但应用案例总量较少

从 2011 年发布第一批指导性案例以来，最高人民法院已发布 17 批 92 例指导性案例，其中刑事指导性案例 15 例。从发布比例来看，刑事指导性案例的发布数量低于民商事指导性案例、知识产权指导性案例和行政指导性案例，排名第四位。15 例刑事指导性案例已有 11 例被应用于司法实践，应用率达 73%，但是应用案例仅 36 例，总量较少。刑事指导性案例的应用案例如此之少，原因是多方面的，比如，有学者认为，刑事指导性案例在其生成、适用过程中存在的诸多障碍，与裁判文书说理机制的匮乏、指导性案例选取机制的固有缺陷、权力设置中法官地位的"非独立性"以及成文法背景下法官对制定法的过度依赖等密切相关。①

(二) 裁判要点侧重于重申司法解释，指引依据侧重于刑法分则

经调研发现，在 15 例刑事指导性案例中，"裁判要点"为重申司法解释的，有 7 例，比例近一半；为拓展司法解释的，有 5 例，总体占比约为 33%；回应公共议题的，有 4 例；考虑被害人诉求的，有 2 例。其中指导案例 3 号和指导案例 11 号的裁判要点，既重申司法解释，又回应公共议题。重申司法解释的比例如此之高，很大程度上限制了刑事指导性案例对司法实践的指导意义。另外，调研针对刑事指导性案例中的相关法条进行了分析，发现指引依据更侧重于刑法分则。相关法条涉及刑法总则的有 5 例，总体占比约为 33%；涉及刑法分则的有 10 例，总体占比约为 67%。

(三) 刑事指导性案例仅涉及 14 种具体罪名，应用案例以非法制造、买卖、运输、储存危险物质罪居多

15 例刑事指导性案例所涉案由，仅涉及刑事十大类案由中的六大类，具体包括危害公共安全罪，破坏社会主义市场经济秩序罪，侵犯公民人身权利、民主权利罪，侵犯财产罪，妨害社会管理秩序罪，贪污贿赂罪。危害国家安全罪、危害国防利益罪、渎职罪、军人违反职责罪四大类尚未有相应的指导性案例发布。

15 例刑事指导性案例包括的具体罪名有故意杀人罪、危险驾驶罪、合同诈骗罪、抢劫罪等共计 14 种。其中涉及故意杀人罪的案例最多，有 3 例，总体占比为 20%。相比于《刑法》400 多个罪名，刑事指导性案例的罪名种类十分有限，有大量未涉及的罪名，尚有待进一步挖掘，以便更好地服务于司法实践。

36 例应用案例中，非法制造、买卖、运输、储存危险物质罪的应用案例最多，共计 10 例，总体占比为 28%。其他案由的应用案例相对较少。另外，拒不支付劳动报酬罪，拒不执行判决、裁定罪，生产、销售有毒、有害食品罪及假冒注册商标罪等类别的指导性

---

① 参见李涛、范玉：《刑事指导性案例的生成、适用障碍以及制度突破》，载《法律适用》2017 年第 4 期，第 24 页。

案例，目前尚未发现应用案例。

（四）明示援引刑事指导性案例的参照率为 100%

在 36 例应用案例中，14 例法官明示援引，共涉及 9 例指导性案例。无论是法官主动援引还是被动援引，应用结果均参照了指导性案例。虽然刑事指导性案例的应用案例数量十分有限，但参照率达到了 100%。

四、民商事分报告

最高人民法院民商事指导性案例 2017 年度司法应用报告*

[摘要] 截至 2017 年 12 月 31 日，最高人民法院已发布民商事指导性案例 31 例，在已发布的各类指导性案例中排名第一。本文以"北大法宝—司法案例库"中的裁判文书作为数据样本分析发现，已有 27 例民商事指导性案例被应用，应用案例共计 1127 例，占应用案例总量的 72%；应用案由以机动车交通事故责任纠纷和买卖合同纠纷为主，应用地域广泛，上诉人和法官的引用最多，参照率较高。

[关键词] 民商事指导性案例　发布数量　司法应用　应用率　参照率

截至 2017 年 12 月 31 日，最高人民法院共发布 17 批 92 例指导性案例，司法实践中，民商事指导性案例 31 例，涉及合同纠纷、侵权责任纠纷、公司纠纷等 12 类案由。其中合同纠纷案由最多，共 13 例案例，总体占比约为 42%。已被应用于司法实践的民商事指导性案例共有 27 例，应用率高达 87%；尚未被应用的有 4 例。援引民商事指导性案例的案例，即应用案例，共有 1127 例，相比于 2015 年（293 例）①和 2016 年（370 例）②，2017 年度应用案例数量增幅显著。其中应用频率最高的是指导案例 24 号（"荣宝英诉王阳、永诚财产保险股份有限公司江阴支公司机动车交通事故责任纠纷案"），应用数量高达 399 次。应用较多的还有指导案例 15 号和 23 号。应用案由主要集中在机动车交通事故责任纠纷和买卖合同纠纷。应用案例主要集中分布在广东省、浙江省、山东省、江苏省及福建省等，审理法院及审理程序分别以中级人民法院和终审程序为主。

一、民商事指导性案例的发布情况

（一）民商事指导性案例的发布规律

1. 14 批指导性案例均涉及民商事，民商事指导性案例的发布数量逐年上升

17 批指导性案例中，仅第九批、第十六批和第十七批没有民商事指导性案例，其他 14 批指导性案例中均有发布。尽管最高人民法院的发布日期不固定，但从 2011—2016 年，

---

* 本文对民商事指导性案例发布情况的研究范围为最高人民法院发布的第一至十七批民事类指导性案例，不含知识产权及执行类指导性案例，知识产权及执行类指导性案例司法应用分析报告请参见本书相应部分。本文发布案例数据和应用案例数据截止时间均为 2017 年 12 月 31 日。

① 北大法律信息网指导案例研究组：《2015 年度民商事指导性案例司法应用报告》，载《互联网 + 法律实务的思考——北大法律信息网文粹（2015—2016）》，北京大学出版社 2016 年版，第 3 页。

② 参见赵晓海、郭叶：《最高人民法院民商事指导性案例的司法应用研究》，载《法律适用》2017 年第 1 期，第 56 页。

基本上每年均发布民商事指导性案例。2011年仅有1例，2012年上升至4例，2013—2015年基本保持在每年5—6例，2016年上升至10例，2017年未发布民商事指导性案例。未来发布批次及单批次发布数量仍有上升的可能。

2. 民商事指导性案例的发布日期与发布频率不固定

最高人民法院从2011—2016年，每年均发布民商事指导性案例，发布批次在1—4批不等。其中第十三批和第十四批涉及民商事指导性案例的最多，分别有4例。第一批、第七批、第八批及第十二批和十三批中分别有1例民商事指导性案例。其余7个批次的指导性案例中，每批有2—3例民商事指导性案例。从发布的月份来看，上半年主要集中在1月、4月、5月及6月；下半年主要集中在9月、11月及12月。

3. 民商事指导性案例的审结日期集中在2009—2016年，审结日期与发布日期的间隔多在5年之内

在最高人民法院发布的31例民商事指导性案例中，审结最早的案例可以追溯到2004年7月，最新案例的审结时间是2016年1月。审结时间主要集中于2009年之后，共有27例，总体占比约为87%。审结日期与发布日期两者间隔在5年之内的案例数量为26例，总体占比为84%。间隔时间在10年以上的案例有1例，即指导案例52号，是审结日期最早的案例，审结日期为2004年7月，发布日期为2015年4月，审结日期与发布日期的间隔近11年之久。间隔时间在1年之内的案例有6例，其中，有1例案例的发布日期与审结日期间隔在9个月左右，即指导案例7号；有5例案例的发布日期和审结日期间隔在11个月左右，即指导案例24号、66号、67号、68号及75号（见图4-1-1所示）。

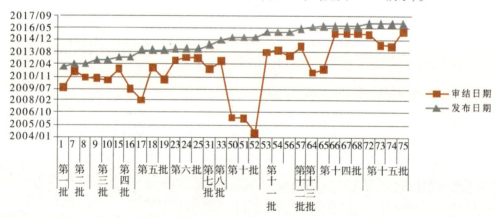

图4-1-1　民商事指导性案例的发布情况

（二）民商事指导性案例的发布特点

1. 民商事指导性案例的案由以合同纠纷居多，约占42%

最高人民法院发布的31例民商事指导性案例所涉案由包括合同纠纷、侵权责任纠纷、

公司纠纷等 12 类。其中合同纠纷最多，共有 13 例案例，总体占比约为 42%；其次为侵权责任纠纷，共有 4 例案例，总体占比约为 13%；以公司纠纷、海事、海商纠纷及保险纠纷为案由的，分别有 3 例、2 例及 2 例，总体占比分别约为 10%、6% 及 6%。另外，执行异议之诉、物权纠纷、破产纠纷、离婚纠纷、劳动争议、继承纠纷及海事诉讼特别程序等 7 类案由，分别各有 1 例案例，总体占比极少（见图 4-1-2 所示）。

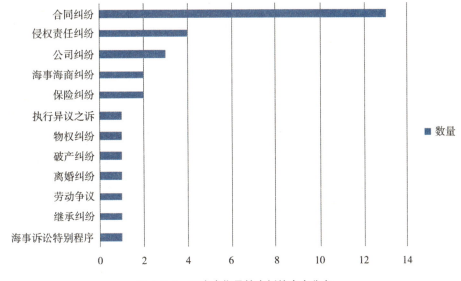

图 4-1-2　民商事指导性案例的案由分布

2. 民商事指导性案例中的裁判要点以实体指引为主，约占 94%

民商事指导性案例的裁判要点为实体指引的，共有 29 例，总体占比约为 94%；裁判要点为民事诉讼程序指引的，有 2 例，总体占比约为 6%（见图 4-1-3 所示）。

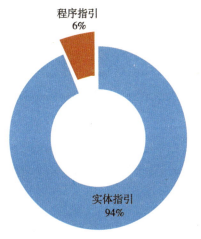

图 4-1-3　民商事指导性案例裁判要点指引

3. 民商事指导性案例的关键词中,"民事"出现的最多,出现1次的关键词有85个

最高人民法院发布的指导性案例,每篇有3—7个关键词不等。经统计,在已发布的31例民商事指导性案例中共有92个关键词,其中,作为关键词的"民事"一词,累计出现26次,出现次数最多;其次是"民事诉讼",出现4次;"买卖合同""告知义务""金融借款合同""连带责任""违约"5个关键词分别出现了2次;另外,"保险代位求偿权"等85个关键词仅出现过1次(见表4-1-1所示)。

表4-1-1　民商事指导性案例关键词统计表

关键词出现次数(次)	关键词数量(个)	具体关键词
26	1	民事
4	1	民事诉讼
2	5	买卖合同;告知义务;金融借款合同;连带责任;违约
1	85	保险代位求偿权;保险人代位求偿;别除权;财产保险合同;财产返还;出质登记;船舶碰撞损害赔偿;单方解除;第三者对保险标的的损害;电信服务合同;恶意串通;二手房买卖;法定义务;法律效力;分期付款;公司僵局;公司解散;公司决议撤销;公司清算义务;股权转让;关联公司;管辖;管辖异议;过错责任;海上货物运输保险合同;海事;海事赔偿责任限额计算;海事赔偿责任限制基金;海事诉讼;行使期限;航班延误;航空旅客运输合同;合同解除;合意违反航行规则;环境污染公益诉讼;婚生子女;机动车交通事故;继承;家用汽车;交通事故;借款合同;金钱质押;经营管理严重困难;居间合同;抗诉;劳动合同;离婚;离婚时;连带清偿责任;赔偿责任;欺诈;企业借贷;起算点;清偿债务;确认合同无效;人格混同;人工授精;擅自处分共同财产;商品房买卖合同;申请撤诉;审查;十倍赔偿;食品安全;收益权质押;司法审查范围;诉讼时效;套牌;特定化;外来原因;违约行为;虚假诉讼;业主共有权;一切险;移交占有;优先受偿权;有效期限;再审期间;责任;责任认定;执行异议之诉;质权实现;终结审查;专门从事环境保护公益活动的社会组织;专项维修资金;最高额担保

4. 民商事指导性案例的来源以最高人民法院及沪、苏、京等地的人民法院为主

民商事指导性案例主要来源于最高人民法院及上海市等6个省级行政区域的法院。其中,来源于最高人民法院和上海市的指导性案例数量占绝对优势,分别有8例;其次为江苏省,共有7例;北京市,共有3例。来源于安徽省和浙江省的,各有2例;来源于福建省的,仅有1例(见图4-1-4所示)。

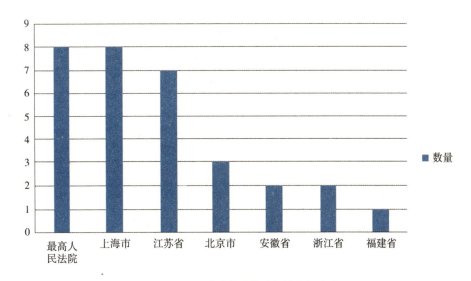

图 4-1-4 民商事指导性案例的来源地域

5. 民商事指导性案例的审理法院分布得较为均匀，各级法院的案件数量呈递减状态，均仅差 1 例

在已发布的民商事指导性案例中，由普通法院审理的案件占绝大部分，由专门法院审理的案件仅有 1 例。由中级人民法院审理的案件数量最多，共计 9 例，总体占比约为 29%，由最高人民法院、高级人民法院以及基层人民法院审理的数量相近，依次为 8 例、7 例及 6 例，总体占比分别约为 26%、23% 及 19%（见图 4-1-5 所示）。

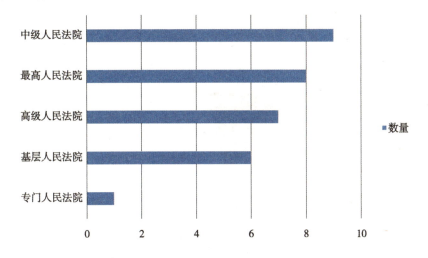

图 4-1-5 民商事指导性案例的审理法院

6. 民商事指导性案例所涉审理程序以二审程序居多，二审案件数约占58%

在已发布的民商事指导性案例中，审理程序为二审的共有18例，总体占比约为58%；审理程序为一审的共有7例，总体占比约为23%；审理程序为再审的共有6例，总体占比约为19%（见图4-1-6所示）。

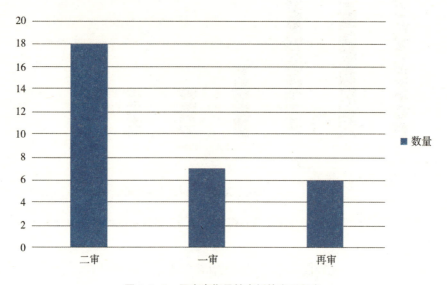

图4-1-6　民商事指导性案例的审理程序

7. 民商事指导性案例的文书类型以判决书为主，约占84%

在最高人民法院已发布的31例民商事指导性案例中，文书类型为判决书的，共有26例，总体占比约为84%；文书类型为裁定书的，共有5例，总体占比约为16%（见图4-1-7所示）。

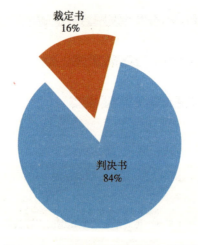

图4-1-7　民商事指导性案例的文书类型

二、民商事指导性案例的司法应用

指导性案例被援引的情况可以分为确定性援引和不确定性援引。① 为了确保研究结果的准确性，本文仅对确定性援引进行分析。为了对确定性援引作更为深入的剖析，本文对确定性援引作了进一步类型化区分，按照法官在裁判案件时是否明确援引了指导性案例进行说理，将确定性援引分为明示援引和隐性援引。② 在最高人民法院已发布的31例民商事指导性案例中，共有1127例应用案例，其中，涉及明示援引③的有464例，涉及隐性援引④的有655例。另外，还有一种特殊的援引方式，即法官评析援引⑤，共有8例应用案例。

（一）民商事指导性案例的整体应用情况

1. 从整体来看，近90%的民商事指导性案例已被应用

截至2017年12月31日，最高人民法院共发布了31例民商事指导性案例。其中，已被应用的指导性案例有27例，应用率高达87%；未被应用的指导性案例有4例，总体占比为13%（见表4-1-2所示）。

表4-1-2　民商事指导性案例的整体应用情况

应用情况	应用数量（例）	指导案例编号
已被应用	27	1号、7号、8号、9号、10号、15号、17号、18号、19号、23号、24号、25号、31号、33号、50号、52号、53号、54号、56号、57号、65号、66号、67号、68号、72号、73号、74号
未被应用	4	16号、51号、64号、75号

2. 从个案来看，指导案例24号的应用案例最多

在最高人民法院发布的31例民商事指导性案例中，有27例已被应用于司法实践，共有应用案例1127例。应用频率位列前五的指导性案例分别是指导案例24号、15号、23号、54号及9号。其中应用次数最多的是指导案例24号，应用次数高达399次；其次依

---

① 确定性援引，是指根据裁判文书内容（包括评析）的表述，能够直接确定其援引了几号指导性案例；不确定性援引，是指根据裁判文书内容（包括评析）的表述，不能确定其是否援引了指导性案例。
② 参见张骐：《再论类似案件的判断与指导性案例的使用》，载《法制与社会发展》2015年第5期，第138页。
③ 明示援引，是指法官作出裁判时明确援引了指导性案例进行说理。主要包括法官主动援引和被动援引两种情形，前者是指法官主动援引指导性案例进行说理；后者是指法官被动援引指导性案例进行说理，即检察人员建议或诉讼参与人请求参照指导性案例时，法官在裁判理由中对此作出了回应。
④ 隐性援引，是指在审判过程中，检察人员建议或诉讼参与人请求法官参照指导性案例进行裁判，法官对此在裁判理由部分未明确作出回应，但是其裁判结果与指导性案例的精神是一致的情况。
⑤ 评析援引，是指裁判文书正文中并未提及指导性案例，但是在该案例后所附的专家点评、评析、补评及典型意义等中提到指导性案例的情况。

次为198次、138次、71次及68次。还有7例指导性案例的应用次数在10—30次之间，分别是指导案例1号、17号、72号、8号、19号、25号及33号。另外其他15例指导性案例的应用次数均在10次以下，应用率较低（见图4-1-8所示）。

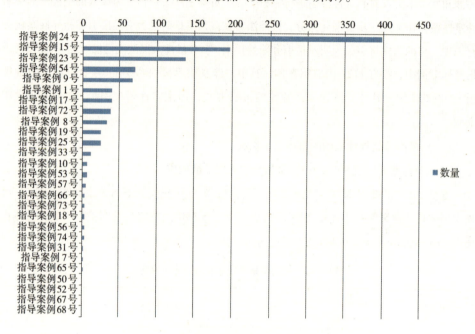

图4-1-8　民商事指导性案例的个案应用情况

3. 从援引方式上看，法官的隐性援引约占58%

在明示援引、隐性援引及法官评析援引三种援引方式下。法官采用明示援引的应用案例共涉及464例，总体占比为41%，包括法官主动援引的342例和法官被动援引的122例；法官采用隐性援引的应用案例共涉及655例，总体占比为58%；另外，法官评析援引的应用案例共有8例，总体占比为1%，包括2例相关指导性案例发布前的案例评析援引和6例相关指导性案例发布后的案例评析援引（见图4-1-9所示）。

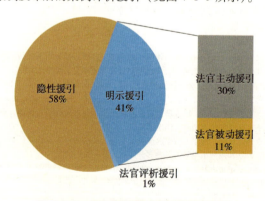

图4-1-9　民商事指导性案例的援引情况

4. 应用案由的种类有限，主要集中在机动车交通事故责任纠纷和买卖合同纠纷

民商事指导性案例被应用于机动车交通事故责任纠纷等88种案由。其中，以机动车交通事故责任纠纷为案由的应用案例最多，共计364例，总体占比约为32%；以买卖合同纠纷为案由的应用案例有151例，总体占比约为13%；以民间借贷纠纷、产品责任纠纷、商品房预售合同纠纷、执行、居间合同纠纷和公司解散纠纷为案由的应用案例依次为48例、47例、41例、39例、38例及33例，总体占比分别约为4%、4%、4%、3%、3%及3%。另外，案外人执行异议之诉等12种案由的应用案例均在10例以上30例以下，应用数量相对较少。追偿权纠纷等68种案由的应用案例均在10例以下，应用较少（见图4-1-10所示）。

图4-1-10 民商事指导性案例案由的应用

（二）民商事应用案例与民商事指导性案例的对比分析

1. 民商事指导性案例案由的应用

（1）有41例民商事指导性案例被应用于同类案由的案件

在已被应用的27例民商事指导性案例中，被应用于同类案由的民商事指导性案例有22例，其中，指导案例8号、52号、67号目前仅被应用于相同案由的案件，尚未发现应用于不同案由的案件；另外19例指导性案例，既被应用于同类案由的案件，又被应用于

不同案由的案件。值得一提的是，在指导案例24号的399例应用案例中，案由相同的应用案例有340例，总体占比约为85%。

（2）有19例民商事指导性案例既被应用于同类案由，又被应用于不同案由的案件

上文提到，有19例民商事指导性案例既被应用于同类案由、又被应用于不同案由的案例，具体包括指导案例1号、7号、9号、10号、15号、17号、18号、19号、23号、24号、25号、31号、33号、53号、54号、57号、66号、72号及74号。指导案例24号的裁判要点为"交通事故的受害人没有过错，其体质状况对损害后果的影响不属于可以减轻侵权人责任的法定情形"，该裁判要点在司法实践中不仅被应用于同类案由，还常被法官或当事人应用于医疗损害责任纠纷、财产损害赔偿纠纷、财产保险合同纠纷和运输合同纠纷等案由的具体案件中。其中，应用于医疗损害责任纠纷和财产损害赔偿纠纷类案件时，法官适用的裁判规则均为"被侵权人或受害人没有过错，其体质状况对损害后果的影响不属于可以减轻侵权人责任的法定情形"，而应用于财产保险合同纠纷类案件时，其应用的原因是引发该保险合同纠纷的基础案情与指导案例24号的相似，均为交通事故引发的事故责任或赔偿纠纷。另外，运输合同纠纷虽然与机动车交通事故责任纠纷不完全一致，但是其所涉及的内容存在交叉，均涉及交通运输问题。

（3）有5例民商事指导性案例目前仅被应用于不同案由的案件

目前仅被应用于不同案由的5例民商事指导性案例，具体包括指导案例50号、56号、65号、68号及73号。虽然两者的案由不同，但案件在关键案情或争议焦点上存在着相似性。例如，指导案例65号为业主共有权纠纷类案件，被法官应用于股权转让纠纷和其他劳动争议、人事争议案例中，虽然两者案情不同，但是争议焦点均涉及诉讼时效的认定；指导案例50号为遗嘱继承类纠纷，被法官应用于监护权纠纷类案件的分析，主要围绕父母子女关系的认定问题展开。另外，指导案例73号为别除权纠纷案件，被当事人应用于建设工程价款优先受偿权纠纷案件，是因为两者争议的焦点均为优先受偿权的计算起点问题。

2. 民商事指导性案例的应用地域

（1）民商事指导性案例的应用地域已覆盖全国31个省级行政区域，主要集中在粤、浙、鲁、苏、闽等地

已发布的民商事指导性案例共涉及最高人民法院及浙江省、江苏省、上海市、安徽省、福建省、北京市共6个省级行政区域的人民法院，而民商事应用案例已覆盖全国除港、澳、台外的31个省级行政区域。其中，应用率最高的是广东省，其次是浙江省和山东省，然后依次为江苏省、福建省、河南省、四川省、内蒙古自治区、安徽省、湖北省，其余省级行政区域的应用率较低。

（2）曾遴选出民商事指导性案例的地域更注重指导性案例的应用

在应用案例超过30例的15个省级行政区域中，浙江省、江苏省、上海市、安徽省、福建省5个省级行政区域均曾遴选出过指导性案例。可见在审判实践中，曾遴选出指导性案例的区域更加注重对指导性案例的应用。

（3）广东省等25个非民商事指导性案例来源地域均有应用案例

尽管民商事指导性案例的来源地域以东部或经济发达地区为主，但是应用案例涉及的地域却并不局限于此。广东省、山东省、河南省、四川省、内蒙古自治区、湖北省、辽宁省、河北省、吉林省、湖南省、江西省、贵州省、重庆市、黑龙江省、天津市、新疆维吾尔自治区、陕西省、山西省、广西壮族自治区、海南省、云南省、宁夏回族自治区、甘肃省、青海省、西藏自治区25个省级行政区域，虽然未曾遴选出民商事指导性案例，但均在审判实践中应用了民商事指导性案例（见图4-1-11所示）。

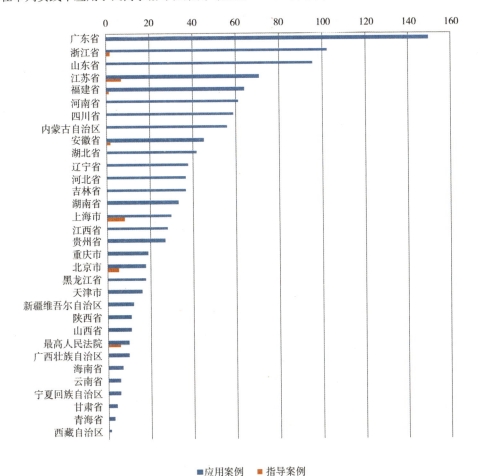

图4-1-11　民商事指导性案例及其应用案例的地域分布情况

3. 民商事应用案例的审理法院

(1) 民商事应用案例的审理法院以普通法院居多，专门法院极少

在审判实践中，应用民商事指导性案例的法院主要是普通法院，其应用案例共有1118例，总体占比超过99%；专门法院应用民商事指导性案例的较少，仅有9例应用案例。其中有6例为铁路运输中级人民法院应用，2例为铁路运输基层人民法院应用，1例为海事法院应用。

(2) 民商事指导性案例对中级人民法院和基层人民法院更具指导意义

在应用民商事指导性案例的法院中，中级人民法院和基层人民法院的应用案例较多，总体占比分别约为56%和36%。高级人民法院的应用案例较少，总体占比约为6%。最高人民法院和专门人民法院的应用案例总体占比均不足1%。

(3) 最高人民法院的民商事应用案例较少

在最高人民法院发布的31例民商事指导性案例中，有8例来源于最高人民法院，总体占比约为26%。但在司法实践中，最高人民法院的民商事应用案例仅有10例，总体占比不足1%。应用较少的原因是司法实践中由最高人民法院审理的案件普遍具有一定的特殊性和复杂性，从而在一定程度上减少了最高人民法院对民商事指导性案例的应用（见图4-1-12所示）。

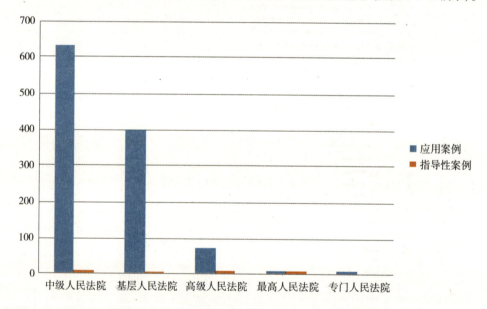

图4-1-12 民商事指导性案例及其应用案例的审理法院

4. 民商事应用案例的审理程序

(1) 民商事应用案例所适用的审理程序相对较多，普通诉讼程序约占96%

民商事应用案例涉及的审理程序比民商事指导性案例涉及的审理程序更丰富。在应用

案例中，适用普通诉讼程序（包括一审、二审、再审）的达到1083例，总体占比为96%；适用执行程序的有39例，适用特殊程序的有5例（见图4-1-13所示）。

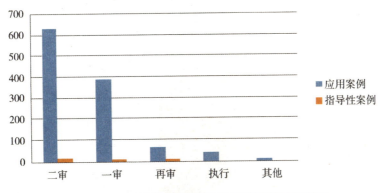

图4-1-13 民商事指导性案例及其应用案例的审理程序

（2）民商事应用案例的审理程序以二审程序为主，约占56%

在最高人民法院发布的31例民商事指导性案例的审理程序中，以二审程序居多，共有18例；而在民商事应用案例的审理程序中，也以二审程序为主，共计629例，总体占比约为56%。

5. 民商事指导性案例及其应用案例的终审结果

最高人民法院的31例民商事指导性案例中涉及二审和再审程序的共有24例。1127例应用案例中涉及二审和再审程序的共计697例。

（1）民商事指导性案例及其应用案例的终审结果，以二审维持原判居多

在涉及二审和再审程序的指导性案例中，二审维持原判的比例最高，总体占比约为50%；二审改判的，总体占比约为21%；驳回再审申请及再审改判的，总体占比分别约为8%；部分维持、部分改判、发回重审和裁定终结再审的，总体占比分别约为4.2%（见图4-1-14所示）。在应用案例中，二审维持原判的比例最高，总体占比约为60%；二审改判的，总体占比约为16%；二审部分维持、部分改判的，总体占比约为13%；驳回再审申请的，总体占比约为7%；再审改判的，总体占比约为2%。可见，与指导性案例相比，应用案例中维持原判的比例更高，二审或者再审改判的比例更小（见图4-1-15所示）。

（2）民商事指导性案例及其应用案例的改判案例中，涉及合同纠纷的较多

在指导性案例中，改判的案例包括指导案例1号、8号、10号、52号、54号、72号及74号等。这些指导性案例涉及的领域主要包括合同纠纷、公司纠纷、保险纠纷、海事海商纠纷、执行异议之诉等。在应用案例中，改判的案例主要援引了指导案例1号、8号、9号、15号、17号、19号、23号、24号、25号、31号、50号、54号及72号等。这些改判类的应用案例以合同纠纷（尤其是买卖合同纠纷）和机动车交通事故责任纠纷为主。

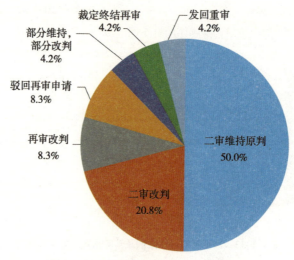

图 4-1-14　民商事指导性案例的终审结果

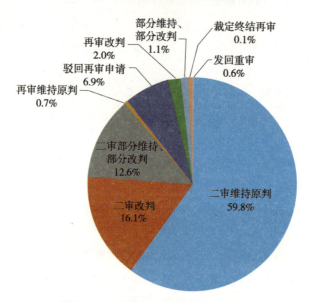

图 4-1-15　民商事应用案例的终审结果

（三）民商事应用案例的应用情况分析

1. 民商事指导性案例的首次应用日期和发布日期间隔最短的仅 19 天

在已被司法实践应用的 27 例民商事指导性案例中，除了指导案例 1 号、8 号及 24 号之外，其余 24 例指导性案例的应用均发生在其发布以后。指导性案例被首次应用的时间分别为其发布后的 1—24 个月不等。其中，指导案例 72 号的发布日期为 2016 年 12 月 28 日，首次应用日期为 2017 年 1 月 16 日，前后间隔仅为 19 天。间隔较短的还有指导案例

54 号、57 号及 53 号,间隔时间依次为 37 天、50 天及 67 天(见图 4-1-16 所示)。

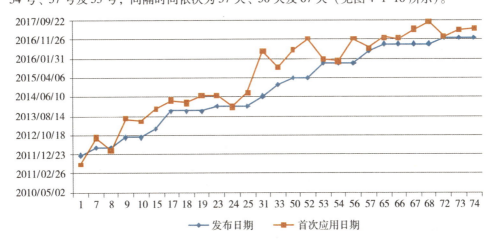

图 4-1-16 民商事指导性案例发布日期和首次应用日期

2. 民商事指导性案例的应用主体

(1)应用主体广泛,上诉人和法官约占 58%

在审判实践中,民商事指导性案例的应用主体非常广泛,包括法官、原告、被告、上诉人、被上诉人、申请人和被申请人等。其中法官和上诉人的应用比例最高,总体占比分别约为 31% 和 27%;其次为原告和被上诉人,总体占比分别约为 15% 和 13%;再次为被告、再审申请人,总体占比分别约为 6% 和 5%;而案外人、申请执行人和异议人等的应用很少(见图 4-1-17 所示)。

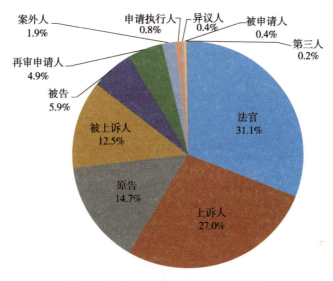

图 4-1-17 民商事指导性案例的应用主体

（2）在法官主动援引的民商事应用案例中，共涉及 19 例民商事指导性案例

在实践中，法官主动援引指导性案例的，裁判时基本上都参照指导性案例作出了相同的判决。在法官主动援引的 342 例应用案例中共涉及 19 例民商事指导性案例，其中援引最多的是指导案例 24 号，共被援引 181 次；其次是指导案例 15 号、54 号、9 号及 23 号，分别被援引 80 次、17 次、12 次及 10 次。其他 14 例指导性案例被援引的次数均在 10 次以下（见图 4-1-18 所示）。

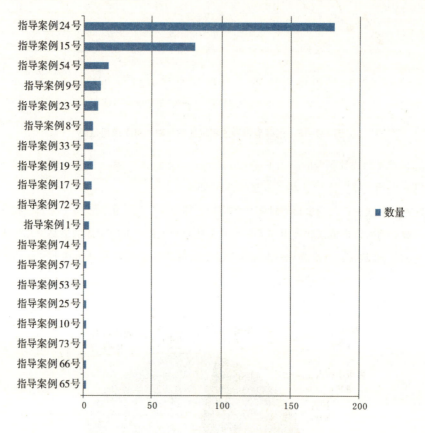

图 4-1-18　法官主动援引民商事应用案例的数量

（3）在当事人援引的民商事应用案例中，共涉及 27 例民商事指导性案例，应用频率为 69%

当事人在审判中应用指导性案例的频率最高，总体占比约为 69%。这里的当事人，既包括审理程序中的当事人，也包括执行程序中的当事人，其在起诉、上诉、答辩和举证质证等环节，均可援引指导性案例来证明自己的主张。在当事人引用的 27 例民商事指导性案例中，引用最多的是指导案例 24 号，其次是指导案例 23 号、15 号及 9 号。

3. 民商事指导性案例的应用内容

根据2011年12月30日发布的《最高人民法院研究室关于印发〈关于编写报送指导性案例体例的意见〉、〈指导性案例样式〉的通知》①的规定,每篇指导性案例均由七个部分组成,即标题、关键词、裁判要点、相关法条、基本案情、裁判结果及裁判理由。在审判实践中,无论是法官、公诉人,还是当事人,在引用民商事指导性案例时,其引用的内容不仅包括裁判要点、基本案情、裁判理由及裁判结果,还包括裁判思路。从民商事指导性案例各部分的参照频率看,其中,引用裁判要点的,总体占比约为60%,应用频率最高;引用基本案情的,总体占比约为21%;引用裁判理由的,总体占比约为8%;引用裁判结果和裁判思路的,总体占比均不足1%。另外,还有部分未明确引用内容的,总体占比约为11%(见图4-1-19所示)。

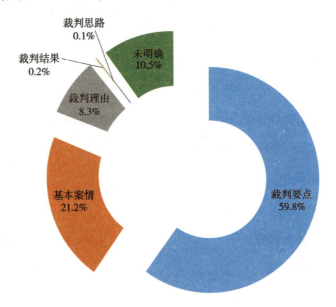

图4-1-19 民商事指导性案例应用内容参照情况②

4. 民商事指导性案例的应用表述

根据2015年5月13日发布的《〈最高人民法院关于案例指导工作的规定〉实施细则》③第11条第1款规定,在办理案件过程中,案件承办人员应当查询相关指导性案

---

① 参见北大法宝—法律法规库:http://www.pkulaw.cn/fbm/,法宝引证码:CLI.3.175399,最后访问日期:2018年1月18日。
② 说明:应用内容中的"未明确",是指在引用指导性案例时未明确说明其引用的具体内容,且根据裁判文书也不能判断其引用的内容。
③ 参见《〈最高人民法院关于案例指导工作的规定〉实施细则》,载北大法宝—法律法规库:http://www.pkulaw.cn/fbm/,法宝引证码:CLI.3.249447,最后访问日期:2018年1月18日。

例。在裁判文书中引述相关指导性案例的，应在裁判理由部分引述指导性案例的编号和裁判要点。

援引指导性案例时的应用表述主要包括发布主体、发布日期、发布批次、指导性案例编号、指导性案例字号、指导性案例案号、指导性案例标题、裁判要点等八个要素。

（1）发布主体、指导性案例编号和裁判要点是应用次数较高的三个要素

在1127例民商事应用案例中，发布主体被援引的次数最多，为1090次，引用率达到了97%。其主要的表述形式有：参照/依据/根据最高人民法院发布的指导性案例、与最高院发布的指导性案例、请求/建议/应当参照最高院发布的指导性案例等。其次是指导性案例编号，仅次于发布主体，被援引次数为800次，引用率达到了71%。其主要的表述方式有：指导案例×号、第×号指导性案例、指导性案例第×号等。再次是裁判要点，其被援引的频率为489次。除此以外，援引次数较高的还有指导性案例标题、发布日期和发布批次，分别有262次、237次及191次。另外，还有少量援引指导性案例字号和指导性案例案号的情形，援引次数分别仅有16次和7次（见图4-1-20所示）。

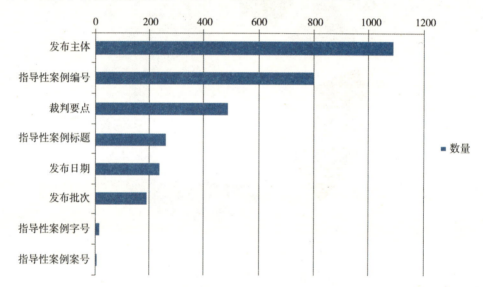

图4-1-20　民商事指导性案例应用表述要素的使用情况

（2）应用表述模式并不固定，表述要素中以"主体+编号""主体+编号+要点""主体"为主导模式

根据应用表述所涉及的八个要素的引述情况，可将其分为单要素表述、双要素表述、三要素表述、四要素表述、五要素表述和六要素表述六大类。通过对1127例民商事应用案例的统计和分析，具体情况如下（见表4-1-3所示）：

表 4-1-3　民商事指导性案例应用表述的分类及组合模式

序号	应用表述分类	组合模式	案例数量（例）
1	单要素表述	主体	133
		编号	13
		要点	10
		标题	7
		指导（性）案例字样	4
2	双要素表述	主体+编号	223
		主体+要点	68
		主体+批次	18
		主体+标题	18
		主体+日期	4
		批次+字号	1
		主体+案号	1
		主体+字号	1
3	三要素表述	主体+编号+要点	157
		主体+日期+编号	57
		主体+批次+编号	50
		主体+编号+标题	39
		主体+日期+要点	11
		主体+标题+要点	11
		主体+日期+标题	6
		主体+批次+要点	5
		主体+批次+标题	3
		主体+编号+字号	3
		主体+批次+字号	2
		主体+日期+批次	2
		日期+批次+标题	1
		日期+编号+标题	1
		主体+标题+字号	1

续表

序号	应用表述分类	组合模式	案例数量（例）
4	四要素表述	主体+日期+编号+要点	53
		主体+编号+标题+要点	51
		主体+批次+编号+要点	25
		主体+批次+编号+标题	14
		主体+日期+编号+标题	14
		主体+批次+标题+要点	8
		主体+日期+标题+要点	8
		主体+日期+批次+编号	7
		主体+批次+编号+字号	2
5	五要素表述	主体+日期+编号+标题+要点	42
		主体+批次+编号+标题+要点	14
		主体+日期+批次+编号+标题	9
		主体+日期+批次+编号+要点	6
		主体+批次+编号+案号+要点	4
		主体+批次+编号+标题+字号	2
		主体+日期+批次+编号+字号	2
		主体+日期+批次+标题+要点	2
		主体+批次+编号+字号+要点	1
		主体+批次+标题+案号+要点	1
		主体+日期+批次+案号+要点	1
6	六要素表述	主体+日期+批次+编号+标题+要点	10
		主体+日期+批次+编号+字号+要点	1

从表4-1-3中的统计结果可以看出，民商事指导性案例六种不同的应用表述类别所涉及的要素种类和组合模式各不相同，即使是相同的表述类别，具体的要素种类和组合模式也存在差异。

①民商事指导性案例应用表述中包含1—2个要素的，组合等级较低

民商事指导性案例应用表述中包含1—2个要素的表述类别，特指单要素表述和双要素表述。单要素表述的具体组合方式有5种，即主体、编号、要点、标题及指导（性）案例字样，"主体"单要素表述构成一般为"主体"+"指导性案例"字样；双要素表述的具体组合方式有8种，以"主体+编号"模式为主，其次是"主体+要点"。这两类表述

的具体组合方式所涉及的民商事应用案例数量总计为291例，总体占比约为26%。尽管比例不高，但是可以证明司法实践中在一定范围内有这种相对较单一的表述方式。

②民商事指导性案例应用表述中包含3—4个要素的，其组合等级适中

民商事指导性案例应用表述中包含3—4个要素的民商事应用案例数量相对较多，三要素和四要素表述的共有531例，约占47%，但是存在各种各样的要素组合模式。在三要素表述的349例民商事应用案例中包含了15种表述方式，但以"主体+编号+要点"格式为主，为157例，约占45%；四要素表述中同样包含9种要素组合模式，以"主体+日期+编号+要点""主体+编号+标题+要点"两种为主要组合模式，分别涉及民商事应用案例的有53例和51例。可见，在三要素表述中，以一种表述模式为主，基本可以确定，其为主导的表述组合，能指引三要素表述的模式发展方向；在四要素表述中，存在两种表述模式并驾齐驱的情况，统一性和指引性较差。

③民商事指导性案例应用表述中包含5—6个要素的，其组合等级较高

民商事指导性案例应用表述中包含5—6个要素组合情况的相对较少。其中，包含五要素表述的，共有84例案件11种表述模式，以"主体+日期+编号+标题+要点"模式为主；包含六要素表述的，共有11例案件2种表述模式。可见，这两类要素组合包含的要素种类较多，但是案例数量很少，共有95例，总体占比约为8%。

（3）法官同时引述民商事指导性案例编号和裁判要点的情况较少，仅占23%

在1127例民商事应用案例中，法官明示援引的共有464例，其中包含法官主动援引的342例，法官被动援引的122例。法官在援引指导性案例时，在裁判理由部分同时引述指导性案例编号和裁判要点的共有258例，总体占比约为23%，引述其他要素的共有206例，总体占比约为18%（见图4-1-21）。

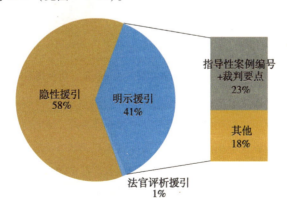

图4-1-21　法官援引民商事指导性案例时表述要素的使用情况

5. 民商事指导性案例的应用结果

（1）在法官主动援引的民商事应用案例中，参照率约为77%

在1127例民商事应用案例中，涉及法官明示援引的有464例。其中，在法官主动援引的342例中，参照指导性案例作出裁判的有265例，总体占比约为77%；法官未参照/未说明的有77例（未参照的30例，未说明的47例），总体占比约为23%。在法官被动援引的122例中，法官参照指导性案例作出裁判的有41例，总体占比约为34%；法官未参照的有81例，总体占比约为66%。涉及法官隐性援引的有655例。法官主动援引的应用案例参照率较高，被动援引的参照率较低。法官主动援引却未参照，主要是因为指导性案例的案情或裁判要点不适用于该案，法官就此特地进行了说明。法官被动援引的参照率较低，主要是因为指导性案例的基本案情或裁判要点与应用案例不同，法官大多对此进行了明确回应（见图4-1-22）。

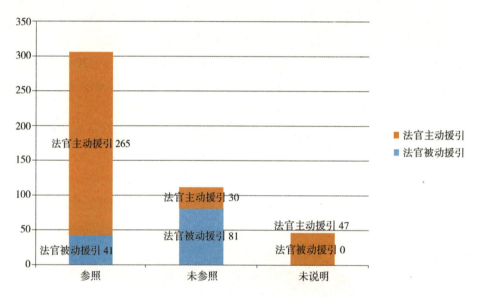

图4-1-22　民商事指导性案例的应用结果（明示援引）①

（2）民商事指导性案例的裁判要点和基本案情是法官判断参照与否的重要标准

在明示援引的情况下，应用结果分为三种情况，即参照、未参照和未说明。首先，对于参照而言，总共有306例应用案例，且主动援引和被动援引都有涉及，法官参照指导性案例进行审理的主要原因是裁判要点和基本案情相似。在主动援引的应用案例中，参照裁判要点的有208例，参照基本案情的有20例，参照裁判理由的有28例，未明确具体参照

---

① 说明：主动援引中的"未说明"，是指一审法官在审理该案件时援引了某一指导性案例，但是二审法官在终审判决中并未对此进行回应和说明。

内容的有 9 例。而在被动援引的应用案例中，参照裁判要点的有 28 例，参照基本案情的有 7 例，参照裁判理由有 5 例，未明确具体参照内容的有 1 例。其次，对于未参照而言，主动援引和被动援引都有涉及，总共有 111 例应用案例，法官不予参照民商事指导性案例进行审理的主要原因是裁判要点和基本案情不同。其中，在主动援引的应用案例中，因裁判要点不同而不予参照的有 24 例，因法官认为基本案情不相似而不予参照的有 4 例，因裁判理由不同而不予参照的有 2 例；而在被动援引的应用案例中，因裁判要点不同而不予参照的有 38 例，因法官认为基本案情不相似而不予参照的有 18 例，因裁判理由不同而不予参照的有 5 例，因裁判结果不同而不予参照的有 1 例，未明确不予参照具体内容的有 19 例。此外，此处的"未说明"，主要是一审法官在审理该案件时援引了某一民商事指导性案例，但二审法官在终审判决中并未对此进行回应和说明。经调研，在 47 例未说明的案例中，一审法官参照裁判要点的有 43 例，参照基本案情的有 2 例，还有 2 例参照的是裁判理由（见表 4-1-4 所示）。

表 4-1-4　民商事指导性案例的参照标准

明示援引	参照标准	应用结果		
		参照	未参照	未说明
法官主动援引	裁判要点	208	24	43
	基本案情	20	4	2
	裁判理由	28	2	2
	未明确	9	0	0
法官被动援引	裁判要点	28	38	0
	基本案情	7	18	0
	裁判理由	5	5	0
	裁判结果	0	1	0
	未明确	1	19	0

三、调研综述

（一）民商事指导性案例的发布数量较多，应用情况较好

最高人民法院目前已发布 31 例民商事指导性案例，占总体发布量的 1/3。从 2011 年仅有 1 例，2012 年上升至 4 例，2013—2015 年基本保持在每年 5—6 例，到 2016 年上升至 10 例。2017 年未发布民商事指导性案例。除 2017 年外，基本上每年均有发布。

在 31 例民商事指导性案例中，已有 27 例被应用于司法实践，应用案例数达到 1127 例，占总应用量的 72%，应用状况较好。

(二) 民商事指导性案例及其应用案例的案由类型有所增加,发布案由以合同纠纷为主,应用案由中以机动车交通事故责任纠纷最多

根据《最高人民法院关于修改〈民事案件案由规定〉的决定》的规定,民事案由共计424类。最高人民法院发布的31例民商事指导性案例所涉案由包括合同纠纷、侵权责任纠纷、公司纠纷等12类案由。其中,合同纠纷案件最多,共计13例,总体占比约为42%。31例民商事指导性案例被应用于机动车交通事故责任纠纷等88种案由,应用案由类型逐年增多,其中位居前六位的是机动车交通事故责任纠纷、买卖合同纠纷、民间借贷纠纷、产品责任纠纷、商品房预售合同纠纷及执行类纠纷,总体占比分别约为32%、13%、4%、4%、4%及3%。

(三) 应用主体以上诉人和法官为主,在法官主动援引的应用案例中,近八成参照

在民商事指导性案例的应用主体中,法官和上诉人的应用比例最高,总体占比分别约为31%和27%。无论是法官援引还是当事人援引,均主要集中在指导案例24号、15号、23号及9号。在1127例民商事应用案例中,明示援引的有464例,总体占比约为41%,包括法官主动援引的342例和法官被动援引的122例;隐性援引的共涉及655例,总体占比约为58%。对比可知,法官明示援引的数量有限,更倾向通过隐性援引的方式应用指导性案例。从应用结果来看,在法官主动援引的情况下,约77%的应用案例都参照了指导性案例,并呈现出逐年增多的趋势。

(四) 应用区域广泛,但主要集中在粤、浙、鲁、苏、闽等地,地域差异明显

民商事指导性案例主要来源于最高人民法院及浙江省等6个省级行政区域,而其应用案例的来源不仅包括最高人民法院,而且包括广东省等31个省级行政区域。其中应用最多的5个省分别为广东省、浙江省、山东省、江苏省、福建省,五省的应用案例共有482例,总体占比约为43%。

在应用案例超过30例的15个省级行政区域中,浙江省、江苏省、上海市、安徽省、福建省均曾遴选出过民商事指导性案例。同时,广东省、山东省、河南省、四川省、湖北省、辽宁省等25个省级行政区域,虽然未涉及指导性案例的发布,但均在审判实践中应用了民商事指导性案例。

(五) 民商事指导性案例的援引表述方式不统一

2015年5月13日发布的《〈最高人民法院关于案例指导工作的规定〉实施细则》第11条第1款规定:"在办理案件过程中,案件承办人员应当查询相关指导性案例。在裁判文书中引述相关指导性案例的,应在裁判理由部分引述指导性案例的编号和裁判要点。"但是,在审判实践中,无论是法官还是非法官,对于指导性案例的援引表述均无统一模式,应用方式也比较混乱,尤其是非法官的援引。不同的援引主体往往采用不同的表述方

式,而有时即使是相同的援引主体,其援引的表述方式也不尽相同。这种比较混乱的应用现状,不仅不利于指导性案例在审判实践中充分发挥其指导作用,也不利于维护其指导效力的权威性。我国的案例指导制度虽然是实践着的制度,但是在理念上、方法上,还需要更深层的积淀。① 对于指导性案例的应用方式,也亟须相关法律或规定作出统一规范并保证落实。

（六）应用内容集中在裁判要点,有少量案例应用了裁判结果和裁判思路

类似案件是指导性案例应用的必要条件。在司法实践中,对于类似案件的判断存在着不同的理解②,在民商事指导性案例的应用内容上也存在着一些不同,这不仅包括对民商事指导性案例的裁判要点、基本案情、裁判理由及裁判结果的应用,还包括裁判思路。其中,对裁判要点的应用频率最高,总体占比约为60%;对裁判结果和裁判思路的应用较少,总体占比均不足1%。

---

① 参见彭中礼:《司法判决中的指导性案例》,载《中国法学》2017年第6期,第129页。
② 参见张骐:《再论类似案件的判断与指导性案例的使用——以当代中国法官对指导性案例的使用经验为契口》,载《法制与社会发展》2015年第5期,第138页。

最高人民法院合同类指导性案例2017年度司法应用报告*

[摘要]最高人民法院从2011年至2016年，每年均发布合同类指导性案例，共计13例，在各类民商事指导性案例中排名第一，且已有11例被应用，应用案例为545例，高于行政、刑事等各类应用案例，应用情况较好。合同类指导性案例不仅应用于合同纠纷，还涉及公司纠纷、侵权纠纷等多类案由。尽管法官主动援引少，但参照情况较好。

[关键词]合同类指导性案例　司法应用　案由广泛　参照率

截至2017年12月31日，最高人民法院已陆续发布了17批共92例指导性案例，其中，在31例民商事指导性案例中，共涉及了12类不同的民商事法律关系，而合同类指导性案例最多，有13例，占民商事指导性案例总数的42%。合同类指导性案例是最高人民法院所发布的指导性案例的关注重点之一。根据"北大法宝—司法案例库"的调研结果显示，13例合同类指导性案例中，已有11例被应用，应用案例总计为545例，占民商事指导性案例应用案例总量的48%，应用情况较好。其中应用频率最高的是指导案例15号，应用次数为198次；其次是指导案例23号，应用次数为138次。应用地域主要是粤、浙、闽、川、苏等地，审理法院以中级人民法院为主，审理程序以二审程序为主。

一、合同类指导性案例的发布情况

（一）合同类指导性案例的发布规律

1. 从发布频率来看，除2017年外最高人民法院每年都发布

自2011年12月20日最高人民法院发布第一批指导性案例以来，截至2017年12月31日，最高人民法院已发布了17批指导性案例，从发布批次看，除第七批、第九批、第十六批、第十七批没有发布合同类指导性案例外，其他批次均有发布；从发布年份看，除2017年未发布涉及合同类的指导性案例外，每年都有发布。

2. 合同类指导性案例的发布日期与审结日期多间隔在3年之内

在最高人民法院发布的13例合同类指导性案例中，发布日期和审结日期间隔在3年

---

* 本文对合同类指导性案例发布情况的研究范围为最高人民法院发布的第一批至第十七批民商事类指导性案例，不含知识产权类及执行类指导性案例，知识产权类及执行类指导性案例司法应用分析报告请参见本书相应部分。本文发布的指导性案例数据和应用案例数据截止时间均为2017年12月31日。

之内的有 10 例，总体占比为 77%。其中，指导案例 7 号和 68 号，分别于 2011 年 7 月和 2015 年 10 月审结，最高人民法院分别于 2012 年 4 月和 2016 年 12 月发布，审结日期与发布日期的间隔均不足一年。其余 3 例的间隔时间都在 5 年以上，其中，指导案例 51 号于 2006 年 2 月 24 日审结，于 2015 年 4 月 15 日在最高人民法院第十批指导性案例中发布，审结日期与发布日期的间隔长达 9 年之久。

3. 合同类指导性案例的审结日期主要集中在 2011—2015 年

指导案例 51 号是最高人民法院发布的 13 例合同类指导性案例中审结日期最早的一例指导性案例。剩下的 12 例指导性案例，除 3 例是 2010 年前审结的以外，其他 9 例都是在 2011 年到 2015 年期间审结的。指导案例 68 号是审结日期最新的一例合同类指导性案例，于 2015 年 10 月 27 日审结（见图 4-2-1 所示）。

图 4-2-1　合同类指导性案例的发布情况

（二）合同类指导性案例的发布特点

1. 合同类指导性案例的案由以买卖合同纠纷为主

最高人民法院合同类指导性案例所涉案由，包括买卖合同纠纷、借款合同纠纷、居间合同纠纷、建设工程合同纠纷、确认合同效力纠纷、运输合同纠纷和服务合同纠纷共 7 类。其中，买卖合同纠纷的案例最多，有 5 例，总体占比约为 38%；其次是借款合同纠纷，有 3 例，总体占比约为 23%；居间合同纠纷、建设工程合同纠纷、确认合同效力纠纷、运输合同纠纷和服务合同纠纷的案例最少，各有 1 例，总体占比约为 39%（见图 4-2-2 所示）。

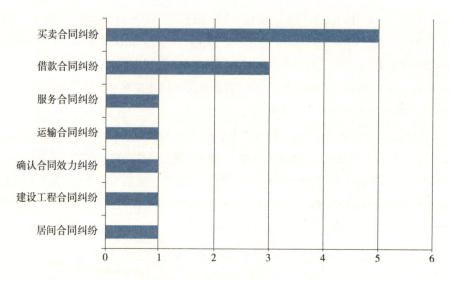

图 4-2-2 合同类指导性案例的案由分布

2. 合同类指导性案例中的裁判要点全部为实体指引，不涉及程序指引

在最高人民法院发布的合同类指导性案例中，裁判要点均涉及案件实体问题，尚未涉及程序问题。

3. 合同类指导性案例中的关键词以法律通用词汇居多

最高人民法院发布的指导性案例，每篇有3—7个关键词不等。经统计，在已发布的13例合同类指导性案例中共有39个关键词，其中，累计出现次数最多的关键词是"民事"，出现频率高达11次；其次是"告知义务""金融借款合同""买卖合同""民事诉讼""违约"，出现频率均为两次；能够突出个案核心内容及法律适用主要问题的关键词出现频率较少（见表4-2-1所示）。

表 4-2-1　合同类指导性案例关键词统计表

关键词出现次数（次）	关键词数量（个）	具体关键词
11	1	民事
2	5	告知义务；金融借款合同；买卖合同；民事诉讼；违约
1	33	财产返还；出质登记；电信服务合同；恶意串通；二手房买卖；法律效力；公司清算义务；关联公司；航班延误；航空旅客运输合同；家用汽车；借款合同；居间合同；抗诉；连带清偿责任；连带责任；赔偿责任；欺诈；企业借贷；清偿债务；确认合同无效；人格混同；商品房买卖合同；申请撤诉；审查；十倍赔偿；食品安全；收益权质押；虚假诉讼；有效期限；质权实现；终结审查；最高额担保

4. 合同类指导性案例的来源以最高人民法院和上海市、江苏省的法院为主

合同类指导性案例主要来源于最高人民法院及江苏省等 5 个省级行政区域的法院。其中，来源于最高人民法院的合同类指导性案例在数量上占据优势，共计 4 例；其次是江苏省和上海市的案例，分别有 3 例；来源于福建省、浙江省和北京市的案例分别有 1 例（见图 4-2-3 所示）。

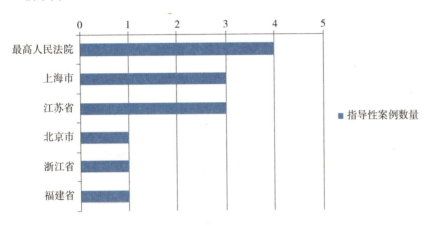

图 4-2-3　合同类指导性案例的来源地域

5. 合同类指导性案例的审理法院以中级人民法院居多

在已发布的 13 例合同类指导性案例中，由中级人民法院审理的案例数量最多，共计 5 例，总体占比约为 38%；最高人民法院次之，有 4 例，总体占比约为 31%；高级人民法院、基层人民法院的案例数量最少，各有 2 例，总体占比约为 31%（见图 4-2-4 所示）。

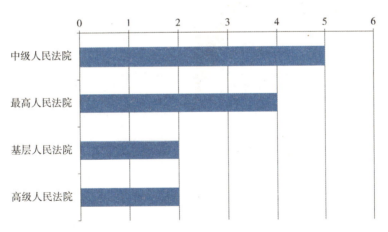

图 4-2-4　合同类指导性案例的审理法院

6. 合同类指导性案例的审理程序以二审程序居多

在已发布的合同类指导性案例中,审理程序为二审的案例共有 10 例,总体占比为 77%;审理程序为一审的案例共有 2 例,总体占比为 15%;审理程序为再审的案例,只有 1 例,总体占比为 8%(见图 4-2-5 所示)。

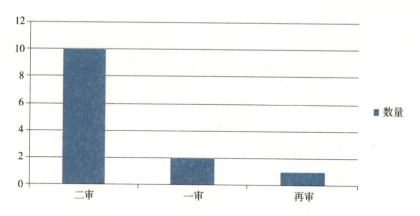

图 4-2-5　合同类指导性案例的审理程序

7. 合同类指导性案例的文书类型以判决书为主

在最高人民法院已发布的 13 例合同类指导性案例中,文书类型主要包括两类:判决书和裁定书。其中,文书类型为判决书的,共有 12 例,总体占比约为 92%;文书类型为裁定书的,有 1 例,总体占比约为 8%(见图 4-2-6 所示)。

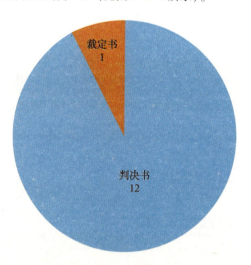

图 4-2-6　合同类指导性案例的文书类型

二、合同类指导性案例的司法应用

指导性案例被援引的情况可以分为确定性援引和不确定性援引。[①] 为保证数据来源的权威性和准确性,本文以"北大法宝—司法案例库"的裁判文书作为数据样本,利用与指导性案例相关的关键词进行多个关键字的单独或并列的全文检索,从而揭示出最高人民法院在 2011—2017 年发布的合同类指导性案例的司法应用现状,并在此基础上归纳和总结出其应用规律和特点。截至 2017 年 12 月 31 日,在最高人民法院发布的 13 例合同类指导性案例中,已有 11 例被应用于 545 例案件中。其中法官明示援引[②]的应用案例共有 173 例,包含法官主动援引的 124 例,法官被动援引的 49 例。法官隐性援引[③]的应用案例共涉及 367 例。法官对指导性案例发布后的案例评析援引[④]共有 5 例。

（一）合同类指导性案例的整体应用情况

1. 从整体情况看,11 例合同类指导性案例被应用,应用率高达 85%

截至 2017 年 5 月 31 日,最高人民法院共发布了 13 例合同类指导性案例,其中,在司法实践中已被应用的共涉及 11 例,应用率高达 85%；未被应用的仅有 2 例,总体占比仅为 15%（见表 4-2-2 所示）。

表 4-2-2　合同类指导性案例的整体应用情况

应用情况	应用数量（例）	指导案例编号
已被应用	11	1 号、7 号、9 号、15 号、17 号、23 号、33 号、53 号、57 号、68 号、72 号,
未被应用	2	51 号、64 号

2. 从个案情况看,指导案例 15 号和指导案例 23 号的应用频率最高

在最高人民法院发布的合同类指导性案例中,有 11 例已被应用于司法实践,应用案例共有 545 例。其中,应用频率最高的是指导案例 15 号,应用次数高达 198 次；其次是指导案例 23 号,应用次数为 138 次。以上两者合计占合同类应用案例的 62%。其中,有 1 例应用案例同时援引指导案例 15 号和 23 号；还有 5 例的应用次数均在 10 次以上,依次为指导

[①] 确定性援引,是指根据裁判文书内容（包括评析）的表述,能够直接确定其援引了几号指导性案例；不确定性援引,是指根据裁判文书内容（包括评析）的表述,不能确定其是否是援引了指导性案例。

[②] 明示援引,是指法官作出裁判时明确援引了指导性案例进行说理。主要包括法官主动援引和被动援引两种情形,前者是指法官主动援引指导性案例进行说理；后者是指法官被动援引指导性案例进行说理,即检察人员建议或诉讼参与人请求参照指导性案例时,法官在裁判理由中对此作出了回应。

[③] 隐性援引,是指在审判过程中,检察人员建议或诉讼参与人请求法官参照指导性案例进行裁判,法官对此在裁判理由部分未明确作出回应,但是其裁判结果与指导性案例的精神是一致的情况。

[④] 评析援引,是指裁判文书正文中并未提及指导性案例,但是在该案例后所附的专家点评、评析、补评及典型意义等中提到指导性案例的情况。

案例 9 号、1 号、17 号、72 号及 33 号，它们被应用的次数分别为 68、40、39、38 及 11 次；还有 4 例指导性案例的应用次数均在 10 次以下，分别是指导案例 53 号、57 号、7 号及 68 号，应用率相对较低（见图 4-2-7 所示）。

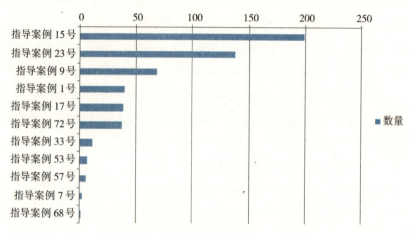

图 4-2-7　合同类指导性案例的个案应用情况

3. 从援引方式上看，法官更倾向于隐性援引

在明示援引、隐性援引及法官评析援引三种援引方式中，法官采用明示援引的应用案例共涉及 173 例，总体占比约为 32%，包括法官主动援引的 124 例和法官被动援引的 49 例。法官采用隐性援引的应用案例共涉及 367 例，总体占比约为 67%。另外，法官评析援引的应用案例共有 5 例，仅占 1%，包括 1 例指导性案例发布前的案例评析援引和 4 例发布后的案例评析援引（见图 4-2-8 所示）。

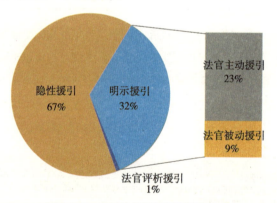

图 4-2-8　合同类指导性案例援引情况

4. 应用案由不局限于合同纠纷，亦涉及公司纠纷、侵权纠纷等多种案由

合同类指导性案例被应用于 62 种案由，其中合同纠纷类案由有 39 种，应用案例共计 418 例，总体占比为 77%。非合同纠纷类案由有 23 种，应用案例共计 127 例，总体占比为

23%，主要涉及股东损害公司债权人利益责任纠纷等与公司有关的纠纷、产品责任纠纷等侵权责任纠纷、抵押权纠纷、执行纠纷等，且其中有 1 例为劳动和社会保障/行政确认的行政案件。在具体案由中，以买卖合同纠纷为案由的应用案例最多，共计 151 例，总体占比约为 28%。以民间借贷纠纷、产品责任纠纷和商品房预售合同纠纷为案由的应用案例分别有 47、46 及 41 例，总体占比分别约为 9%、8% 及 8%；包括居间合同纠纷在内的 8 种案由的应用案例均在 10 例以上；包括执行纠纷、房屋买卖合同纠纷在内的 50 种案由的应用案例均在 10 例以下，应用极少（见图 4-2-9 所示）。

图 4-2-9　合同类指导性案例案由的应用

（二）合同类应用案例与指导性案例的对比分析

1. 合同类指导性案例案由的应用

（1）有 10 例合同类指导性案例既被应用于同类案由的案件，又被应用于不同案由的案例

在已被应用的 11 例合同类指导性案例中，指导案例 1 号、7 号、9 号、15 号、17 号、23 号、33 号、53 号、57 号及 72 号共 10 例指导性案例既被应用于同类案由的案件，又被应用于不同案由的案件。例如，指导案例 23 号（"孙银山诉南京欧尚超市有限公司江宁店买卖合同纠纷案"）为买卖合同类案件，裁判要点为"消费者购买到不符合食品安全标准的食品，要求销售者或者生产者依照食品安全法规定支付价款十倍赔偿金或者依照法律规定的其他赔偿标准赔偿的，不论其购买时是否明知食品不符合安全标准，人民法院都应予支持"。司法实践中，该指导性案例既被主要应用于同类案由的案件中，又被应用于产品责任纠纷、产品质量损害赔偿纠纷及服务合同纠纷等案件中，因为两者虽然案情不同，但基本都涉及消费者购买不合格产品的情况，案件存在一定的相似性。

（2）仅有 1 例合同类指导性案例目前仅被应用于不同案由

在已被应用的 11 例合同类指导性案例中，仅有 1 例指导性案例目前仅被应用于不同案由的案件，即指导案例 68 号。虽然与应用案件的案由不同，但在关键案情或争议焦点上，两者存在着相似性，指导案例 68 号为企业借贷纠纷类案件，法官的应用案件为执行纠纷类案由，虽然两者案情不同，但争议焦点均涉及虚假诉讼的问题。

2. 合同类指导性案例的应用地域

（1）合同类指导性案例的司法应用不受来源地域的限制

尽管合同类指导性案例的来源地域范围狭窄，除最高人民法院外仅有江苏省、上海市、浙江省、福建省及北京市 5 个省级行政区域的法院，但是应用案例的来源却并不局限于此。广东省、四川省、山东省、河南省、辽宁省、吉林省、湖南省、贵州省、海南省、河北省、内蒙古自治区、广西壮族自治区、黑龙江省、江西省、新疆维吾尔自治区、安徽省、天津市、重庆市、湖北省、宁夏回族自治区、山西省、陕西省、西藏自治区和云南省24 个省级行政区域的法院，虽然没有涉及合同类指导性案例的发布，但均在审判实践中应用了合同类指导性案例（见图 4-2-10 所示）。

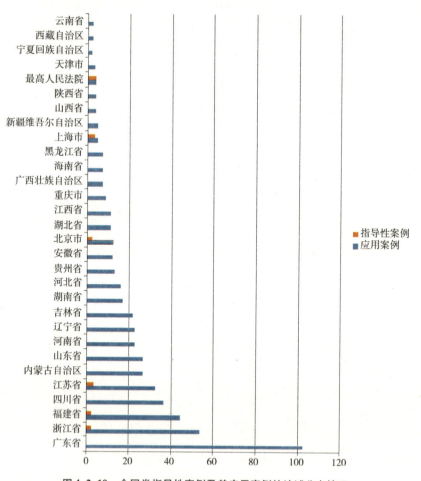

图 4-2-10　合同类指导性案例及其应用案例的地域分布情况

(2) 合同类应用案例主要集中在粤、浙、闽、川、苏等地的人民法院

已发布的合同类指导性案例共涉及最高人民法院及江苏省等 5 个省级行政区域的人民法院,而应用案例共涉及最高人民法院及广东省等 29 个省级行政区域的人民法院,且两者不完全重合。其中,应用率最高的是广东省和浙江省,其次是福建省、四川省和江苏省,然后依次为内蒙古自治区、山东省、河南省、辽宁省、吉林省,其余省级行政区域均在 20 例以下,应用率较低。

(3) 曾遴选出合同类指导性案例的地域注重应用

在应用案例超过 30 例的 5 个省级行政区域中,除广东省、四川省外,有 3 个省级行政区域的法院均曾遴选出过合同类指导性案例。可见,在司法实践中,曾遴选出合同类指导性案例的省级行政区域的法院,注重对合同类指导性案例的司法应用。

3. 合同类应用案例的审理法院

(1) 合同类指导性案例的应用已扩展到海事法院和铁路运输法院

在审判实践中,应用合同类指导性案例的法院大多数为普通法院,其应用案例共有 543 例;专门法院的合同类应用案例较少,仅有 2 例,其中,1 例为海事法院应用,1 例为铁路运输中级人民法院应用。

(2) 中级人民法院应用合同类指导性案例的频率最高,达 56%

中级人民法院应用合同类指导性案例的频率最高,有 307 例应用案例,总体占比为 56%;基层人民法院有 189 例应用案例,总体占比为 35%;高级人民法院有 43 例应用案例,总体占比为 8%;最高人民法院和专门法院共有 6 例应用案例,总体占比约为 1%。

(3) 最高人民法院对合同类指导性案例的应用较少,仅有 4 例应用案例

在最高人民法院发布的 13 例合同类指导性案例中,有 4 例来源于最高人民法院,总体占比为 31%,但最高人民法院在司法实践中的应用案例仅有 4 例,总体占比不足 1%。应用较少的原因是,在司法实践中,由最高人民法院审理的案件普遍具有一定的特殊性和复杂性,从而一定程度上减少了最高人民法院对指导性案例的应用(见图 4-2-11 所示)。

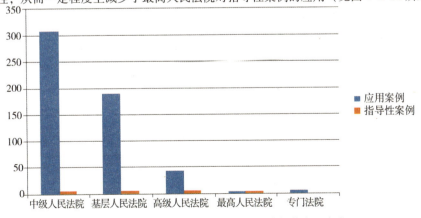

图 4-2-11 合同类指导性案例及其应用案例的审理法院

4. 审理程序

(1) 合同类应用案例所涉审理程序更多,包括执行程序和申请撤销仲裁裁决特殊程序

合同类应用案例所涉及的审理程序比发布案例更丰富。在 545 例合同类应用案例中,适用普通程序的应用案例有 533 例,适用执行程序的有 9 例,适用其他程序(申请撤销仲裁裁决特殊程序)的有 1 例。

(2) 合同类应用案例的审理程序以二审程序为主

在最高人民法院发布的 13 例合同类指导性案例中,审理程序为二审的居多,共有 10 例。合同类应用案例的审理程序也以二审为主,共计 295 例,总体占比约为 54%(见图 4-2-12 所示)。

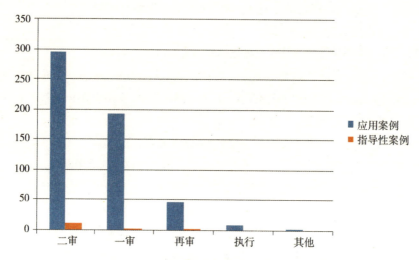

图 4-2-12　合同类指导性案例及其应用案例的审理程序

5. 指导性案例及其应用案例的终审结果

在最高人民法院已发布的 13 例合同类指导性案例中,涉及二审和再审程序的共有 11 例。在 545 例合同类应用案例中,涉及二审和再审的案例共计 341 例。

(1) 合同类指导性案例及其应用案例的终审结果均以二审维持原判居多

在涉及二审程序和再审程序的合同类指导性案例中,二审维持原判的案例比例最高,总体占比为 73%;二审改判的案例,总体占比为 18%;裁定终结再审的,总体占比为 9%(见图 4-2-13 所示)。合同类应用案例中,二审维持原判的案例,总占比近 51%;二审改判的,总体占比约为 23%;二审部分维持、部分改判的,总体占比约为 10%;驳回再审申请的,总体占比约为 9%;再审改判的,总体占比近 4%;其余类型的较少。可见,与指导性案例相比,在合同类应用案例中,二审维持原判的比例更低,二审改判的比例更大一些(见图 4-2-14 所示)。

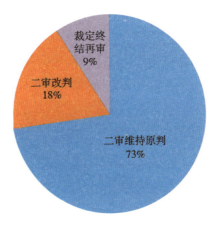

图 4-2-13 合同类指导性案例的终审结果

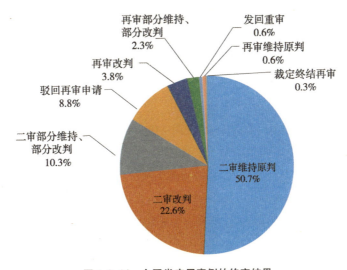

图 4-2-14 合同类应用案例的终审结果

（2）合同类应用案例的改判案例中，案由种类多，且不限于合同纠纷

在合同类指导性案例中，改判的案例包括指导案例 1 号和 72 号，涉及的案由分别为居间合同纠纷和买卖合同纠纷。合同类应用案例的二审或再审改判案件主要援引的指导性案例包括指导案例 1 号、9 号、15 号及 23 号等。应用案例中改判案例的案由除买卖合同纠纷和居间合同纠纷等合同纠纷外，还涉及案外人执行异议之诉、产品责任纠纷、股东损害公司债权人利益责任纠纷、清算责任纠纷等。

（三）合同类应用案例的应用情况分析

1. 合同类指导性案例的首次应用时间

在已被司法实践应用的 11 例合同类指导性案例中，除了指导案例 1 号之外，其余 10 例指导性案例的应用时间均发生在其发布以后。合同类指导性案例被首次应用的时间分别为其发布后的1—12个月不等。其中,最高人民法院发布的指导案例72号,其发布日期为2016年12月28日,首次应用日期为2017年1月16日,前后间隔仅有19天。间隔较短的还有指导案例57号和53号,发布与首次应用的时间间隔分别为50天、67天(见图4-2-15所示)。

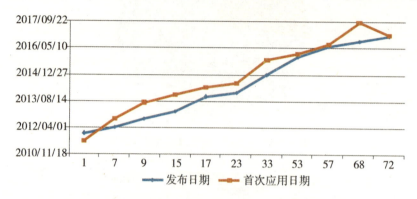

图4-2-15　合同类指导性案例的发布日期与首次应用日期

2. 合同类指导性案例的应用主体

(1) 应用主体广泛,以上诉人和法官为主

在审判实践中,合同类指导性案例的应用主体非常广泛,包括法官、原告、被告、上诉人、被上诉人、申请人、被申请人、异议人和第三人等。其中上诉人的应用比例最高,总体占比约为31%;其次是法官,总体占比近24%;再次为原告,总体占比为18%;接下来是被上诉人、被告、申请人,总体占比分别约为10%、8%、8%;而被申请人、异议人、第三人对合同类指导性案例的应用较少(见图4-2-16所示)。

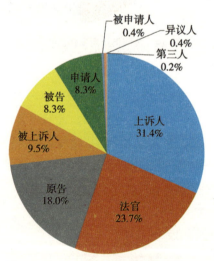

图4-2-16　合同类指导性案例的应用主体

（2）法官主动援引合同类指导性案例，以期实现同案同判

在实践中，法官主动援引合同类指导性案例的，裁判时基本上都参照指导性案例作出了相同判决。在法官主动援引的124例合同类应用案例中，共涉及9例合同类指导性案例，其中援引次数最多的是指导案例15号，共被援引80次；其次是指导案例9号、23号、33号及17号，被援引次数分别为12次、10次、6次及5次；其他4例指导性案例被援引的次数均在5次以下（见图4-2-17所示）。

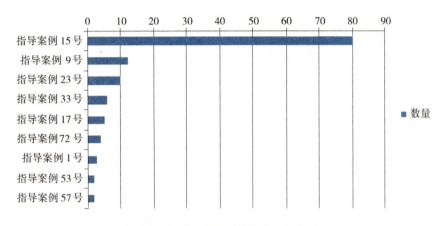

图 4-2-17　合同类指导性案例的应用数量

（3）当事人援引合同类指导性案例的频率最高，形式较丰富

当事人在审判中应用合同类指导性案例的频率最高，总体占比约为76%。当事人，既包括诉讼程序中的，也包括执行程序中的当事人，在起诉、上诉、答辩或者举证质证等环节，均可援引指导性案例来证明自己的主张。在当事人援引的合同类指导性案例中，引用次数最多的是指导案例15号，其次是指导案例23号、9号。

3. 合同类指导性案例的应用内容

根据2011年12月30日发布的《最高人民法院研究室关于印发〈关于编写报送指导性案例体例的意见〉、〈指导性案例样式〉的通知》的规定，每篇指导性案例均由七个部分组成，即标题、关键词、裁判要点、相关法条、基本案情、裁判结果及裁判理由。在合同类指导性案例的审判实践中，无论是法官、公诉人，还是当事人，在引用合同类指导性案例时，其引用的内容不仅包括裁判要点、基本案情及裁判理由，还包括裁判思路。其中引用裁判要点的应用案例总体占比约为55%，应用频率最高；引用基本案情的，总体占比约为24%；引用裁判理由的，总体占比为7%；引用裁判思路的，总体占比不足1%；另外，还有部分未明确引用内容的，总体占比约为14%（见图4-2-18所示）。

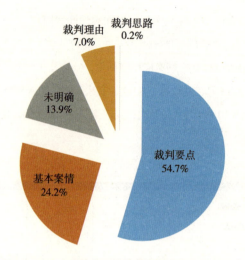

图 4-2-18 合同类指导性案例应用内容参照情况①

4. 合同类指导性案例的应用表述

根据《〈最高人民法院关于案例指导工作的规定〉实施细则》第 11 条第 1 款的规定，在办理案件过程中，案件承办人员应当查询相关指导性案例。在裁判文书中引述相关指导性案例的，应在裁判理由部分引述指导性案例的编号和裁判要点。

调研结果显示，援引合同类指导性案例时的应用表述主要包括：发布主体、发布时间、发布批次、指导性案例编号、指导性案例字号、指导性案例标题、裁判要点七个要素。

(1) 发布主体、指导性案例编号和裁判要点是应用频率较高的三个要素

发布主体被援引的次数最高，为 528 次，引用率达到了 97%。主要的表述形式有：参照/依据/根据最高人民法院发布的指导性案例、与最高人民法院发布的指导性案例、请求/建议/应当参照最高人民法院发布的指导性案例等。其次是指导性案例编号，仅次于发布主体，被援引次数为 379 次，引用率达到了 70%。其主要的表述方式有：指导案例×号、第×号指导性案例、指导性案例第×号等。再次是裁判要点，其被援引的次数共计 218 次。除此以外，援引次数较高的还有指导性案例标题和发布批次（见图 4-2-19 所示）。

---

① 说明：应用内容中的"未明确"，是指在引用指导性案例时未明确说明其引用的具体内容，且根据裁判文书也不能判断其引用的内容。

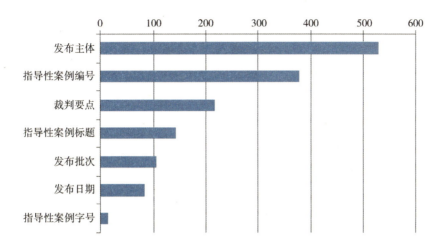

图 4-2-19 合同类指导性案例应用表述要素的使用情况

（2）应用表述模式并不固定，表述要素中以"主体+编号""主体+编号+要点""主体"为主导模式

根据合同类指导性案例应用表述所涉及的七个要素的引述情况，可将其应用表述模式分为单要素表述、双要素表述、三要素表述、四要素表述、五要素表述和六要素表述六大类。通过对545例合同类应用案例的统计和分析，具体情况如下（见表4-2-3所示）：

表 4-2-3　合同类指导性案例的应用表述分类及组合模式

序号	应用表述分类	表述模式	应用数量（例）
1	单要素表述	主体	55
		标题	7
		编号	6
		要点	3
2	双要素表述	主体+编号	123
		主体+要点	37
		主体+批次	14
		主体+标题	14
		主体+日期	1
		批次+字号	1

续表

序号	应用表述分类	表述模式	应用数量（例）
3	三要素表述	主体+编号+要点	72
		主体+日期+编号	25
		主体+编号+标题	22
		主体+批次+编号	20
		主体+日期+标题	6
		主体+批次+要点	4
		主体+标题+要点	4
		主体+日期+要点	2
		主体+编号+字号	2
		主体+批次+标题	2
		主体+批次+字号	2
		主体+日期+批次	1
		主体+标题+字号	1
4	四要素表述	主体+编号+标题+要点	31
		主体+批次+编号+要点	10
		主体+日期+编号+要点	10
		主体+批次+编号+标题	9
		主体+批次+标题+要点	8
		主体+日期+编号+标题	6
		主体+日期+标题+要点	3
		主体+日期+批次+编号	2
		主体+批次+编号+字号	2
5	五要素表述	主体+日期+编号+标题+要点	9
		主体+日期+批次+编号+标题	7
		主体+批次+编号+标题+要点	6
		主体+日期+编号+字号+要点	4
		主体+日期+批次+编号+要点	3
		主体+日期+批次+标题+要点	2
		主体+批次+标题+字号+要点	1
		主体+日期+批次+字号+要点	1
		主体+批次+编号+标题+字号	1
6	六要素表述	主体+日期+批次+编号+标题+要点	6

根据表4-2-3中的统计结果可以看出，六种不同的表述类别所涉及的要素种类和组合

模式各不相同，即使是相同的表述类别，具体的要素种类和组合模式也存在差异。其中，双要素的表述分类最多，有190例；三要素的有163例；单要素、四要素、五要素的，分别为71例、81例、34例，六要素的相对较少，仅有6例。

双要素表述中，"主体+编号"模式有123例，占双要素模式的65%；三要素表述中包含十几种表述模式，其中，"主体+编号+要点"模式有72例，"主体+日期+编号"模式有25例，两者占三要素表述模式的一半以上，处于主导模式；单要素表述中，以"主体"为主要的表述模式，同时一般表述的构成为"主体+指导性案例"；四要素、五要素的主要表述模式分别为"主体+编号+标题+要点""主体+日期+编号+标题+要点"；六要素的表述模式只有"主体+日期+批次+编号+标题+要点"。

（3）法官同时引述指导性案例编号和裁判要点的情况较少

在545例合同类应用案例中，法官明示援引的共有173例，其中包含法官主动援引的124例，法官被动援引的49例。法官在援引指导性案例时，在裁判理由部分同时引述指导性案例编号和裁判要点的共有98例，总体占比为18%；引述其他要素的共有75例，总体占比为14%（见图4-2-20所示）。

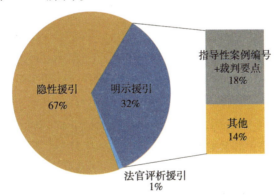

图4-2-20　法官援引合同类指导性案例时表述要素的使用情况

5. 合同类指导性案例的应用结果

在545例应用案例中，法官明示援引的有173例。其中，在法官主动援引的124例中，法官参照指导性案例作出裁决的有72例，总体占比58%，法官未参照/未说明的有52例（未参照18例，未说明34例），总体占比42%。在法官被动援引的49例中，法官参照指导性案例作出裁决的有8例，总体占比16%，法官未参照的41例，总体占比84%。法官隐性援引的共有367例。法官主动援引的参照率较高，被动援引的参照率较低。同时，法官主动援引指导性案例却未参照的，主要是由于指导性案例的案情与应用案例不相似或裁判要点不适用于该案,法官就此特地进行了说明。法官被动援引的指导性案例参照率较低,主要是由于指导性案例的基本案情与应用案例不相似或与裁判要点不同,法官大多给出了明确的回应(见图4-2-21所示)。

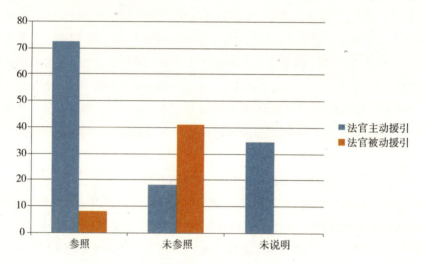

图4-2-21 合同类指导性案例的应用结果(明示援引)①

三、调研综述

合同类指导性案例是最高人民法院发布的指导性案例所关注的重点,在司法实践中也被广泛应用。通过本次对合同类指导性案例的调研分析,本文得出如下结论:

(一)合同类指导性案例的发布数量多,且应用率较高

最高人民法院2011年发布合同类指导性案例1例,2012—2015年每年发布合同类指导性案例2例,2016年上升至4例。截至2017年12月31日,最高人民法院已陆续发布合同类指导性案例13例,在各类民商事指导性案例中发布量排名第一。在13例合同类指导性案例中,已有11例被应用于司法实践,应用率高达85%;应用案例累计为545例,占民商事应用案例总量的48%,也高于行政、刑事等各类应用案例。其中,应用最多的是指导案例15号和23号,二者合计占合同类应用案例的62%。

我国案例指导制度自2010年确立以来,指导性案例的发布主要本着"少而精"的理念,整体上发布数量比较有限。② 相比较其他各类民商事指导性案例,合同类指导性案例不仅发布数量多,还被广泛应用于司法实践。

---

① 说明:主动援引中的"未说明",是指一审法官在审理该案件时援引了某一指导性案例,但是二审法官在终审判决中并未对此进行回应和说明。

② 参见郭叶、孙妹:《指导性案例应用大数据分析——最高人民法院指导性案例司法应用年度报告(2016)》,载《中国应用法学》2017年第4期,第40页。

（二）应用案由广泛，涉及合同纠纷、公司纠纷、侵权纠纷等多类案由

545 例合同类指导性案例的应用案例，所涉案由有 62 种。其中，合同纠纷类案由有 39 种，应用案例有 418 例，总体占比为 77%，主要涉及买卖合同纠纷、民间借贷纠纷、商品房预售合同纠纷和居间合同纠纷等案件。非合同纠纷类案由有 23 种，应用案例有 127 例，总体占比为 23%，涉及股东损害公司债权人利益责任纠纷等与公司有关的纠纷、产品责任纠纷等侵权责任纠纷、抵押权纠纷、执行纠纷、破产债权确认纠纷、劳动和社会保障/行政确认等民商事或行政案由。

（三）合同类指导性案例的应用法院扩展到专门法院

13 例合同类指导性案例的审理法院均为普通法院，不涉及专门法院。与此不同的是，在审判实践中，合同类指导性案例的应用法院并不局限于普通法院，已经扩展到专门法院。截至 2017 年 12 月 31 日，来自专门法院的合同类指导性案例的应用案例有 2 例，其中，1 例为海事法院所应用，1 例为铁路运输中级人民法院的应用。

（四）法官主动援引比重小，但参照率较高

在 545 例应用案例中，当事人援引合同类指导性案例的比例最高，总体占比约为 76%，以上诉人为主；而法官评析援引的有 5 例，总体占比约为 1%；法官主动援引的有 124 例，总体占比约为 23%，其中予以参照的有 72 例，参照率达到 58%，法官主动援引的应用案例数虽然所占比重不大，但是参照情况较好。

五、知识产权分报告

最高人民法院知识产权指导性案例 2017 年度司法应用报告*

[摘要] 截至 2017 年 12 月 31 日,最高人民法院已发布知识产权指导性案例 20 例。本文以"北大法宝——司法案例库"中的裁判文书作为数据样本,经研究分析发现,仅有 6 例知识产权指导性案例被应用于 8 例应用案例,知识产权法院应用知识产权指导性案例的案例只有 1 例。知识产权指导性案例呈现出发布数量与应用案例数量不平衡的问题,应用率低。

[关键词] 知识产权指导性案例　司法应用　发布数量　知识产权法院

我国案例指导制度实施 7 年来,指导性案例在司法实践中的应用状况日益受到关注。截至 2017 年 12 月 31 日,最高人民法院总共发布了 17 批共计 92 例指导性案例,其中知识产权指导性案例有 20 例,在各类指导性案例中排名第二,仅次于民事指导性案例。已被应用于司法实践的知识产权指导性案例共有 6 例,尚未被应用的有 14 例。援引指导性案例的案例,即应用案例,仅有 8 例,整体应用数量偏少。应用案例仅分布在最高人民法院及北京市、四川省、福建省、陕西省、广东省、浙江省 6 个省级行政区域的法院。

一、知识产权指导性案例的发布情况

(一)知识产权指导性案例的发布规律

1. 知识产权指导性案例的发布日期与发布频率不固定,发布数量呈上升趋势

最高人民法院知识产权指导性案例的发布年份分布在 2013—2017 年。从发布的月份看,上半年主要集中在 3 月、4 月、5 月、6 月,下半年集中在 11 月。最高人民法院发布的 17 批指导性案例中,涉及知识产权指导性案例的有 7 个批次,分别是第五批、第七批、第十批、第十一批、第十二批、第十六批及第十七批。虽然发布日期不固定,但是,从 2013 年至 2017 年,最高人民法院每年都发布知识产权指导性案例。2013 年仅有 1 例,2014 年有 2 例,2015 年上升至 6 例,2016 年仅有 1 例,2017 年上升至 10 例。未来发布批次及单批次发布数量仍有上升的可能。

---

* 本文对知识产权指导性案例发布情况的研究范围为最高人民法院发布的第一至十七批指导性案例,发布案例和应用案例数据截止时间均为 2017 年 12 月 31 日。

2. 知识产权指导性案例的审结时间主要集中在 2009 年之后，审结日期与发布日期的间隔多在 4 年之内

在最高人民法院发布的 20 例知识产权指导性案例中，审结最早的案例可以追溯到 2006 年 12 月，最新案例的审结时间是 2016 年 5 月。审结时间主要集中于 2009 年之后，共有 17 例指导性案例，总体占比为 85%。审结日期与发布日期两者间隔在 4 年之内的案例数量为 15 例，总体占比为 75%。间隔时间在 7 年以上的案例有 3 例，即指导案例 47 号、48 号及 49 号。其中，指导案例 48 号是审结日期最早的案例，审结日期为 2006 年 12 月，发布日期为 2015 年 4 月，审结日期与发布日期的间隔近 8 年。间隔时间在 1 年之内的有 2 例案例，即指导案例 79 号和 84 号，发布日期和审结日期间隔 9 个多月（见图 5-1 所示）。

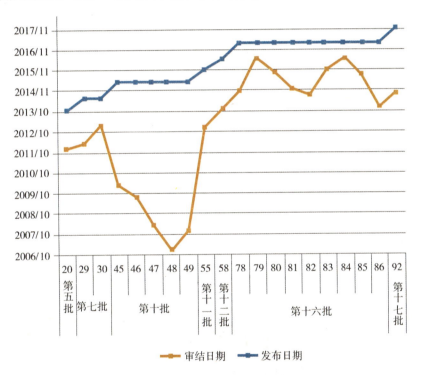

图 5-1　知识产权指导性案例整体发布情况

（二）知识产权指导性案例的发布特点

1. 以不正当竞争纠纷和侵害商标权纠纷为案由的案例数量相对较多

最高人民法院发布的 20 例知识产权指导性案例所涉案由，包括不正当竞争纠纷等 11 类，其中，有 3 例案由同时包括侵害商标权纠纷和不正当竞争纠纷。在 11 类案由中，涉及不正当竞争纠纷的最多，有 5 例案例，总体占比为 25%；涉及侵害商标权纠纷、侵害发明专利权纠纷的案例分别有 4 例和 3 例，总体占比分别为 20% 和 15%；涉及著作权权属、

侵权纠纷，侵害计算机软件著作权纠纷，侵害植物新品种权纠纷的案例分别有 2 例，总体占比均为 10%；涉及擅自使用他人企业名称、姓名纠纷，侵害外观设计专利权纠纷，侵害实用新型专利权纠纷，滥用市场支配地位纠纷，捆绑交易纠纷 5 类案由的分别有 1 例案例，总体占比较少（见图 5-2 所示）。

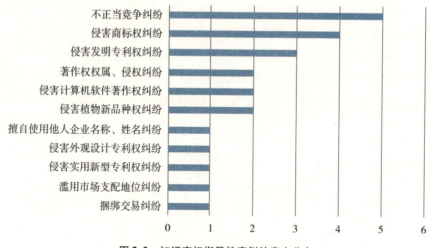

图 5-2　知识产权指导性案例的案由分布

2. 知识产权指导性案例中的裁判要点均为实体指引，侧重于重申法律规定和司法解释

从目前最高人民法院发布的 20 例知识产权指导性案例来看，知识产权指导性案例的裁判要点均为实体指引，尚未有程序指引类的指导性案例发布。有 13 例重申法律和司法解释，只有 7 例是针对法律规定比较原则的情况，补充法律规定，这说明指导性案例目前还是以重申法律和司法解释为主，还欠缺对复杂疑难案件的指导，其作用非常有限（见图 5-3 所示）。

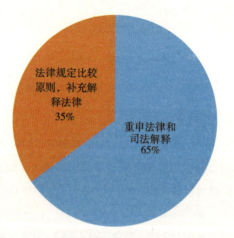

图 5-3　知识产权指导性案例裁判要点的类型分布

3. 知识产权指导性案例中的裁判理由对原裁判文书的引用率普遍较低

引用率代表了指导性案例裁判理由部分对原裁判文书的引用程度，引用程度越高，引用率越高。除指导案例 92 号因未查询到原裁判文书而无法统计外，在其余 19 例知识产权指导性案例中，引用率低于 50% 的有 12 例，总体占比约为 63%。这说明最高人民法院在编写指导性案例的过程中，对原文进行了大幅度的压缩，尤其是裁判理由部分（见图 5-4 所示）。

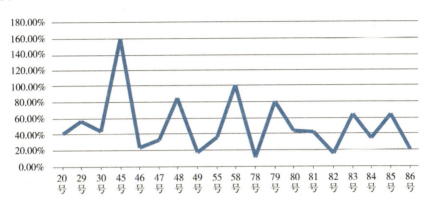

图 5-4 知识产权指导性案例裁判理由的引用率

4. 知识产权指导性案例中的关键词以法律通用词汇居多

最高人民法院发布的指导性案例，每篇有 3—7 个关键词不等。经统计，在已发布的 20 例知识产权指导性案例中共有 58 个关键词，其中，"民事"一词累计出现 20 次，次数最多；其次是"不正当竞争"和"侵害商标权"，分别出现 6 次和 3 次；"保护范围""垄断""侵害发明专利权""侵害计算机软件著作权""侵权对比""权利滥用""著作权侵权""侵害植物新品种权""举证责任"9 个关键词分别出现 2 次；"发明专利权"等 46 个关键词仅出现 1 次（见表 5-1 所示）。

表 5-1 知识产权指导性案例关键词统计表

关键词出现次数（次）	关键词数量（个）	具体关键词
20	1	民事
6	1	不正当竞争
3	1	侵害商标权
2	9	保护范围；垄断；侵害发明专利权；侵害计算机软件著作权；侵权对比；权利滥用；著作权侵权；侵害植物新品种权；举证责任

关键词出现次数（次）	关键词数量（个）	具体关键词
1	46	发明专利权；被诉侵权药品制备工艺查明；必要措施；诚实信用；诚信原则；搭售；服务提供者；功能性特征；后续行为；技术保护措施；技术术语；技术调查官；竞争关系；捆绑交易；捆绑销售；滥用市场支配地位；老字号；历史题材；连带责任；临时保护期；民间文化艺术衍生作品；侵害；侵害实用新型专利权；侵害外观设计专利；缺陷性特征；擅用他人企业名称；商标侵权；商品通用名称；设计特征；实质相似；市场支配地位；特有包装、装潢；网络；网络服务；相关市场；相互授权许可；虚假宣传；药品制备方法发明专利；影视作品；有效通知；整体视觉效果；知名商品；知识产权；玉米品种鉴定；DNA指纹鉴定；近似品种

5. 知识产权指导性案例的来源以最高人民法院及苏、鲁、津等地法院为主

知识产权指导性案例主要来源于最高人民法院及江苏省等8个省级行政区域的法院。其中，来源于最高人民法院的指导性案例居多，共9例，总体占比为45%；来源于江苏省、山东省、天津市的分别有2例，总体占比分别为10%；来源于浙江省、贵州省、甘肃省、上海市及重庆市5个省级行政区域的分别有1例，总体占比分别为5%（见图5-5所示）。

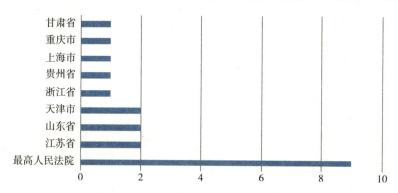

图5-5　知识产权指导性案例的来源地域

6. 知识产权指导性案例的审理法院以高级人民法院居多，总体占比为50%

在已发布的知识产权指导性案例中，由高级人民法院审理的案例数量最多，共计10例，总体占比为50%；由最高人民法院和中级人民法院审理的案例数量依次为9例和1例，总体占比分别为45%和5%（见图5-6所示）。

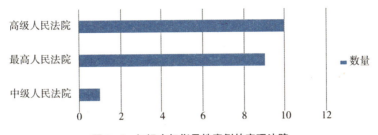

图 5-6 知识产权指导性案例的审理法院

7. 知识产权指导性案例的审理程序以二审程序居多，总体占比为 60%

在已发布的知识产权指导性案例中，审理程序为二审的指导性案例共 12 例，总体占比为 60%；为再审程序的案例共有 7 例，总体占比为 35%；为一审程序的案例共有 1 例，总体占比为 5%（见图 5-7 所示）。

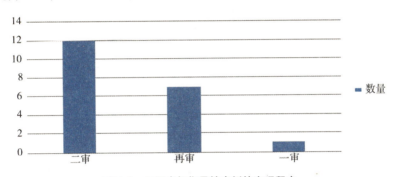

图 5-7 知识产权指导性案例的审理程序

8. 知识产权指导性案例的文书类型以判决书为主，总体占比为 90%

在最高人民法院已发布的 20 例知识产权指导性案例中，文书类型为判决书的有 18 例，总体占比为 90%；文书类型为裁定书的有 2 例，总体占比为 10%（见图 5-8 所示）。

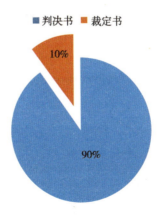

图 5-8 知识产权指导性案例的文书类型

二、知识产权指导性案例的司法应用

知识产权指导性案例的司法应用状况并不理想，截至 2017 年 12 月 31 日，在"北大法宝—司法案例库"中，仅发现 8 例应用案例，应用案例及其援引情况如下：

表 5-2　知识产权指导性案例及其应用案例

已被应用的指导案例号	应用案例名称	应用案例字号
指导案例 29 号	宝鸡八阵精密机械有限公司与陕西海力特精密机械有限公司等擅自使用他人企业名称、姓名纠纷上诉案	（2014）陕民三终字第 00086 号
指导案例 45 号	张文庆与北京百度网讯科技有限公司财产损害赔偿纠纷案	（2015）一中民终字第 05826 号
指导案例 45 号	广州市联鸿海外咨询服务有限公司与广东侨外出国人员服务中心有限公司不正当竞争纠纷上诉案	（2017）粤 73 民终 353 号
指导案例 46 号	泸州老窖股份有限公司与四川泸州泸川酒厂、四川丰坛酒业有限公司、武汉金中经济发展有限公司侵害商标权纠纷案	（2016）川 05 民初 1 号
指导案例 46 号	周唐强诉龙泉市市场监督管理局等处罚案	（2016）浙行申 103 号
指导案例 47 号	福建省晋江福源食品有限公司与郑州味思源食品有限公司、朱新锋侵害商标权纠纷一审民事判决书	（2015）泉民初字第 218 号
指导案例 58 号	曹婉涓等与胡明朗公司侵害商标权纠纷上诉案	（2016）最高法民申 2903 号
指导案例 85 号	四川众兴华业市政照明工程有限公司与济南三星灯饰有限公司侵害外观设计专利权纠纷上诉案	（2017）川民终 743 号

根据表 5-2 所示，仅有 6 例知识产权指导性案例被应用，它们分别为指导案例 29 号、45 号、46 号、47 号、58 号及 85 号。其中，指导案例 45 号和 46 号，分别有 2 例应用案例，其他指导性案例各有 1 例应用案例，应用案例合计为 8 例。

（一）法官和当事人均很少应用知识产权指导性案例，法官主动援引的仅 1 例

按照法官在裁判案件时是否明确援引了知识产权指导性案例进行说理，可将指导性案例的援引情况分为明示援引和隐性援引。① 在 8 例知识产权应用案例中，法官明示援引②的仅有 1 例，总体占比为 12%，且该例为法官主动援引；法官隐性援引③的应用案例共 7 例，总体占比为 88%。依据《〈最高人民法院关于案例指导工作的规定〉实施细则》（以

---

① 参见张骐：《再论类似案件的判断与指导性案例的使用》，载《法制与社会发展》2015 年第 5 期，第 138 页。

② 明示援引，是指法官作出裁判时明确援引了指导性案例进行说理。主要包括法官主动援引和被动援引两种情形，前者是指法官主动援引指导性案例进行说理；后者是指法官被动援引指导性案例进行说理，即检察人员建议或诉讼参与人请求参照指导性案例时，法官在裁判理由中对此作出了回应。

③ 隐性援引，是指在审判过程中，检察人员建议或诉讼参与人请求法官参照指导性案例进行裁判，法官对此在裁判理由部分未明确作出回应，但是其裁判结果与指导性案例的精神是一致的情况。

下简称《案例指导工作规定实施细则》）第 9 条的规定，各级人民法院正在审理的案件，在基本案情和法律适用方面，与最高人民法院发布的指导性案例相类似的，应当参照相关指导性案例的裁判要点作出裁判。在 8 例知识产权应用案例中，只有 1 例为法官主动援引，这说明司法实践中无论是法官，还是当事人，对知识产权指导性案例的应用都很少，知识产权指导性案例的应用情况并不乐观（见图 5-9 所示）。

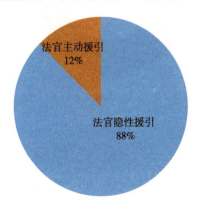

图 5-9　知识产权应用案例援引情况

（二）知识产权应用案例与指导性案例的案由基本一致，裁判结果参照指导性案例的仅 1 例

应用案例中的案由与知识产权指导性案例中的案由是否一致，可以反映知识产权指导性案例的应用情况。在 8 例知识产权应用案例中，除"张文庆与北京百度网讯科技有限公司财产损害赔偿纠纷案""周唐强诉龙泉市市场监督管理局等处罚案"共计 2 例与指导案例 45、46 号的案由完全不一致外，其他 6 例应用案例的案由与指导性案例的案由基本一致。其中"福建省晋江福源食品有限公司与郑州味思源食品有限公司、朱新锋侵害商标权纠纷一审民事判决书"的案由为不正当竞争纠纷/仿冒纠纷/擅自使用知名商品特有名称、包装、装潢纠纷，属于商标权权属、侵权纠纷的一种。应用案例案由和指导性案例案由基本一致。

应用案例裁判结果是否参照指导性案例也反映了指导性案例的应用情况，在 8 例知识产权指导性案例中，只有"福源食品有限公司案"的法官主动援引了指导案例 47 号，并且在裁判结果中予以参照，其他 7 例应用案例的法官都未作出回应，这说明知识产权指导性案例的应用效果并不理想（见图 5-10 所示）。

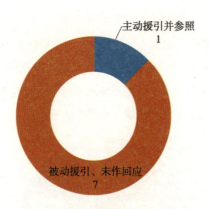

图 5-10　知识产权应用案例援引参照指导性案例情况统计

（三）审理法院以普通法院为主，知识产权法院审理的仅 1 例

2013 年 11 月 15 日，党的十八届三中全会作出的《中共中央关于全面深化改革若干重大问题的决定》，明确提出了"加强知识产权运用和保护，健全技术创新激励机制，探索建立知识产权法院"。2014 年 8 月 31 日，十二届全国人大常委会第十次会议表决通过了《全国人大常委会关于在北京、上海、广州设立知识产权法院的决定》。① 知识产权法院是国家成立的专门审理知识产权案件的司法机构，之所以在北京、上海、广州设立，是因为它们是我国经济最为发达的地区，其审理的知识产权案件对我国知识产权案件的审理具有风向标的作用。截至 2017 年 12 月 31 日，在 8 例知识产权指导性案例的应用案例中，仅有 1 例是由知识产权法院审理的。实际上，在 1571 例指导性案例的应用案例中，知识产权法院的应用案例也仅此 1 例。相比铁路运输法院的 16 例应用案例，知识产权法院的应用案例数量明显偏低（见图 5-11 所示）。

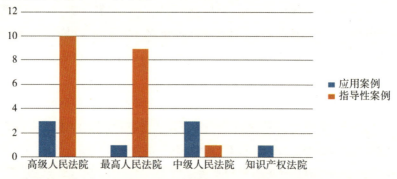

图 5-11　知识产权指导性案例及其应用案例的审理法院

---

① 参见北大法宝—法律法规库：www.pkulaw.cn/law，法宝引证码：CLI.1.232867，最后访问日期：2018 年 3 月 20 日。

(四) 知识产权指导性案例的首次应用时间最短为 5 个月左右

指导案例 29 号和 45 号从发布到应用的时间间隔最短,为 5 个月左右;指导案例 85 号次之,为 6 个月;指导案例 47 号和 58 号为 7 个月;指导案例 46 号的发布日期与应用日期间隔最长,为 1 年零 1 个月。大部分知识产权指导性案例的应用时间都集中在发布后的半年左右,这也说明了知识产权指导性案例的发布时间与应用时间的间隔普遍都比较短(见图 5-12 所示)。

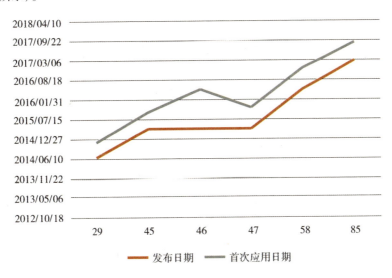

图 5-12 知识产权指导性案例的发布日期和首次应用日期

三、知识产权指导性案例的应用空间

从上文的调研和分析中可以得出,最高人民法院发布的知识产权指导性案例的应用情况并不理想,难道是知识产权指导性案例并没有应用空间吗?带着这样的疑惑,本报告对"北大法宝—司法案例库"中的案例数据作了如下调研:

(一) 指导性案例发布后,相同案由案件的审理情况

如图 5-13 所示,相关知识产权指导性案例发布后,全国审结的类似案例不在少数,其中著作权权属、侵权纠纷,商标权权属、侵权纠纷以及专利权权属、侵权纠纷案件占了绝大多数。据统计,截至 2017 年 12 月 31 日,三者的审结数量(相同案由的指导性案例,以最早发布的指导性案例的发布时间为起算点,下同)分别为 155 961 例、63 068 例和 30 021 例。可见,知识产权指导性案例的应用空间还是很大的。

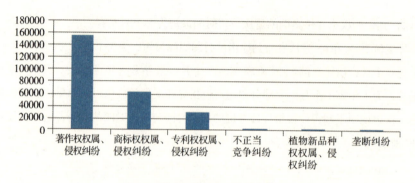

图 5-13 相同案由案件的审结情况

(二) 指导性案例发布后,其审结法院审结同类案件的情况

为了进一步了解知识产权指导性案例的应用空间有多大,以审结知识产权指导性案例的法院为例,对指导性案例发布后其审结同案由案件的情况作出如下调研(见表 5-3 所示):

表 5-3 知识产权指导性案例的审结法院审结同类案件的情况

知识产权指导性案例的审结法院	审结案件的案由	审结案件的数量(例)
最高人民法院	专利权权属、侵权纠纷	543
	不正当竞争纠纷	55
	商标权权属、侵权纠纷	53
	著作权权属、侵权纠纷	16
	垄断纠纷	2
	植物新品种权权属、侵权纠纷	2
山东省高级人民法院	商标权权属、侵权纠纷	398
	不正当竞争纠纷	30
江苏省高级人民法院	著作权权属、侵权纠纷	343
	植物新品种权权属、侵权纠纷	5
甘肃省高级人民法院	无	0
浙江省高级人民法院	专利权权属、侵权纠纷	219
贵阳市中级人民法院	著作权权属、侵权纠纷	81
上海市高级人民法院	著作权权属、侵权纠纷	45
重庆市高级人民法院	商标权权属、侵权纠纷	39
天津市高级人民法院	商标权权属、侵权纠纷	28
	不正当竞争纠纷	4

由表5-3可知，除甘肃省高级人民法院外，知识产权指导性案例的审结法院在指导性案例发布后，都再次审理了同案由的案件。其中，最高人民法院、山东省高级人民法院、江苏省高级人民法院审结的同案由的案件最多。截至2017年12月31日，最高人民法院审结的专利权权属、侵权纠纷案件为543例，山东省高级人民法院在指导性案例发布后审结的商标权权属、侵权纠纷案件为398例，江苏省高级人民法院审结的著作权权属、侵权纠纷案件为343件。作为指导案例92号审结法院的甘肃省高级人民法院，未发现其有与指导案例92号同案由的审结案件。

（三）知识产权指导性案例发布后，知识产权法院审结同案由案件的情况

知识产权法院审理的案件对我国知识产权案件的审理具有风向标作用，因此在知识产权指导性案例发布后，知识产权法院审理的同类型案件就具有非常重要的参考意义。我国知识产权法院审理同类型案件的情况如下：

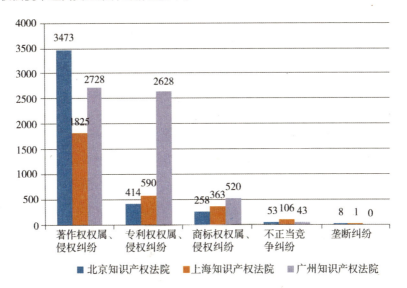

图5-14 知识产权法院审结同案由案件的情况

根据图5-14可知，知识产权法院在知识产权指导性案例发布后审结的同类型案件还是相当可观的。著作权权属、侵权纠纷以及专利权权属、侵权纠纷案件的审结量占了大多数，截至2017年12月31日，北京知识产权法院审结的著作权权属、侵权纠纷的同类型案件为3 473例，上海知识产权法院审结的为1 825例，广州知识产权法院的审结的为2 728例；北京知识产权法院审结的专利权权属、侵权纠纷的同类型案件为414例，上海知识产权法院审结的为590例，广州知识产权法审结的为2 628例。案件数量还是很可观的，这说明我国知识产权指导性案例的应用空间还很广阔。

四、调研综述

虽然我国目前已经建立了案例指导制度，但是在知识产权领域，指导性案例的应用效果并不明显，相比较民商事指导性案例已有的 1127 例应用案例，知识产权指导性案例的应用案例偏少。通过对知识产权指导性案例应用情况的调研和分析，本文得出以下结论：

（一）知识产权案件增长快、类型复杂，但知识产权指导性案例应用少

最高人民法院于 2017 年 4 月 24 日发布的《中国法院知识产权司法保护状况（2016年）》①显示，2016 年，人民法院新收知识产权案件大幅增加。新收知识产权民事、行政和刑事一审案件 15.2 万余件，同比 2015 年上升 16.8%。其中，知识产权民事案件增幅明显。地方各级法院共新收和审结知识产权民事一审案件 13.6 万余件和 13.1 万余件，同比分别上升 24.82% 和 30.09%。2017 年，知识产权案件增长速度加快。根据权威报道显示，2017 年，全国法院共新收一审知识产权案件 213 480 件，审结 202 970 件，分别比 2016 年上升 46.04% 和 43.13%。②

知识产权类案件相比于其他类型的案件来说，具有案件事实复杂、审理难度大的特点。近年来，涉及尖端、前沿技术的疑难复杂案件不断增多③，这在很大程度上制约了知识产权指导性案例的司法应用。截至 2017 年 12 月 31 日，最高人民法院已发布知识产权指导性案例 20 例，其中，仅 2017 年就发布了 10 例，这说明最高人民法院重视知识产权指导性案例对司法实践的指导作用。但是，仅有 6 例知识产权指导性案例被应用，应用案例仅有 8 例，可见，知识产权指导性案例应用少，还有较大的应用空间。

（二）裁判要点以重申法律和司法解释为主，裁判理由应强化说理内容

一个完整的指导性案例是由标题、关键词、裁判要点、相关法条、基本案情、裁判结果、裁判理由及审判人员的附注组成。其中裁判要点是指导性案例的核心和精华部分，它不仅是法官在案件具体审理过程中对法律问题的理解与判断，同时还为各级人民法院在审理类似案件时提供了方法与思路。根据《案例指导工作规定实施细则》第 9 条的规定，各级人民法院正在审理的案件，在基本案情和法律适用方面，与最高人民法院发布的指导性案例相类似的，应当参照指导性案例的裁判要点作出裁决。

从知识产权指导性案例的文书内容来看，目前，知识产权指导性案例以重申法律和司法解释为主。20 例知识产权指导性案例中，有 13 例的裁判要点为重申法律和司法解释，

---

① 参见北大法宝—法律法规库：www.pkulaw.cn/law，法宝引证码：CLI.3.297656，最后访问日期：2018 年 3 月 20 日。
② 参见《为万众创新撑起司法保护伞——全国人大代表热议知识产权司法保护》，载《人民法院报》，http://rmfyb.chinacourt.org/paper/html/2018-03/16/content_136674.htm，最后访问时间：2018 年 3 月 22 日。
③ 参见《去年法院审理知识产权案件呈现 4 大特点》，载《法制日报》，http://www.legaldaily.com.cn/zfzz/content/2017-04/25/content_7122464.htm，最后访问时间：2018 年 3 月 20 日。

仅有 7 例的裁判要点是补充法律规定。另外，最高人民法院比较重视对案件处理过程和事实的描述，在裁判理由部分的论证和阐述比较薄弱。20 例知识产权指导性案例中，裁判理由引用率低于 50% 的有 12 例，总体占比约为 63%。因此，建议从以下几个方面逐步强化说理内容：第一，对证据进行具体分析、论证；第二，案件事实要与所认定的证据紧密联系，做到认定事实与采信证据相一致；第三，对法律适用应有合理说明。

（三）知识产权法院未遴选出指导性案例，且应用案例仅有 1 例

急剧变化的现代科技手段加剧凸显了我国知识产权法律规范的立法缺陷，知识产权领域的案例指导制度，可以有效弥补制定法之立法缺陷，填补法律漏洞。[①] 知识产权法院为我国审理知识产权案件的专门法院，其审理的案件专业性更强，对其他法院同类案件的审理具有更强的指导作用，但是在最高人民法院发布的 17 批指导性案例中，并无来源于知识产权法院的指导性案例，这就制约了法院在审理知识产权案件时对指导性案例的应用。知识产权法院成立时间晚，是其未遴选出指导性案例的重要因素。另外，知识产权法院对指导性案例的应用案例极少，截至 2017 年 12 月 31 日，知识产权法院的应用案例仅有 1 例。

[①] 参见安雪梅：《指导性案例的法律续造及其限制——以知识产权指导性案例为视角》，载《政治与法律》2018 年第 1 期，第 102 页。

六、行政分报告

最高人民法院行政指导性案例2017年度司法应用报告*

[摘要]截至2017年12月31日,最高人民法院已发布行政指导性案例17例,发布数量仅次于民商事类及知识产权类指导性案例。本文以"北大法宝—司法案例库"中的裁判文书作为数据样本,经调研发现,有14例行政指导性案例已被应用于369例案件,应用情况较好。行政指导性案例跨领域应用特征明显,但司法应用中仍存在明显的"同案不同判"情况。

[关键词]行政指导性案例　司法应用　跨领域　同案不同判

截至2017年12月31日,最高人民法院共发布了17批92例指导性案例。其中,行政指导性案例的数量上升至17例,总体占比为18%,在各类指导性案例中排名第三,仅次于民商事类及知识产权类。行政指导性案例具体涉及土地/行政批准、教育/行政许可、工商/行政处罚、公路交通/其他行政行为、劳动和社会保障/行政确认、劳动和社会保障/行政受理、民政/行政征收、土地/行政合同、物价/其他行政行为、消防/行政确认、盐业/行政处罚、公路交通/行政许可、公安/行政登记、道路/行政处罚14类案由。根据调研情况,截至2017年12月31日,已被应用于司法实践的行政指导性案例共有14例,应用率高达82%。援引行政指导性案例的案例,即行政指导性案例的应用案例,共有369例。应用频率最高的是指导案例60号("盐城市奥康食品有限公司东台分公司诉盐城市东台工商行政管理局工商行政处罚案"),应用次数为252次,其中,有240例应用案例为民商事类案例,且指导案例60号的跨领域应用特征明显;其次是指导案例41号、22号及5号,其应用次数分别为25次、22次及17次。应用案由主要集中在买卖合同纠纷和产品责任纠纷领域。应用地域集中分布在广东省、北京市、浙江省、河南省和湖南省等省级行政区域。应用案例审理法院主要是中级人民法院,审理程序以二审程序为主。

一、行政指导性案例的发布情况

（一）行政指导性案例的发布规律

1. 行政指导性案例的发布频率不固定,2012—2016年略有上升,2017年有所减少

最高人民法院并非每年都发布行政指导性案例。目前,在已发布的17批指导性案例

---

* 本文对行政指导性案例发布情况的研究范围为最高人民法院发布的第一至十七批指导性案例,发布案例和应用案例数据截止时间均为2017年12月31日。

中，涉及行政指导性案例的有 8 个批次，分别是第二批、第五批、第六批、第九批、第十二批、第十四批、第十五批及第十七批。从 2012—2013 年每年仅有 2 例，2014—2016 年上升至每年有 5 例，到 2017 年仅有 3 例。

2. 行政指导性案例的发布日期不固定，发布数量每批 1—4 例不等

最高人民法院发布行政指导性案例的日期不固定。从发布的年份来看，主要分布在 2012—2014 年及 2016—2017 年。从发布的月份来看，上半年主要集中在 1 月、4 月和 5 月，下半年集中在 9 月、11 月和 12 月。每批包含 1—4 例，数量不等，其中发布数量最多的是第九批，有 4 例，属于行政指导性案例发布最集中的一次。其次是第十七批，有 3 例。发布数量最少的分别是第六批和第十四批，各仅有 1 例。其余 4 个批次各有 2 例。

3. 行政指导性案例的审结日期与发布日期间隔多在 6 年之内，间隔最短的为 6 个月

在最高人民法院发布的 17 例行政指导性案例中，审结日期最早的是 1999 年 4 月审结的指导案例 38 号，最新案例的审结日期是 2017 年 5 月（指导案例 88 号）。审结时间主要集中于 2009 年之后，共有 13 例，总体占比约为 76%。审结日期与发布日期两者间隔在 6 年之内的案例数量为 14 例，总体占比为 82%。其中，间隔在 1 年之内的有 2 例，即指导案例 5 号和指导案例 88 号；发布日期和审结日期的间隔分别约为 11 个月和 6 个月。间隔在 10 年以上的案例有 2 例，即指导案例 38 号和 41 号，其中指导案例 38 号是审结日期最早的案例，审结日期为 1999 年 4 月，发布日期为 2014 年 12 月，审结日期与发布日期的间隔近 15 年（见图 6-1 所示）。

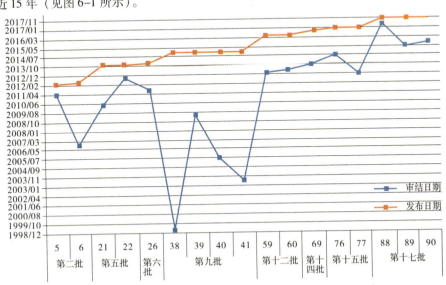

图 6-1 行政指导性案例整体发布情况

（二）行政指导性案例的发布特点

1. 行政指导性案例的案由涉及 11 个行政管理种类和 9 类行政行为

最高人民法院发布的 17 例行政指导性案例，共涉及 11 个行政管理种类。从案例数量上看，涉及土地的最多，有 3 例，总体占比约为 18%。其次是涉及工商、公路交通、教育及劳动与社会保障的，各有 2 例，约各占 12%。另外，涉及道路、公安、民政、物价、消防及盐业的，各有 1 例，约各占 6%（见图 6-2 所示）。

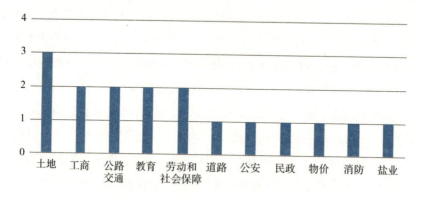

图 6-2　行政指导性案例中的行政管理种类

最高人民法院发布的 17 例行政指导性案例，共涉及 9 类行政行为。其中涉及行政处罚的案例最多，有 4 例，总体占比约为 24%；其次是行政许可的案例，有 3 例，约占 18%。涉及行政批准、行政确认及其他行政行为的案例，各有 2 例，约各占 12%；涉及行政登记、行政合同、行政受理及行政征收的案例各有 1 例，约各占 6%（见图 6-3 所示）。

图 6-3　行政指导性案例中的行政行为种类

2. 行政指导性案例的裁判要点以实体指引为主，程序指引为辅

行政指导性案例的裁判要点为实体指引的，共有 14 例，总体占比约为 82%；裁判要点为行政诉讼程序指引的有 3 例，总体占比约为 18%（见图 6-4 所示）。

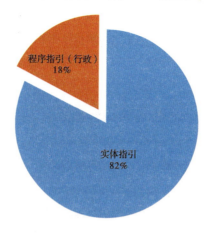

图 6-4　行政指导性案例裁判要点指引

3. 关键词"行政诉讼"的出现次数最多，出现 1 次的关键词有 42 个，涉猎领域有限

最高人民法院发布的指导性案例，每篇有 3—7 个关键词不等。经统计，在已发布的 17 例行政指导性案例中，共有 53 个关键词，其中，"行政诉讼"出现的次数最多，累计出现 8 次；其次是"行政"，累计出现 6 次；再次是"受案范围""行政处罚"，均出现 4 次；另外"高等学校""工伤认定""行政许可""行政复议""维持原判""合法"，分别出现 2 次；"政府信息公开"等 42 个关键词，仅出现 1 次（见表 6-1 所示）。

表 6-1　行政指导性案例关键词统计表

关键词出现次数（次）	关键词数量（个）	具体关键词
8	1	行政诉讼
6	1	行政
4	2	受案范围；行政处罚
3	1	违法
2	6	高等学校；工伤认定；行政许可；行政复议；维持原判；合法
1	42	政府信息公开；颁发证书；备案结果通知；程序性行政行为；法律效力；防空地下室；工作场所；工作过失；工作原因；规章参照；行政确认；行政协议；行政征收；合同解释；举报答复；举证责任；没收较大数额财产；批复；人防；食品安全标准；食品标签；食品说明书；适用法律错误；受理；司法审查；听证程序；网络申请；未引用具体法律条款；消防验收；学术自治；学位授予；盐业管理；易地建设费；逾期答复；原告资格；正当程序；合法性；提审；警告；证明；罚款；证据

4. 案例来源以浙、鲁、川、赣、苏等地人民法院为主

行政指导性案主要来源于最高人民法院及江苏省等 11 个省级行政区域。其中，来源于浙江省、山东省、四川省、江西省和江苏省的行政指导性案例分别有 2 例；来源于最高人民法院和天津市、内蒙古自治区、湖北省、广东省、安徽省及北京市 6 个省级行政区域的，分别有 1 例（见图 6-5 所示）。

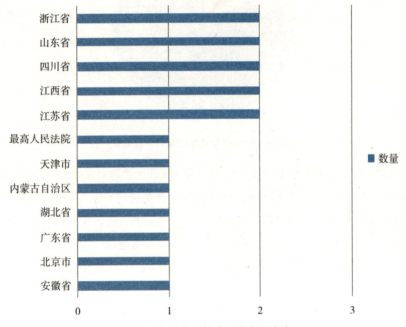

图 6-5　行政指导性案例的来源地域

5. 审理法院以中级人民法院居多，总体占比约为 47%

在已发布的行政指导性案例中，由中级人民法院审理的案件数量最多，共计 8 例，总体占比约为 47%，由基层人民法院、高级人民法院和最高人民法院审理的案件数量依次为 6 例、2 例及 1 例，总体占比分别约为 35%、12% 及 6%（见图 6-6 所示）。

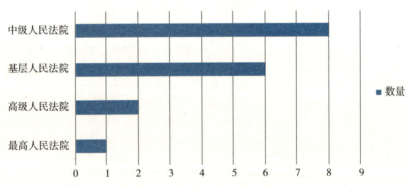

图 6-6　行政指导性案例的审理法院

6. 行政指导性案例在审理程序上以二审居多，共 10 例

行政指导性案例审理程序为二审程序的有 10 例，总体占比约为 59%；为一审程序的有 6 例，总体占比约为 35%；为再审程序的仅 1 例，总体占比约为 6%（见图 6-7 所示）。

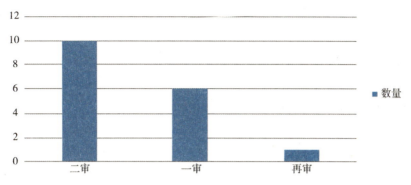

图 6-7　行政指导性案例的审理程序

7. 行政指导性案例的文书类型以判决书为主，总体占比为 88%

在最高人民法院已发布的 17 例行政指导性案例中，文书类型为判决书的有 15 例，总体占比约为 88%；为裁定书的有 2 例，总体占比约为 12%（见图 6-8 所示）。

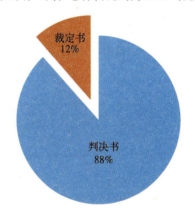

图 6-8　行政指导性案例的文书类型

二、行政指导性案例的司法应用

为保证数据来源的权威性和准确性，本文以"北大法宝—司法案例库"裁判文书作为数据样本，以最高人民法院发布的 17 批共 17 例行政指导性案例的司法应用情况作为分析对象①，利用与指导性案例相关的关键词进行了多个关键词单独或并列的全文检索，从

---

① 本部分指导性案例的发布数据及应用数据截止时间均为 2017 年 12 月 31 日。

而揭示出行政指导性案例的司法应用现状,并在此基础上归纳和总结出其应用规律和特点。

根据司法实践对指导性案例的援引情况,可以将对指导性案例的援引分为两大类型,即确定性援引和不确定性援引。① 由于不确定性援引多为裁判者表述不严谨导致的,所以,为了确保研究的准确性和权威性,本文仅以采用确定性援引的应用案例为基础展开调研和分析。为了对确定性援引进行更加深入的剖析,本文对确定性援引的具体类型作了进一步区分,即按照法官在裁判案件时是否明确援引了指导性案例进行说理,将其分为明示援引和隐性援引。② 截至 2017 年 12 月 31 日,最高人民法院发布的 17 例行政指导性案例,已有 14 例被应用于 369 例案件中。其中,明示援引③的共涉及 77 例应用案例,隐性援引④的共涉及 291 例应用案例。另外,还有一种特殊援引方式即法官评析援引⑤,仅涉及 1 例应用案例。

(一)行政指导性案例的整体应用情况

1. 从整体来看,14 例行政指导性案例已被应用,总体占比为 82%(见表 6-2 所示)。

表 6-2 行政指导性案例的整体应用情况

应用情况	应用数量(例)	指导案例编号
已被应用	14	5 号、6 号、21 号、22 号、26 号、38 号、39 号、40 号、41 号、59 号、60 号、69 号、76 号、77 号
未被应用	3	88 号、89 号、90 号

截至 2017 年 12 月 31 日,在最高人民法院发布的 17 例行政指导性案例中,已被应用的指导性案例有 14 例,应用率高达 82%;未被应用的指导性案例有 3 例,总体占比为 18%。

2. 在个案应用上,指导案例 60 号的应用次数最多,总体占比为 68%

截至 2017 年 12 月 31 日,行政指导性案例的应用案件共计 369 例。应用次数最多的是

---

① 确定性援引,是指根据裁判文书内容(包括评析)的表述,能够直接确定其援引了指导性案例;不确定性援引,是指根据裁判文书内容(包括评析)的表述,不能确定其是否援引了指导性案例。
② 参见张骐:《再论类似案件的判断与指导性案例的使用》,载《法制与社会发展》2015 年第 5 期,第 138 页。
③ 明示援引,是指法官作出裁判时明确援引了指导性案例进行说理。主要包括法官主动援引和被动援引两种情形,前者是指法官主动援引指导性案例进行说理;后者是指法官被动援引指导性案例进行说理,即检察人员建议或诉讼参与人请求参照指导性案例时,法官在裁判理由中对此作出了回应。
④ 隐性援引,是指在审判过程中,检察人员建议或诉讼参与人请求法官参照指导性案例进行裁判,法官对此在裁判理由中部分未明确作出回应,但是其裁判结果与指导性案例的精神是一致的情况。
⑤ 评析援引,是指裁判文书正文中并未提及指导性案例,但是在该案例后所附的专家点评、评析、补评及典型意义等中提到指导性案例的情况。

指导案例 60 号，高达 252 次，总体占比约为 68%；其次依次为指导案例 41 号、22 号、5 号及 7 号，应用次数分别为 27 次、25 次、17 次及 16 次；其余 9 例指导性案例的应用次数均在 10 次以下，应用较少（见图 6-9 所示）。

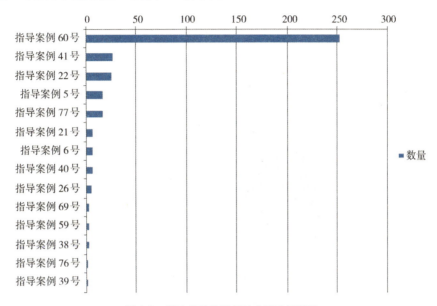

图 6-9　行政指导性案例的个案应用情况

3. 在援引方式上，法官更倾向于隐性援引，总体占比约为 79%

从援引方式上看，涉及对行政指导性案例的明示援引、隐性援引及法官评析援引。其中，涉及明示援引的共有 77 例应用案例，总体占比近 21%，包括法官主动援引的 22 例和法官被动援引的 55 例；涉及隐性援引的共有 291 例应用案例，总体占比近 79%，另外，涉及法官评析援引的应用案件共有 1 例，总体占比不足 1%（见图 6-10 所示）。

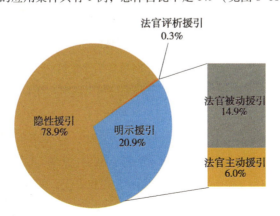

图 6-10　行政指导性案例应用案例的援引方式

4. 行政应用案例案由种类较多,虽零星分散,但民商事案由较集中

(1) 主要应用于民商事和行政案例,还涉及国家赔偿及刑事领域

在 369 例行政应用案例中,不仅涉及行政案例,还涉及民商事案例、国家赔偿案例及刑事案例。其中以民商事案例最多,有 244 例,总体占比约为 66%;其次是行政案例,有 119 例,总体占比约为 32%;其余为国家赔偿(行政赔偿)案例和刑事案例,分别有 5 例和 1 例,总体占比合计约为 2%(见图 6-11 所示)。

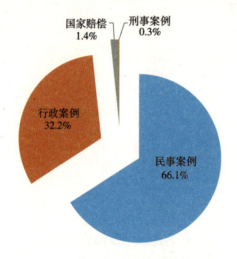

图 6-11 行政指导性案例应用案例的主要类型

(2) 非行政类应用案例主要集中在买卖合同纠纷和产品责任纠纷

行政应用案例的一个比较突出的特点是跨领域应用。所谓跨领域应用,指的是行政指导性案例被应用到民商事、刑事、国家赔偿等非行政领域的案件中。经过调研可知,指导案例 21 号、22 号、40 号、41 号、59 号、60 号及 76 号存在跨领域应用的情况。其中,指导案例 21 号的应用案例中,有 1 例案由为滥用职权罪;指导案例 22 号的应用案例中,有 3 例案由为国家赔偿(行政赔偿),有 1 例案由为海域使用权纠纷;指导案例 40 号的应用案例中,有 1 例案由为提供劳务者受害责任纠纷;指导案例 41 号的应用案例中,有 2 例案由为国家赔偿(行政赔偿);指导案例 59 号的应用案例中,有 1 例案由为房屋拆迁安置补偿合同纠纷;指导案例 60 号的 252 例应用案例中,有 240 例为民商事案例,具体应用案由包括买卖合同纠纷、产品责任纠纷、网络购物合同纠纷、产品质量损害赔偿纠纷及其他合同、无因管理、不当得利纠纷,分别有 150 例、79 例、9 例、1 例及 1 例应用案例;指导案例 76 号有 1 例应用案例,案由为建设用地使用权出让合同纠纷,该指导性案例尚未发现被应用到同类案例中(见图 6-12 所示)。

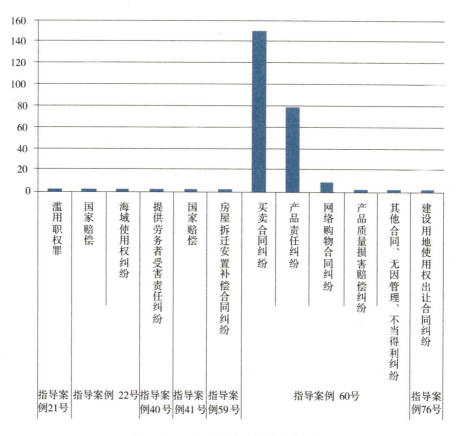

图 6-12　非行政类应用案例的案由分类

(3) 行政案例涉及行政管理类别中的 24 个种类和 11 种行政行为

行政应用案例中的行政案例，涉及行政管理类别中的 24 个种类。其中涉及食品药品安全的最多，共有 26 例应用案例；其次依次为土地、房屋拆迁、盐业和其他行政管理，分别有 14 例、13 例、11 例及 11 例应用案例。此外，涉及劳动和社会保障、民政、房屋登记、乡政府、治安、城市规划等 19 个行政管理类别的应用案例均在 10 例以下。

行政应用案例中的行政案例，还涉及行政复议等 11 类行政行为。其中，涉及其他行政行为、行政复议、行政处罚和行政确认 4 类行政行为的应用案例最多，依次有 38 例、22 例、21 例及 10 例；涉及行政裁决、行政批准、行政强制、行政征收、行政登记、行政许可、行政补偿的应用案例，均不超过 5 例（见图 6-13 所示）。

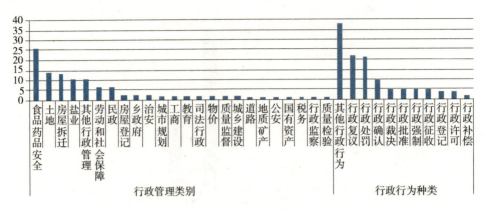

图 6-13 行政类应用案例的行政管理类别及行政行为种类①

（二）行政应用案例与行政指导性案例的对比分析

1. 应用案由

（1）有 5 例行政指导性案例被应用于同类案由，又被应用于不同案由的案例

在已被应用的 14 例行政指导性案例中，指导案例 5 号、21 号、22 号、38 号及 40 号这 5 例行政指导性案例，既被应用于同类案由，又被应用于不同案由的案例。例如，指导案例 5 号的具体案由为盐业/行政处罚，该指导案例的应用案例有 17 例，其中，涉及盐业管理领域的有 11 例，涉及盐业管理领域且为行政处罚行为的有 10 例，故在司法实践中，真正援引该指导性案例的仍然集中在盐业管理领域，其管理行为主要表现为行政处罚。另外，指导案例 21 号、22 号及 40 号也存在跨领域应用的情况。

（2）有 9 例行政指导性案例仅被应用于不同案由

在已被应用的 14 例行政指导性案例中，还有 9 例指导性案例目前仅被应用于不同案由的案例，包括指导案例 6 号、26 号、39 号、41 号、59 号、60 号、69 号、76 号及 77 号，其中，指导案例 41 号、59 号、60 号及 76 号存在跨领域应用。虽然这 9 例指导性案例的案由与其应用案例的案由不同，但是在关键案情或者争议焦点上两者存在着相似性。例如指导案例 41 号为土地/行政批准类案件，其裁判要点为："行政机关作出具体行政行为时未引用具体法律条款，且在诉讼中不能证明该具体行政行为符合法律的具体规定，应当视为该具体行政行为没有法律依据，适用法律错误。"该裁判要点被法官应用于土地/行政裁决类案件中，虽然两者案情不同，但是争议焦点均涉及对于法律、法规和规章的适用原则问题。

---

① 说明：其他行政行为是指行政处罚、行政强制、行政裁决、行政确认等 26 种行政行为之外的行政行为。

2. 行政指导性案例的应用地域

（1）行政指导性案例的应用案例主要集中在粤、京、浙、豫等地

已发布的行政指导性案例共涉及江苏省、四川省、江西省、广东省、浙江省、北京市、内蒙古自治区、天津市、山东省、安徽省和湖北省11个省级行政区域，而行政指导性案例的应用地域共涉及最高人民法院及广东省等27个省级行政区域，但云南省、青海省、新疆维吾尔自治区、宁夏回族自治区4个省级行政区域没有应用案例。其中，应用率最高的是广东省和北京市，其次是浙江省和河南省，其余省级行政区域的应用率较低。

（2）曾遴选出行政指导性案例的地域更注重指导性案例的应用

在应用案例超过10例的11个省级行政区域中，除河南省、湖南省、辽宁省及贵州省外，其他7个省级行政区域均曾遴选出过行政指导性案例。可见，在审判实践中，曾遴选出行政指导性案例的省级行政区域的法院更加注重对行政指导性案例的应用（见图6-14所示）。

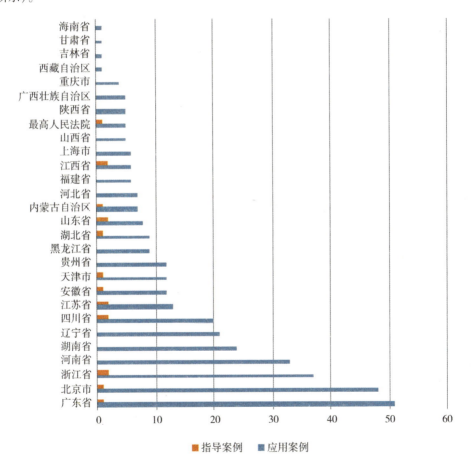

图6-14 行政指导性案例及其应用案例的地域分布情况

(3) 豫、湘、辽等行政指导性案例的非来源地域也重视行政指导性案例的应用

河南省、湖南省、辽宁省、贵州省、黑龙江省、河北省、福建省、上海市、山西省、陕西省、广西壮族自治区、重庆市、西藏自治区、吉林省、甘肃省和海南省16个省级行政区域的法院，虽然没有涉及行政指导性案例的发布，但均在审判实践中应用了行政指导性案例。特别是河南省、湖南省、辽宁省，虽然目前尚未遴选出过行政指导性案例，但应用案例均在20例以上。

3. 行政应用案例的审理法院

(1) 行政应用案例的审理法院以普通法院为主

在审判实践中，应用行政指导性案例的法院主要是普通法院，其应用案例共有361例。专门法院的行政应用案例较少，仅有8例，其中有5例为铁路运输中级人民法院应用，3例为铁路运输基层人民法院应用。

(2) 在行政应用案例的审理法院中，中级人民法院和基层人民法院约占90%

中级人民法院和基层人民法院应用行政指导性案例的频率较高，应用率分别约为46%和44%。高级人民法院的应用较少，应用率约为7%；最高人民法院和专门人民法院的应用率合计约为3%（见图6-15所示）。

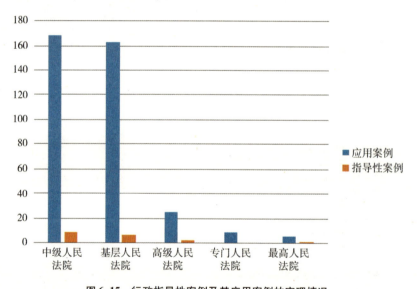

图6-15　行政指导性案例及其应用案例的审理情况

4. 行政应用案例的审理程序

(1) 行政应用案例涉及的审理程序主要是普通诉讼程序

行政应用案例涉及的审理程序比行政指导性案例涉及的审理程序更丰富些，包括一审、二审、再审及其他特殊程序4类。在369例行政应用案例中，有368例的审理程序为

普通诉讼程序，仅有 1 例为其他特殊程序。

（2）行政应用案例的审理程序以二审程序为主，总体占比近 50%

最高人民法院发布的 17 例行政指导性案例的审理程序，以二审居多，共计 10 例。而在行政应用案例中，审理程序仍以二审程序为主，共计 184 例，总体占比近 50%；审理程序为一审程序的共计 175 例，总体占比约为 47%；审理程序为再审程序的仅 9 例，总体占比约为 2%（见图 6-16 所示）。

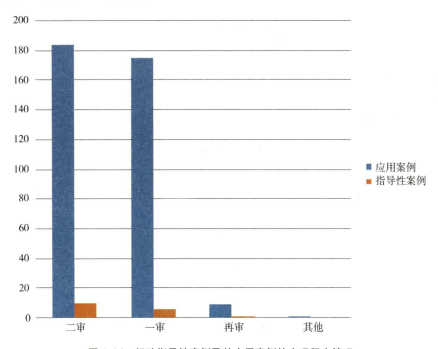

图 6-16　行政指导性案例及其应用案例的审理程序情况

5. 行政指导性案例及其应用案例的终审结果

在最高人民法院发布的 17 例行政指导性案例中，涉及二审和再审程序的共有 11 例。而在 369 例行政应用案例中，涉及二审和再审程序的案件共计 193 例。

（1）行政指导性案例及其应用案例的终审结果均以二审维持原判居多

在涉及二审和再审程序的行政指导性案例中，二审维持原判的比例最高，总体占比约为 64%；二审发回重审的，总体占比约为 18%；部分维持、部分改判和二审改判的，总体占比均约为 9%（见图 6-17 所示）。而在行政应用案例中，二审维持原判的比例仍然最高，总体占比约为 77%；其次是二审改判，总体占比约为 11%；二审部分维持、部分改判的总体占比约为 6%，其余类型的终审结果所占的比例较小（见图 6-18 所示）。

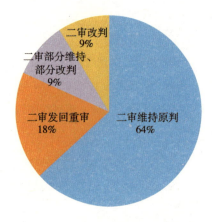

图 6-17　行政指导性案例的终审结果

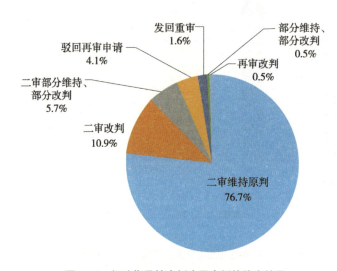

图 6-18　行政指导性案例应用案例的终审结果

（2）行政指导性案例应用案例的改判案例涉及行政处罚的较多

在行政指导性案例中，涉及改判的仅有指导案例 6 号，其案由为行政处罚。而其应用案例的改判案件主要援引的指导性案例包括指导案例 5 号、22 号、41 号及 60 号等，这些应用案例的案由主要涉及行政处罚、行政登记和行政批准。

（三）行政应用案例的应用情况分析

1. 行政指导性案例的首次应用日期与发布日期间隔最短的仅 27 天

在最高人民法院发布的 17 例行政指导性案例中，指导案例 88 号、89 号及 90 号尚未被应用，其余 14 例被首次应用的时间分别为其发布后的 1—25 个月不等。其中，指导案例 41 号的发布日期为 2014 年 12 月 25 日，首次应用日期为 2015 年 1 月 21 日，前后间隔时间仅27天。间隔较短的还有指导案例60号、40号及5号,间隔时间依次为74天、116天及182天(见图6-19所示)。

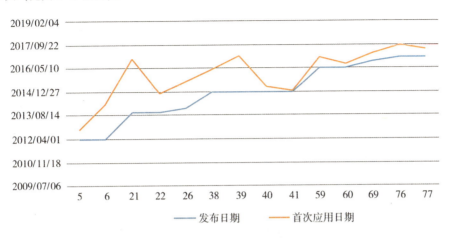

图6-19 行政指导性案例发布的日期和首次应用日期

2. 行政指导性案例的应用主体

(1) 行政指导性案例的应用主体约有7类,以上诉人和原告居多,合计约占77%

在审判实践中,行政指导性案例的应用主体非常广泛,包括法官、原告、被告、上诉人、被上诉人、再审申请人等。其中以上诉人对行政指导性案例的应用比例最高,总体占比近40%;其次为原告,总体占比约为37%;被告、法官、被上诉人、再审申请人对行政指导性案例的应用较少,总体占比分别约为9%、7%、5%及3%;而第三人引用最少,总体占比不足1%(见图6-20所示)。

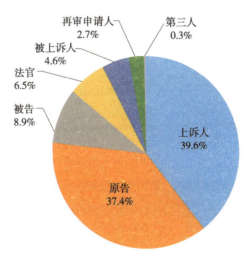

图6-20 行政指导性案例的应用主体

（2）法官主动援引数量较少，仅涉及 7 例行政指导性案例

在实践中，法官主动援引行政指导性案例的，裁判时基本上都参照指导性案例作出了相同判决。在法官主动援引的 22 例行政指导性案例的应用案例中，共涉及 7 例行政指导性案例，其中指导案例 60 号被援引 10 次，指导案例 21 号和 41 号分别被援引 4 次（见图 6-21 所示）。

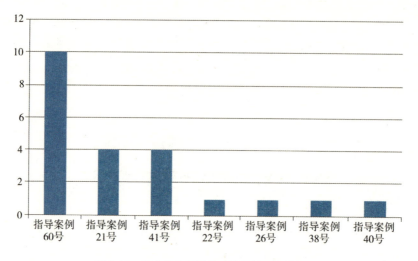

图 6-21　法官主动援引行政指导性案例的数量

（3）当事人援引行政指导性案例的频率最高，总体占比近 94%

当事人在审判中援引行政指导性案例的频率最高，总体占比近 94%。当事人既包括审理程序中的当事人，也包括执行程序中的当事人，在起诉、上诉、答辩和举证质证等环节均可援引指导性案例来证明自己的主张。在当事人引用的 14 例行政指导性案例中，引用最多的是指导案例 60 号，其次是指导案例 22 号、41 号及 5 号。

3. 行政指导性案例的应用内容

根据 2011 年 12 月 30 日发布的《最高人民法院研究室关于印发〈关于编写报送指导性案例体例的意见〉、〈指导性案例样式〉的通知》① 的规定，每篇指导性案例均由七个部分组成，即标题、关键词、裁判要点、相关法条、基本案情、裁判结果及裁判理由。在审判实践中，无论是法官还是当事人，在引用行政指导性案例时，其引用的内容不仅包括裁判要点，还包括基本案情及裁判理由。其中引用裁判要点的，总体占比为 34%，应用频率最高；引用基本案情的，总体占比为 26%；引用裁判理由的，总体占比为 20%；值得一

---

① 参见北大法宝—法律法规库：http://www.pkulaw.cn/fbm/，法宝引证码：CLI.3.175399，最后访问日期：2018 年 3 月 19 日。

提的是，仅提到行政指导性案例，未明确应用内容的高达20%（见图6-22所示）。

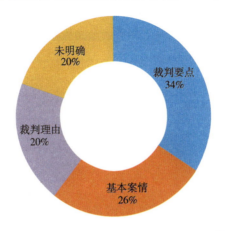

图6-22　行政指导性案例应用内容参照情况①

4. 行政指导性案例的应用表述

根据2015年5月13日发布的《〈最高人民法院关于案例指导工作的规定〉实施细则》② 第11条第1款的规定，在办理案件过程中，案件承办人员应当查询相关指导性案例。在裁判文书中引述相关指导性案例的，应在裁判理由部分引述指导性案例的编号和裁判要点。

援引指导性案例时的应用表述主要包括发布主体、发布日期、发布批次、指导性案例编号、指导性案例字号、指导性案例案号、指导性案例标题、裁判要点等八个要素。

（1）发布主体、指导性案例编号和裁判要点是应用次数较高的三个要素

在行政应用案例中，发布主体被援引的次数最高，总计339次，总体占比达到了92%。其主要表述形式有：参照/依据/根据最高人民法院发布的指导性案例、与最高院发布的指导性案例、请求/建议/应当参照最高院发布的指导性案例等。其次是指导性案例编号，仅次于发布主体，被援引次数为302次，总体占比达到了82%。其主要表述方式有：指导案例×号、第×号指导性案例、指导性案例第×号等。再次是发布批次，其被援引的次数共计98次。除此以外，引用次数较高的还有发布日期、裁判要点和指导性案例标题（见图6-23所示）。

---

① 说明：应用内容中的"未明确"，是指在引用指导性案例时，未明确说明其引用的具体内容，且根据裁判文书也不能判断其引用的内容。

② 参见北大法宝—法律法规库：http://www.pkulaw.cn/fbm/，法宝引证码：CLI.3.249447，最后访问日期：2018年3月19日。

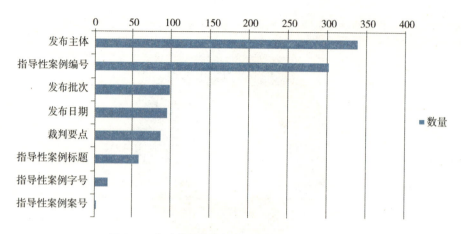

图 6-23 行政指导性案例应用表述要素的使用情况

（2）应用表述模式并不固定，表述要素中以"主体+编号""主体""主体+日期+编号"为主导模式

根据援引行政指导性案例应用表述所涉及的八个要素的引述情况，可将其分为单要素表述、双要素表述、三要素表述、四要素表述、五要素表述和六要素表述六大类。通过对369例行政应用案例的统计和分析，得出具体情况如下（见表6-3所示）：

表6-3 行政指导性案例的应用表述分类及组合模式①

序号	应用表述分类	组合模式	应用案例数量（例）
1	单要素表述	主体	37
		编号	12
		指导（性）案例字样	7
		标题	4
		日期	1
2	双要素表述	主体+编号	92
		主体+要点	5
		主体+批次	5
		编号+要点	5
		主体+日期	4
		主体+标题	1

---

① 参见"上海华优化学品有限公司与上海市酒类专卖管理局要求返还财物上诉案"，上海市第三中级人民法院（2015）沪三中行终字第37号行政判决书，载北大法宝—司法案例库：http://www.pkulaw.cn/case/，法宝引证码：CLI.C.6226616，访问日期：2018年3月19日。该案属于广义的隐性援引，未提及任何应用表述要素，无法统计到表格中。

续表

序号	应用表述分类	组合模式	应用案例数量（例）
3	三要素表述	主体 + 日期 + 编号	32
		主体 + 批次 + 编号	28
		主体 + 编号 + 要点	24
		主体 + 编号 + 标题	10
		主体 + 批次 + 要点	1
		主体 + 批次 + 标题	1
4	四要素表述	主体 + 编号 + 标题 + 要点	15
		主体 + 日期 + 批次 + 编号	14
		主体 + 日期 + 编号 + 要点	11
		主体 + 批次 + 编号 + 要点	10
		主体 + 批次 + 编号 + 标题	9
		主体 + 批次 + 编号 + 字号	6
		主体 + 日期 + 编号 + 标题	4
5	五要素表述	主体 + 日期 + 批次 + 编号 + 字号	9
		主体 + 日期 + 批次 + 编号 + 要点	6
		主体 + 日期 + 编号 + 标题 + 要点	6
		主体 + 日期 + 批次 + 编号 + 标题	2
		主体 + 批次 + 编号 + 字号 + 要点	1
		主体 + 日期 + 批次 + 编号 + 案号	1
6	六要素表述	主体 + 日期 + 批次 + 编号 + 标题 + 要点	2
		主体 + 日期 + 批次 + 编号 + 标题 + 案号	2
		主体 + 日期 + 批次 + 编号 + 标题 + 字号	1

根据表6-3中的统计结果可以看出，行政指导案例六种不同的表述类别所涉及的要素种类和组合模式各不相同，即使是相同的应用表述类别，具体的要素种类和组合模式也存在差异。其中，以双要素表述的应用案例最多，有112例；以三要素表述的，有96例；以单要素、四要素、五要素表述的，分别有61例、69例及25例；以六要素表述的相对较少，仅有5例。

双要素表述中包含6种表述模式，其中，以"主体 + 编号"为模式的有92例应用案例，占双要素模式的82%，处于主导模式；三要素表述中，以"主体 + 日期 + 编号"为模式的有32例应用案例，以"主体 + 批次 + 编号"为模式的有7例应用案例，两者共占三要素表述模式案例数量的一半以上。单要素表述中，以"主体"为主要的表述模式，同时一般表述构成为"主体"+"指导性案例"字样。四要素、五要素、六要素的主要表述模式分别为"主体+编号+标题+要点""主体+日期+批次+编号+字号""主体+日期+批次+编号+标题+要点"。

（3）法官同时引述行政指导性案例编号和裁判要点的应用案例，仅占7%

在369例行政应用案例中，法官明示援引的共有77例，其中包含法官主动援引的22例，法官被动援引的55例。法官在援引行政指导性案例时，在裁判理由部分同时引述行政指导性案例编号和裁判要点的共有25例，总体占比近7%；引述其他要素的共有52例，总体占比约为14%（见图6-24所示）。

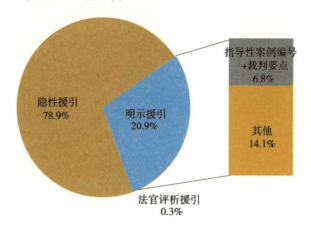

图6-24　法官援引行政指导性案例时表述要素的使用情况

5. 行政指导性案例的应用结果

（1）法官主动援引的行政应用案例，参照率为73%；法官被动援引的行政应用案例，参照率仅为16%

在369例行政应用案例中，法官明示援引的有77例。其中，法官主动援引的有22例，参照行政指导性案例作出裁判的有16例，总体占比约为73%；法官未参照/未说明的有6例（未参照3例，未说明3例），总体占比约为27%。法官被动援引的有55例，参照行政指导性案例作出裁判的有9例，总体占比约为16%；法官未参照的46例，总体占比约为84%。法官隐性援引的共有291例。法官主动援引的案例参照率较高；被动援引的案例，参照率较低。出现法官主动援引指导性案例却未参照的情况，主要是由于指导性案例的基本案情或裁判要点不适用于该案，法官就此进行了说明。法官被动援引的参照率较低，这主要是因为指导性案例的基本案情与应用案例不相似，法官对此大多作出了明确回应（见图6-25所示）。

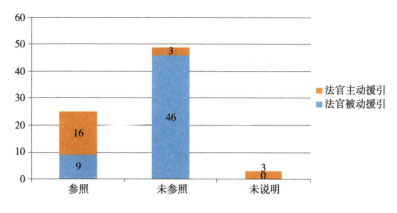

图 6-25　行政指导性案例的应用结果（明示援引）①

（2）行政指导性案例的裁判要点、基本案情和裁判理由是法官判断参照与否的重要标准

在 77 例明示援引的应用案例中，应用结果为参照的总共有 25 例应用案例，主动援引和被动援引都有涉及。其中，在主动援引中，参照裁判要点的有 16 例；在被动援引中，参照裁判要点的有 5 例，参照裁判理由的有 2 例，未明确具体参照内容的有 2 例。由此可见，法官参照行政指导性案例进行审理的主要原因是裁判要点可以适用于该应用案例。应用结果为未参照的总共有 49 例应用案例，主动援引和被动援引都有涉及。其中，在主动援引中，有 1 例是因为与裁判要点不同而未参照；有 2 例是因为与基本案情不同而未参照；在被动援引中，有 14 例是因为与裁判要点不同而不予参照，有 10 例是因为法官认为案情不同而不予参照；有 17 例是因为与裁判理由不同而不予参照，有 5 例是未明确不予参照的具体内容的。由此可见，法官不予参照行政指导性案例进行审理的主要原因，是裁判要点和裁判理由不适用于该案例。此外，还有 3 例未说明的应用案例。此处的未说明，主要是因为一审法官在审理该案件时援引了某一行政指导性案例，但二审法官在终审判决中未对此进行回应和说明。具体而言，包括 1 例一审法官参照裁判理由的，2 例未明确具体参照内容的（见表 6-4 所示）。

---

① 说明：主动援引中的"未说明"，是指一审法官在审理该案件时援引了某一指导性案例，但是二审法官在终审判决中并未对此进行回应和说明。

表 6-4　行政指导性案例的参照标准

明示援引	参照标准	应用结果		
		参照（例）	未参照（例）	未说明（例）
法官主动援引	裁判要点	16	1	0
	基本案情	0	2	0
	裁判理由	0	0	1
	未明确	0	0	2
法官被动援引	裁判要点	5	14	0
	基本案情	0	10	0
	裁判理由	2	17	0
	未明确	2	5	0

三、行政指导性案例的个案司法应用分析

（一）指导案例 60 号的应用分析

指导案例 60 号"江苏省盐城市奥康食品有限公司东台分公司诉盐城市东台工商行政管理局工商行政处罚案"，是最高人民法院于 2016 年 5 月 20 日发布的第十二批案例之一。该案主要针对食品标签标注内容的问题，旨在明确食品经营者在食品标签、食品说明书上特别强调添加、含有一种或多种有价值、有特性的配料、成分，应标示所强调配料、成分的添加量或含量，未标示的，属于违反《中华人民共和国食品安全法》的行为，工商行政管理部门依法对此违法行为实施行政处罚的，人民法院应予支持。食品安全事关国计民生，该案既是维护消费者权益的需要，也是加强食品安全管理、促进行业健康发展的重要手段。①

根据"北大法宝—司法案例数据库"的调研结果，指导案例 60 号是被应用最多的行政指导性案例，其应用案例共计 252 例，占行政应用案例的 68%，而且，在司法应用中出现了同案不同判的情况，为此，本报告对指导案例 60 号的具体应用情况分析如下：

1. 指导案例 60 号的应用概况

（1）指导案例 60 号的应用案例主要为民事案例，行政案例较少

根据调研结果，在指导案例 60 号的 252 例应用案例中，民事案例有 240 例，总体占比为 95%；行政案例有 12 例，总体占比为 5%。从应用案例的具体案由看，民事案例的案由主要为买卖合同纠纷和产品责任纠纷，分别为 150 例和 79 例。行政案例涉及的行政管理范围主要为食品药品安全领域，有 11 例，还有 1 例涉及质量检验行政管理范围

---

① 《最高人民法院发布第 12 批指导性案例》，载法制网：http://www.legaldaily.com.cn/integrity-observe/content/2016-06/06/content_6661766.htm?node=70769，最后访问日期：2018 年 3 月 19 日。

（见图 6-26 所示）。

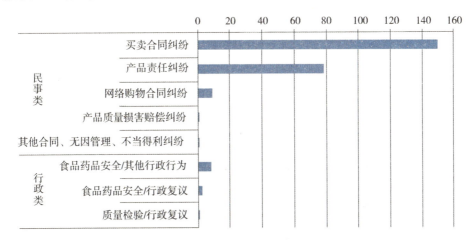

图 6-26 指导案例 60 号应用案例的案由分布情况

（2）指导案例 60 号应用案例的涉案产品以食用油居多，总体占比近 87%

指导案例 60 号涉案产品为"金龙鱼橄榄原香食用调和油"。根据调研，在其 252 例应用案例中，涉案产品以食用油居多，但并不局限于此。其中涉及食用油的应用案例有 219 例，总体占比近 87%；酒类有 5 例，总体占比为 2%；茶类有 3 例，总体占比约为 1%。另外有 24 例应用案例为其他食品，例如开心果、方便面、糖果、奶粉、巧克力、饮料、蛋糕、燕窝饮品等，总体占比约为 10%。还有 1 例应用案例涉案产品不是食品，而是纺织品（见图 6-27 所示）。

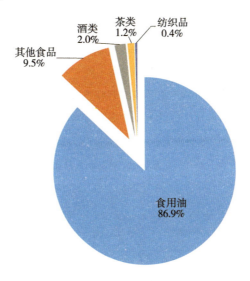

图 6-27 指导案例 60 号应用案例涉案产品类型

2. 指导案例 60 号的应用内容剖析

（1）指导案例 60 号的应用内容以裁判理由为主

指导案例 60 号应用案例的具体应用内容涉及裁判要点、基本案情及裁判理由等。其中，应用裁判理由的最多，有 73 例；其次为裁判要点，有 66 例；未明确应用内容的有 63 例；应用内容为基本案情的有 50 例（见图 6-28 所示）。

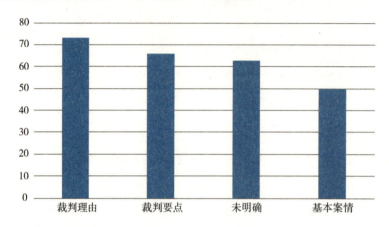

图 6-28　指导案例 60 号应用案例的应用内容

（2）应用案例同时引用裁判要点 1 和裁判要点 2 的频率较高，案例数总体占比约为 32%

指导案例 60 号的裁判要点包含两个："1. 食品经营者在食品标签、食品说明书上特别强调添加、含有一种或多种有价值、有特性的配料、成分，应标示所强调配料、成分的添加量或含量，未标示的，属于违反《中华人民共和国食品安全法》的行为，工商行政管理部门依法对其实施行政处罚的，人民法院应予支持。2. 所谓'强调'，是指通过名称、色差、字体、字号、图形、排列顺序、文字说明、同一内容反复出现或多个内容都指向同一事物等形式进行着重标识。所谓'有价值、有特性的配料'，是指不同于一般配料的特殊配料，对人体有较高的营养作用，其市场价格、营养成分往往高于其他配料。"

通过对 66 例引用此应用裁判要点的案例作进一步分析发现，同时引用裁判要点 1 和裁判要点 2 的，总体占比约为 32%，引用频率较高；引用裁判要点 1 的，总体占比约为 29%；引用裁判要点 2 的，总体占比约为 24%。另外，未明确引用具体是哪个裁判要点的，总体占比约为 15%（见图 6-29 所示）。

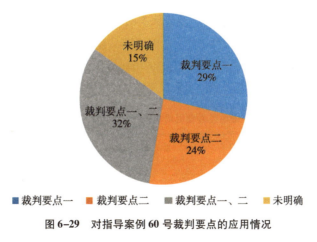

图 6-29　对指导案例 60 号裁判要点的应用情况

3. 指导案例 60 号的应用特点

（1）应用主体以消费者为主，法官主动援引少

在指导案例 60 号的应用主体中，消费者援引所占比例较大，由消费者援引的有 195 例，总体占比约为 77%；销售者援引的有 34 例，总体占比约为 13%；投诉举报人援引的有 12 例，总体占比约为 5%；法院主动援引的有 10 例，总体占比为 4%；生产者援引的有 1 例，总体占比不足 1%（见图 6-30 所示）。

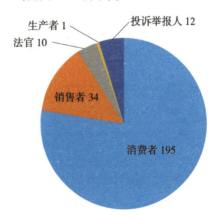

图 6-30　指导案例 60 号应用案例的应用主体

（2）涉案产品相同的，判决结果不尽相同

由于指导案例 60 号的应用案例基本围绕食品标签问题，为了进一步分析其具体应用情况，本报告针对涉案产品相同的案例，结合基本案情以及判决结果的不同维度分析发现，即使涉案产品相同，各地法院的判决结果也不尽相同。

①涉案产品均为"金龙鱼橄榄原香食用调和油"的应用案例

从具体案情来看，应用案例涉案产品与指导案例 60 号相同的有 39 例，涉及的食品均为"金龙鱼橄榄原香食用调和油"。但是从不同地区不同法院的裁判结果来看，存在着一些差异。这些案件的当事人均以购买的涉案产品存在食品标签瑕疵为由，向法院请求食品经营者退还货款、10倍赔偿以及承担诉讼费等。不同地域的审理法院对于标签的认定情况分两种：存在食品标签瑕疵和不存在食品标签瑕疵（见表6-5所示）。

表6-5 "金龙鱼橄榄原香食用调和油"类案件的标签认定及判决情况

法院对食品标签认定情况	应用案例类型	应用案例数量（例）	案件所属地域	法院判决结果
存在标签瑕疵	民事案例	4	山西省、上海市、江苏省	1. 支持退还货款 2. 不支持10倍赔偿 3. 诉讼费减半
不存在标签瑕疵	民事案例	33	安徽省、北京市、广东省、黑龙江省、湖北省、湖南省、江苏省、辽宁省、四川省、天津市、浙江省	1. 不支持退还货款 2. 不支持10倍赔偿 3. 诉讼费原告（消费者）承担
不存在标签瑕疵	民事案例	1	辽宁省	1. 支持退还货款（原告对商品不满意，被告接受退货） 2. 不支持10倍赔偿 3. 诉讼费减半
不存在标签瑕疵	行政案例	1	广东省	不支持举报人要求撤销行政机关答复并重新作出行政答复的诉讼请求

认定存在标签瑕疵的法院，比如山西省、上海市、江苏省的法院，一般支持退还货款，但均不支持10倍赔偿请求，对于诉讼费一般减半收取，由食品经营者承担。认定不存在标签瑕疵的法院，比如安徽省、辽宁省、江苏省、广东省等地的法院均不支持10倍赔偿，仅有1例是在消费者对商品不满意，而食品经营者也同意退货的前提下，法院支持退还货款。

第一，认定存在标签瑕疵的裁判理由

认定存在标签瑕疵的裁判理由主要有二：一是涉案商品标签上的"橄榄原香型"比"食用调和油"的字体略小，配料表中的"特级初榨橄榄油"亦排列在"葵花籽油"之后，可见调和油中加入量最多的配料为葵花籽油而非橄榄油，尚不足以误导消费者。但众所周知，橄榄油的营养价值和市场价格均远高于葵花籽油，涉案产品以颜色使用、图样、文字说明等方式多次强调"橄榄"二字，表示该产品添加了橄榄油的配料，应标示"橄榄油"的添加量或者成品中的含量。二是食品标签存在不影响食品安全且不会对消费者造成误导的瑕疵的，不适用有关惩罚性赔偿的规定。

第二，认定不存在标签瑕疵的裁判理由

认定不存在标签瑕疵的裁判理由主要有三：一是涉案商品标签上的"橄榄原香型"

与"食用调和油"在字体、字号、颜色上大体一致,整体构成了对涉案食用调和油的口味、香味、风味等的说明,且该表述并无歧义,整体包装装潢没有特别强调添加或含有"橄榄油",也没有特别强调"橄榄油"是一种有价值、有特性的配料或成分。二是涉案商品标签从名称、字体、图案均作出了修改,与指导案例 60 号涉案产品标示有明显区别,并未突出"橄榄"二字。三是食品安全是指食品无毒、无害,符合应当有的营养要求,对人体健康不造成任何急性、亚急性或者慢性危害,是否应在产品标签上标示橄榄油含量的认定不涉及食品本身的安全问题。

②涉案产品均为"恒大兴安芥花籽橄榄油食用调和油"的应用案件

根据调研情况,有 77 例案件的涉案产品均为"恒大兴安芥花籽橄榄油食用调和油",原告或上诉人以购买的涉案产品存在食品标签瑕疵为由,向法院请求食品经营者退还货款、10 倍赔偿以及承担诉讼费等。然而法院对于该食品标签的认定并不统一,主要分为三种情况:一是存在标签瑕疵;二是不存在标签瑕疵;三是是否存在标签瑕疵不应由法院认定。对于标签瑕疵问题的不同认定也导致了判决结果的不同(见表 6-6 所示)。

表 6-6 "恒大兴安芥花籽橄榄油食用调和油"类案件的标签认定及判决情况

法院对食品标签认定情况	应用案例类型	应用案例数量(例)	案例所属地域	法院判决结果
存在标签瑕疵	民事案例	14	北京市、湖南省、山西省、辽宁省、湖北省、四川省、陕西省	1. 支持退还货款 2. 支持 10 倍赔偿 3. 诉讼费由被告承担
	民事案例	11	北京市、湖南省、陕西省、安徽省、浙江省、上海市	1. 支持退还货款 2. 不支持 10 倍赔偿 3. 诉讼费由双方各负担一部分
	民事案例	3	江西省、辽宁省、湖南省	1. 不支持退还货款 2. 不支持 10 倍赔偿 3. 诉讼费由原告承担
不存在标签瑕疵	民事案例	4	浙江省、广东省、北京市	1. 支持退还货款(由于被告愿意接受退货) 2. 不支持 10 倍赔偿 3. 诉讼费减半,被告负担
	民事案例	40	安徽省、北京市、河南省、辽宁省、河北省、山东省、四川省、广东省、湖南省、浙江省	1. 不支持退还货款 2. 不支持 10 倍赔偿 3. 诉讼费由原告(上诉人)承担
	行政案例	4	河南省、广东省、湖南省	不支持举报人要求撤销行政机关答复并重新作出行政答复的诉讼请求

续表

法院对食品标签认定情况	应用案例类型	应用案例数量（例）	案例所属地域	法院判决结果
是否存在标签瑕疵不应由法院认定，应由有关食品监管部门认定	民事案例	1	湖南省	驳回原告退还货款、10倍赔偿及诉讼费承担等诉讼请求

在涉案产品均为"恒大兴安芥花籽橄榄油食用调和油"的77例应用案例中，北京市、湖南省、山西省、辽宁省、湖北省、四川省、陕西省等地的法院，支持了消费者的全部诉讼请求的，共计14例。其中，在北京市"白世桥诉北京永辉超市有限公司顺义后沙峪空港分公司买卖合同纠纷案"① 中，北京市顺义区人民法院支持了原告（消费者）的全部诉讼请求；在湖南省"李塑来诉永州步步高商业连锁有限责任公司冷水滩分公司等产品销售者责任纠纷案"② 中，湖南省永州市冷水滩区人民法院一审判决支持了原告的全部诉求（包括退还货款、10倍赔偿），但该案后经湖南省永州市中级人民法院二审改判，二审法院判决仅支持退还货款，不支持10倍赔偿。③ 改判主要的理由是适用了《中华人民共和国食品安全法（2015年修订）》第148条第2款但书的规定："生产不符合食品安全标准的食品或者经营明知是不符合食品安全标准的食品，消费者除要求赔偿损失外，还可以向生产者或者经营者要求支付价款十倍或者损失三倍的赔偿金；增加赔偿的金额不足一千元的，为一千元。但是，食品的标签、说明书存在不影响食品安全且不会对消费者造成误导的瑕疵的除外。"

同时调研发现，前述湖南省永州市冷水滩区人民法院审理的"李塑来诉永州步步高商业连锁有限责任公司冷水滩分公司等产品销售者责任纠纷案"与该院审理的"李塑来诉永州步步高商业连锁有限责任公司创发城分公司产品销售者责任纠纷案"④ 类似。两个案件的审理日期前后相隔不到2个月时间，但是审理结果完全不同，前者法院支持了原告的全部诉讼请求，后者则驳回了原告的诉讼请求（见表6-7所示）。

---

① 参见北京市顺义区人民法院（2016）京0113民初14000号民事判决书，载北大法宝—司法案例库：http://www.pkulaw.cn/case/，法宝引证码：CLI.C.38306677，访问日期：2018年3月19日。
② 参见湖南省永州市冷水滩区人民法院（2016）湘1103民初2574号民事判决书，载北大法宝—司法案例库：http://www.pkulaw.cn/case/，法宝引证码：CLI.C.41539284，访问日期：2018年3月19日。
③ 参见湖南省永州市中级人民法院（2016）湘11民终2610号民事判决书，载北大法宝—司法案例库：http://www.pkulaw.cn/case/，法宝引证码：CLI.C.8950825，访问日期：2018年3月19日。
④ 参见湖南省永州市冷水滩区人民法院（2016）湘1103民初2576号民事判决书，载北大法宝—司法案例库：http://www.pkulaw.cn/case/，法宝引证码：CLI.C.37631655，访问日期：2018年3月19日。

表 6-7　指导案例 60 号相似应用案例对比表

案件名称	李塑来诉永州步步高商业连锁有限责任公司创发城分公司产品销售者责任纠纷案	李塑来诉永州步步高商业连锁有限责任公司冷水滩分公司等产品销售者责任纠纷案
案件字号	（2016）湘 1103 民初 2576 号	（2016）湘 1103 民初 2574 号
审理日期	2016 年 12 月 12 日	2016 年 10 月 26 日
双方当事人	原告：李塑来 被告：永州步步高商业连锁有限责任公司创发城分公司 永州步步高商业连锁有限责任公司	原告：李塑来 被告：永州步步高商业连锁有限责任公司冷水滩分公司 永州步步高商业连锁有限责任公司
涉案产品	恒大兴安芥花籽橄榄油（食用调和油）5L，单价 118 元	恒大兴安芥花籽橄榄油（食用调和油）5L，单价 118 元
购买数量	16 瓶	40 瓶
原告诉讼请求	1. 退还货款 2. 10 倍赔偿 3. 被告承担诉讼费	1. 退还货款 2. 10 倍赔偿 3. 被告承担诉讼费
被告抗辩理由	1. 对经营的产品尽了合理、谨慎的审查义务。 2. 涉案产品经数家有资质检测机构检测，均符合食品安全标准。 3. 本案与指导案例 60 号不同，未特别强调"橄榄油"。 4. 全国粮油标准化技术委员会油料及油脂分技术委员会认为涉案产品的标签是符合行业实际情况的。	1. 该产品已通过国家专业机构的严格检测，各项指标符合国家标准。 2. 本案与指导案例 60 号不同，未特别强调"橄榄油"，无须标示配料添加量及含量。
法院裁判理由	1. 涉案产品食品标签是否符合《预包装食品标签通则》（GB7718 - 2011）的相关规定，应由有关食品监管部门认定，不应由本院审查认定，现原告没有提供证据证实该食品标签（预包装食品标签）应当标注橄榄油含量，是原告举证不能。 2. 食品标签只是预包装标签的一部分，食品标签的瑕疵只能说明预包装标签存在不规范的情形，可由食品监管部门进行处罚，并不能说明该食品本身存在安全质量问题，原告无证据证实对其自身造成了实质损害，又未提供其他证据证实涉案调和油是不符合安全标准的食品。	该产品标签配料表中注明"采用一级双低芥花籽油和地中海特级初榨橄榄油"，但未标识配料橄榄油含量，不符合食品安全国家标准《预包装食品标签通则》（GB7718 - 2011）4.1.4.1 的规定。
法院判决结果	1. 驳回原告李塑来的诉讼请求。 2. 诉讼费由原告承担。	1. 支持退还货款 2. 支持 10 倍赔偿 3. 诉讼费减半，被告负担

由上述对比可见，这两例案件的当事人、涉案产品、原告诉讼请求均相同，且由同一法院审理，但是判决结果截然相反。经过调研人员进一步分析发现，虽然两案均由同一法院审理，但具体承办的法官不同。可见，司法实践中，法律适用不统一的问题还是比较明显的，因此，需加强案例指导制度在司法实践中的贯彻落实。

（3）多数法院适用但书条款，不支持当事人10倍或3倍赔偿的请求

根据调研结果，在252例应用案例中，支持当事人10倍或3倍赔偿请求的仅有57例；不支持当事人10倍或3倍赔偿请求的有195例，总体占比约为77%。虽然当事人引用指导案例60号来阐述诉求的正当性，但指导案例60号的法律依据是2009年颁布的《中华人民共和国食品安全法》，而2015年修订的《中华人民共和国食品安全法》在相应规定中增加了但书条款。司法实践中，江苏省、辽宁省、广东省、湖南省等地的法官在裁判时适用了该但书的规定，对消费者10倍或3倍赔偿的请求不予支持。

（二）对指导案例5号的应用分析

指导案例5号"鲁潍（福建）盐业进出口有限公司苏州分公司诉江苏省苏州市盐务管理局盐业行政处罚案"，是最高人民法院于2012年4月29日发布的第二批指导性案例之一。在其发布之前，就地方性法规、规章对行政许可、行政处罚的设定权以及人民法院在行政诉讼中如何正确参照适用规章问题，司法实践中存在着不同认识，尤其是在盐业管理领域。而在其发布以后，该生效判决不仅对地方性法规、规章能否设定经营工业盐行政许可并规定相应的罚则作了明确的说明，而且还对如何判断下位法与上位法相抵触、如何理解行政诉讼法参照规章的规定作了较为全面的阐述，从而使其对类似案件的处理起到了一定的指导意义。故在某种程度上讲，指导案例5号的发布统一了实务界对此问题的看法。下面本报告将对实务中指导案例5号的具体应用情况及应用趋势归纳如下：

1. 对指导案例5号应用案情的概况

（1）应用领域以盐业领域为主，还涉及司法行政、物业等领域

指导案例5号共有17例应用案例。这些应用案例主要涉及五个领域，即盐业、司法行政、食品药品安全、物业、交通运输行政行为，其中，盐业领域共涉及11例应用案例，总体占比约为64%；物业和司法行政领域均涉及2例应用案例，总体占比均约为12%；食品药品安全、交通运输领域分别各有1例应用案例，总体占比均约为6%（见图6-31所示）。

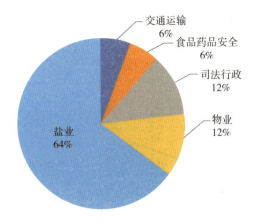

图 6-31 指导案例 5 号的应用领域

（2）涉案行政行为种类多样，但仍以行政处罚为主导

指导案例 5 号的行政机关系某市的盐务管理局，其具体行政行为表现为行政处罚。而在司法实践中，在援引该指导性案例的 17 例应用案例中，行政行为的种类却不仅仅局限于此，还涉及行政复议、行政备案、行政强制措施等（见图 6-32 所示）。

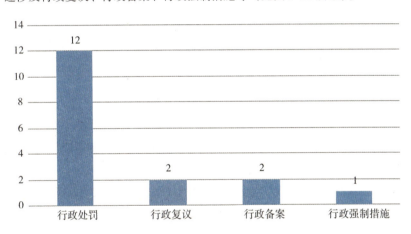

图 6-32 应用案件涉及的具体行政行为

17 例应用案例涉及的具体行政行为有四种：行政处罚、行政复议、行政备案、行政强制措施。其中，涉及行政处罚的案例有 12 例，涉及行政复议的案例有 3 例，涉及行政备案的案例有 2 例，涉及行政强制措施的案例有 1 例。有 1 例应用案例的行政相对人对行政机关对其购买工业盐所作出的行政处罚及其行政复议不服，一并提起行政诉讼。

（3）行政相对人的行为集中表现为工业盐的购买、运输和销售

指导案例 5 号的行政相对人是专门从事盐业进出口的企业，其具体行为表现为对工业

盐的购买和运输。而在司法实务中，17例应用案例的行政相对人的行为却并不局限于此，其行为呈现多样性（见图6-33所示）。

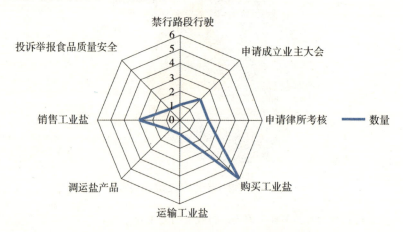

图6-33 应用案件行政相对人行为的分布情况

与指导案例5号相比，应用案例中的行政相对人的具体行为，不仅涉及工业盐的购买和运输行为，还涉及工业盐的销售、盐产品的调运、禁行路段的行驶、业主大会、律所考核的申请及投诉举报食品质量安全等行为。其中，工业盐的购买行为所占比重较高，有6例相关案例，总体占比约为35%；而工业盐的销售和运输、盐产品的调运、禁行路段的行驶、业主大会、律所考核的申请及投诉举报食品质量安全行为，则分别有3例、1例、1例、1例、2例、2例及1例相关案例，所占比重较小。即使是同一领域，行政相对人的具体行为也是不尽相同的，比如，在工业盐领域，行政相对人的具体行为就包括四类，即购买、运输、调运和销售行为，四类行为相关案例总体占比达到59%左右，成为应用案例的主导方向。

2. 对指导案例5号应用内容的剖析

（1）在盐业管理领域，确实存在依据地方政府规章实施行政处罚的现象

指导案例5号系盐业管理领域的行政处罚纠纷案，根据其裁判要点，即"（1）盐业管理的法律、行政法规没有设定工业盐准运证的行政许可，地方性法规或者地方政府规章不能设定工业盐准运证这一新的行政许可。（2）盐业管理的法律、行政法规对盐业公司之外的其他企业经营盐的批发业务没有设定行政处罚，地方政府规章不能对该行为设定行政处罚。（3）地方政府规章违反法律规定设定许可、处罚的，人民法院在行政审判中不予适用"。据此可知，指导案例5号的发布，重在指引地方性法规、规章对行政许可、行政处罚的设定权问题和地方政府规章的具体适用问题。前者限于盐业管理的具体领域，而后者则具有普适性。但是，经调研，在指导案例5号的17例应用案例中，涉及盐业管理领域的共计11例，其中，1例涉及行政强制措施；9例涉及行政处罚行为；1例涉及行政处罚

及行政复议行为。故在司法实践中,真正援引指导案例 5 号的应用案例仍然集中在盐业管理领域,其管理行为主要表现为行政处罚。

根据指导案例 5 号的裁判要点及《中华人民共和国行政处罚法》可知,地方性法规有权设定行政处罚,而地方政府规章无权设定行政处罚,因此,对于行政机关而言,其可以依据地方性法规而不能依据地方政府规章实施行政处罚。但是,在行政管理实践中却并非如此(见图 6-34 所示)。在盐业管理领域,实施行政处罚行为的依据主要包括地方性法规和地方政府规章两大类,其中,依据地方性法规实施行政处罚的应用案例占绝对优势,共计 8 例;而依据地方政府规章实施行政处罚的应用案例比较少,仅有 3 例。不过,尽管如此,这也在一定程度上说明,行政机关对盐业进行管理并作出行政处罚时,确实存在依据地方政府规章的情形,由此可见,指导案例 5 号的发布有其必要性。

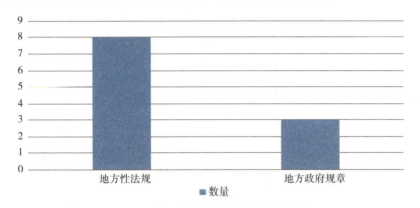

图 6-34 盐业领域行政处罚依据的分布情况

(2) 近一半应用案例直接引述裁判要点

在指导案例 5 号发布之前,"鲁潍(福建)盐业进出口有限公司苏州分公司诉江苏省苏州市盐务管理局盐业行政处罚案",系苏州市金阊区人民法院在一审审理期间向江苏省苏州市中级人民法院请示的案例。后来,该案例又经江苏省苏州市中级人民法院和江苏省高级人民法院,逐级报请至最高人民法院。最高人民法院经研究对此作出了《关于经营工业用盐是否需要办理工业盐准运证等请示的答复》①(以下简称《答复》)。当时,该《答复》的主要内容包括两点,且与最高人民法院公布的指导案例 5 号的裁判要点 1、2 的意思基本吻合。但是,当最高人民法院把该案作为第 5 号指导案例进行公布时,却在第 1、2 项裁判要点的基础上增加了裁判要点 3。经调研分析,在司法实践中,应用案例直接引述

---

① 参见北大法宝—法律法规库:http://www.pkulaw.cn/fbm/,法宝引证码:CLI.3.176471,访问日期:2018 年 3 月 19 日。

裁判要点的比例近 50%，且裁判要点 3 的引述频率并不亚于裁判要点 1 和 2，具体情况如下（见图 6-35 所示）：

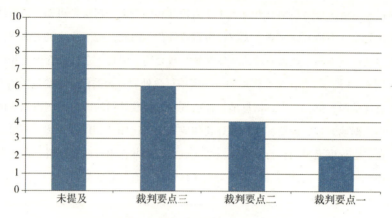

图 6-35　应用案例援引裁判要点的情况

可见，在 17 例应用案例中，直接引述裁判要点的案例共有 8 例；未提及裁判要点的有 9 例。其中，在直接引述裁判要点的 8 例案例中，裁判要点 1、2、3 存在交叉和重合的情况。其中，裁判要点 1 的引述频率最低，仅有 2 例；裁判要点 2 和 3 的引述频率相对高一些，分别有 4 例和 6 例，尤其是裁判要点 3，其作为最高人民法院拓展的内容，似乎更具有可适用性。

3. 指导案例 5 号的应用特点

（1）主要由行政相对人作为证据予以援引

在司法实践中，行政指导性案例既可以作为法官裁判的指引和参考，从而减轻其论证的负担，并增强裁判结果的可接受性与正确性，也可以作为当事人（包括行政机关和行政相对人）支持其诉讼请求的有力依据（见图 6-36 所示）。

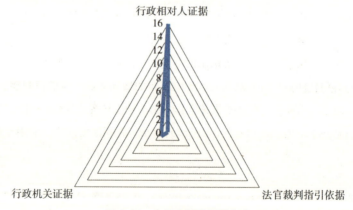

图 6-36　应用案例的援引方式

根据对 17 例应用案例的统计，不难看出，指导案例 5 号的援引主体和援引方式主要表现为，行政相对人以证据的形式予以援引，由行政相对人以证据的形式予以援引的应用案例有 16 例，总体占比约为 94%；由行政机关作为证据援引的应用案例有 1 例，总体占比约为 6%；而由法官作为裁判指引援引的情形不存在。由此可知，目前，在司法实践中，行政相对人比行政机关和法官更重视对指导性案例的援引。

（2）裁判理由和结果存在差别，尚未形成普遍意义上的司法共识

根据上文分析可知，在指导案例 5 号的 17 例应用案例中，有 1 例为行政机关作为证据援引，但法官对此未作回应；有 16 例为行政相对人以依据方式进行的援引。但调研发现，法院对此类援引的回应程度完全不同。

不同法院审理的应用案例，其裁判理由和结果各不相同。目前，在行政领域存在的应用案例主要涉及 5 种类型（见图 6-37 所示）。其中，在第一类、第四类及第五类应用案例中，裁判理由部分往往论述得比较充分，而在第二类和第三类中的论述则比较简单。目前，法官未明确回应的居多，共涉及 8 例应用案件；不予适用的有 7 例，法官作出回应且参照的极少，仅有 1 例。另外，在调研过程中还发现，即使是同一法院审理的同一案件，也存在裁判理由和结果截然相反的情况，如"郑州海王工业盐销售有限公司诉中牟县盐务管理局不服行政处罚案"原审和重审的理由和结果就是如此。①

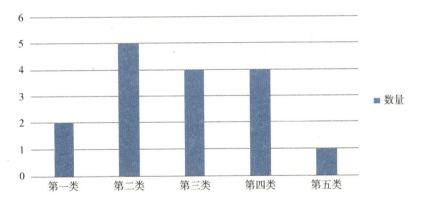

图 6-37 应用案例的裁判理由和结果②

---

① 参见"原告郑州海王工业盐销售有限公司诉被告中牟县盐务管理局不服行政强制案"，河南省中牟县人民法院（2012）牟行初字第 18 号行政判决书，载北大法宝—司法案例库：http://www.pkulaw.cn/case/，法宝引证码：CLI.C.1472917，访问日期：2018 年 3 月 19 日；参见"郑州海王工业盐销售有限公司诉中牟县盐务管理局不服行政处罚案"，河南省中牟县人民法院（2013）牟行初字第 71 号行政判决书，载北大法宝—司法案例库：http://www.pkulaw.cn/case/，法宝引证码：CLI.C.1941719，访问日期：2018 年 3 月 19 日。

② 说明：第一类：认为本案涉及的是地方性法规而非地方政府规章，故不予适用；第二类：认为本案与指导案例 5 号无相关性，故不予适用；第三类：认为本案与指导案例 5 号的案情不同，但法官未明确回应该指导性案例；第四类：依据相关法律作出裁判且裁判精神与指导案例 5 号相符，但法官未明确回应该指导性案例；第五类：法官在裁判理由中明确提到指导案例 5 号，且参照作出裁判。

四、调研综述

经过前述调研分析,本文对行政指导性案例的发布及司法实践的应用情况作如下综述:

(一)行政指导性案例的应用案例数量增长较快,尤其是指导案例 60 号的应用案例

自最高人民法院 2012 年首批发布行政指导性案例以来,截至 2017 年 12 月 31 日,已发布了 17 例行政指导性案例,总体占比约为 18%。从整体发布比例来看,行政指导性案例的发布数量少于民商事、知识产权指导性案例,排名第三。但截至 2017 年 12 月 31 日,已有 14 例行政指导性案例被应用于司法实践,应用率达到 82%,仅次于民商事指导性案例的应用率。而且,行政指导性案例的应用案例有 369 例,总体占比约为 23%,仅次于民商事指导性案例的应用案例数量。2017 年,行政指导性案例的应用案例数量增长较快,尤其是指导案例 60 号,其应用案例从 2016 年的 65 例,增长到 2017 年的 252 例。

(二)跨领域应用明显,涉及民商事、行政、国家赔偿、刑事领域

行政指导性案例被广泛应用到民商事、刑事、国家赔偿等非行政领域的案例中。非行政类应用领域总体占比达到 68%,而行政类应用领域总体占比仅为 32%。跨领域应用的行政指导性案例包括指导案例 21 号、22 号、40 号、41 号、59 号、60 号及 76 号。其中,在指导案例 60 号的 252 例应用案例中,有 240 例为民事案例。非行政类应用领域以民商事案例最多,有 244 例,总体占比约为 66%;其次是国家赔偿(行政赔偿)案例和刑事案例,分别有 5 例和 1 例,总体占比合计约为 2%。非行政类应用案例主要涉及买卖合同纠纷和产品责任纠纷。行政类应用案例有 119 例,案由种类较多,但零星分散,涉及食品药品安全等 24 个行政管理种类和行政复议等 11 类行政行为。其中,属于行政管理范围的以食品药品安全最多,其次为土地、房屋拆迁、盐业等。属于行政行为的则以行政复议、行政处罚和行政确认为主。

(三)法官极少主动应用行政指导性案例,但参照率较高

根据《最高人民法院关于案例指导工作的规定》第 7 条的规定,最高人民法院发布的指导性案例,各级人民法院审判类似案件时应当参照。根据调研情况,司法实践中,以当事人援引行政指导性案例的居多,法官很少主动应用行政指导性案例。在 369 例行政应用案例中,法官主动援引的仅有 22 例,共涉及 7 例行政指导性案例,其中,予以参照的有 16 例,总体占比约为 73%,参照率相对较高。

(四)行政指导性案例的应用案例中存在明显的"同案不同判"

"同案不同判"是指不同的审判组织对同一个"法律问题"作出不一致的判断,导致裁判发生冲突,造成司法不统一。"同案同判"是法律效力具有普遍性和一致性的逻辑要求。[①]

---

① 参见陈杭平:《论"同案不同判"的产生与识别》,载《当代法学》2012 年第 5 期,第 26 页。

公正是司法的首要价值。类似案件类似审判首先要符合形式公正。① 最高人民法院发布指导性案例的目的，同样也在于统一法律适用，提高审判质量，维护司法公正，实现"同案同判"。但是根据调研情况，在指导案例60号的应用案例中，"同案不同判"的情况比较明显，指导性案例在司法实践中的落实情况很不理想，尚有很大的适用空间。法院系统尚有待进一步加强对案例指导制度的落实，积极引导法官学习指导性案例，应用指导性案例，以实现裁判标准的统一化。

---

① 参见张骐：《论中国案例指导制度向司法判例制度转型的必要性与正当性》，载《比较法研究》2017年第5期，第131页。

七、交通肇事分报告

最高人民法院指导案例 24 号 2017 年度司法应用报告*

[摘要] 指导案例 24 号是最高人民法院在 2014 年 1 月 26 日发布的第六批指导性案例之一，涉及机动车交通事故责任纠纷，目前已被广泛应用于司法实践。本文以"北大法宝—司法案例库"中的裁判文书作为数据样本。调研结果显示，截至 2017 年 12 月 31 日，指导案例 24 号是最高人民法院发布的 92 例指导性案例中被应用最多的，应用案例共计 399 例，以交通事故侵权为主，受害人多为行人和电动车驾驶人。在应用案例的裁判结果中，法官对是否援引指导性案例明确作出回应的占一半以上。交通事故责任认定和损伤参与度已经不能影响法官是否参照指导案例 24 号。

[关键词] 指导案例 24 号　交通事故侵权　司法应用　大数据分析

一、指导案例 24 号的基本情况

指导性案例 24 号"荣宝英诉王阳、永诚财产保险股份有限公司江阴支公司机动车交通事故责任纠纷案"，是最高人民法院于 2014 年 1 月 26 日发布的第六批案例之一。该指导案例全文如下：

关键词

民事　交通事故　过错责任

裁判要点

交通事故的受害人没有过错，其体质状况对损害后果的影响不属于可以减轻侵权人责任的法定情形。

相关法条

《中华人民共和国侵权责任法》第二十六条

《中华人民共和国道路交通安全法》第七十六条第一款第（二）项

基本案情

原告荣宝英诉称：被告王阳驾驶轿车与其发生刮擦，致其受伤。该事故经江苏省无锡市公安局交通巡逻警察支队滨湖大队（简称滨湖交警大队）认定：王阳负事故的全部责任，荣宝英无责。原告要求下述两被告赔偿医疗费用 30006 元、住院伙食补助费 414 元、

---

* 本文对指导性案例 24 号的应用案例数据截止时间为 2017 年 12 月 31 日。

营养费 1620 元、残疾赔偿金 27658.05 元、护理费 6000 元、交通费 800 元、精神损害抚慰金 10500 元，并承担本案诉讼费用及鉴定费用。

被告永诚财产保险股份有限公司江阴支公司（简称永诚保险公司）辩称：对于事故经过及责任认定没有异议，其愿意在交强险限额范围内予以赔偿；对于医疗费用 30006 元、住院伙食补助费 414 元没有异议；因鉴定意见结论中载明"损伤参与度评定为 75%，其个人体质的因素占 25%"，故确定残疾赔偿金应当乘以损伤参与度系数 0.75，认可 20743.54 元；对于营养费认可 1350 元，护理费认可 3300 元，交通费认可 400 元，鉴定费用不予承担。

被告王阳辩称：对于事故经过及责任认定没有异议，原告的损失应当由永诚保险公司在交强险限额范围内优先予以赔偿；鉴定费请求法院依法判决，其余各项费用同意保险公司意见；其已向原告赔偿 20000 元。

法院经审理查明：2012 年 2 月 10 日 14 时 45 分许，王阳驾驶号牌为苏 MT1888 的轿车，沿江苏省无锡市滨湖区蠡湖大道由北往南行驶至蠡湖大道大通路口人行横道线时，碰擦行人荣宝英致其受伤。2 月 11 日，滨湖交警大队作出《道路交通事故认定书》。荣宝英申请并经无锡市中西医结合医院司法鉴定所鉴定，结论为：1. 荣宝英左桡骨远端骨折的伤残等级评定为十级；左下肢损伤的伤残等级评定为九级。损伤参与度评定为 75%，其个人体质的因素占 25%。2. 荣宝英的误工期评定为 150 日，护理期评定为 60 日，营养期评定为 90 日。一审法院据此确认残疾赔偿金 27658.05 元扣减 25% 为 20743.54 元。

裁判结果

江苏省无锡市滨湖区人民法院于 2013 年 2 月 8 日作出（2012）锡滨民初字第 1138 号判决：一、被告永诚保险公司于本判决生效后十日内赔偿荣宝英医疗费用、住院伙食补助费、营养费、残疾赔偿金、护理费、交通费、精神损害抚慰金共计 45343.54 元。二、被告王阳于本判决生效后十日内赔偿荣宝英医疗费用、住院伙食补助费、营养费、鉴定费共计 4040 元。三、驳回原告荣宝英的其他诉讼请求。宣判后，荣宝英向江苏省无锡市中级人民法院提出上诉。无锡市中级人民法院经审理于 2013 年 6 月 21 日以原审适用法律错误为由作出（2013）锡民终字第 497 号民事判决：一、撤销无锡市滨湖区人民法院（2012）锡滨民初字第 1138 号民事判决；二、被告永诚保险公司于本判决生效后十日内赔偿荣宝英 52258.05 元。三、被告王阳于本判决生效后十日内赔偿荣宝英 4040 元。四、驳回原告荣宝英的其他诉讼请求。

裁判理由

法院生效裁判认为：《中华人民共和国侵权责任法》第 26 条规定："被侵权人对损害的发生也有过错的，可以减轻侵权人的责任。"《中华人民共和国道路交通安全法》第 76

条第 1 款第（二）项规定，机动车与非机动车驾驶人、行人之间发生交通事故，非机动车驾驶人、行人没有过错的，由机动车一方承担赔偿责任；有证据证明非机动车驾驶人、行人有过错的，根据过错程度适当减轻机动车一方的赔偿责任。因此，交通事故中在计算残疾赔偿金是否应当扣减时应当根据受害人对损失的发生或扩大是否存在过错进行分析。本案中，虽然原告荣宝英的个人体质状况对损害后果的发生具有一定的影响，但这不是侵权责任法等法律规定的过错，荣宝英不应因个人体质状况对交通事故导致的伤残存在一定影响而自负相应责任，原审判决以伤残等级鉴定结论中将荣宝英个人体质状况"损伤参与度评定为 75%"为由，在计算残疾赔偿金时作相应扣减属适用法律错误，应予纠正。

从交通事故受害人发生损伤及造成损害后果的因果关系看，本起交通事故的引发系肇事者王阳驾驶机动车穿越人行横道线时，未尽到安全注意义务碰擦行人荣宝英所致；本起交通事故造成的损害后果系受害人荣宝英被机动车碰撞、跌倒发生骨折所致，事故责任认定荣宝英对本起事故不负责任，其对事故的发生及损害后果的造成均无过错。虽然荣宝英年事已高，但其年老骨质疏松仅是事故造成后果的客观因素，并无法律上的因果关系。因此，受害人荣宝英对于损害的发生或者扩大没有过错，不存在减轻或者免除加害人赔偿责任的法定情形。同时，机动车应当遵守文明行车、礼让行人的一般交通规则和社会公德。本案所涉事故发生在人行横道线上，正常行走的荣宝英对将被机动车碰撞这一事件无法预见，而王阳驾驶机动车在路经人行横道线时未依法减速慢行、避让行人，导致事故发生。因此，依法应当由机动车一方承担事故引发的全部赔偿责任。

根据我国道路交通安全法的相关规定，机动车发生交通事故造成人身伤亡、财产损失的，由保险公司在机动车第三者责任强制保险责任限额范围内予以赔偿。而我国交强险立法并未规定在确定交强险责任时应依据受害人体质状况对损害后果的影响作相应扣减，保险公司的免责事由也仅限于受害人故意造成交通事故的情形，即便是投保机动车无责，保险公司也应在交强险无责限额内予以赔偿。因此，对于受害人符合法律规定的赔偿项目和标准的损失，均属交强险的赔偿范围，参照"损伤参与度"确定损害赔偿责任和交强险责任均没有法律依据。

二、指导案例 24 号的应用趋势

指导案例 24 号发布之前，对于受害人特殊体质侵权案件，不仅理论界见仁见智，实务界也各持己见，尤其对交通事故侵权，实务界的处理结果比较混乱，随意性较大。[①] 而在其发布之后，对于该类侵权案件的责任判断，在一定程度上实现了理论与实务的统一。指导案例 24 号所作的结论"蛋壳脑袋理论"在交通事故责任纠纷案件中的具体适用，既

---

① 参见赵晓海、郭叶：《最高人民法院民商事指导性案例的司法应用研究》，载《法律适用》2017 年第 1 期，第 61 页。

有法理基础,又有一定的普遍性。所谓"蛋壳脑袋理论"是英美侵权法中关于人身损害赔偿责任的一项著名规则。该规则指出,一个对他人犯有过失的人,不应计较受害人的个人特质,尽管受害人的这种个人特质增加了他遭受损害的可能性和程度;对于一个因受害人的头骨破裂而引起的损害赔偿请求,受害人的头骨异常、易于破裂不能成为抗辩的理由,即侵权人不能以此作为减少应承担的损害赔偿金的理由。①

根据"北大法宝—司法案例数据库"的调研结果,截至 2017 年 12 月 31 日,指导案例 24 号是最高人民法院发布的 92 例指导性案例中被应用最多的,应用案例共计 399 例,总体占比为 25%。在司法应用中,法院对指导案例 24 号的应用在诉讼标的、受害人类型、过错认定、损伤参与度、因果关系等方面存在差异,但同时又呈现一定的变化趋势。为了更加深入地探究指导案例 24 号的应用趋势,本报告对其实体性应用进行了多维度剖析,将实务中指导案例 24 号的具体应用情况及趋势归纳如下。

(一)指导案例 24 号的应用概况

1. 诉讼标的包括侵权法律关系和合同法律关系,以交通事故侵权法律关系为主

诉讼标的是诉讼构成的要素之一,是指当事人之间因发生争议,而请求人民法院作出裁判的法律关系。每一个诉讼案件至少有一个诉讼标的,但有的案件有两个或者两个以上的诉讼标的。指导案例 24 号系机动车交通事故责任纠纷案,其诉讼标的为(机动车)侵权法律关系。截至 2017 年 12 月 31 日,在司法实践中,该指导性案例的 399 例应用案例,其诉讼标的情况如下(见图 7-1 所示):

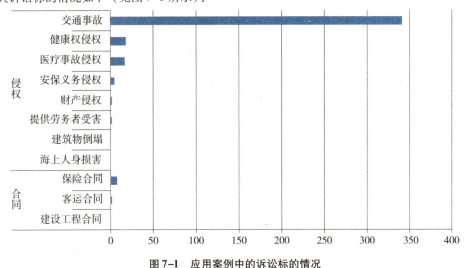

图 7-1 应用案例中的诉讼标的情况

---

① 参见石磊:《〈荣宝英诉王阳、永诚财产保险股份有限公司江阴支公司机动车交通事故责任纠纷案〉的理解与参照——个人体质特殊不属于减轻侵权人责任的情形》,载《人民司法(案例)》2015 年第 12 期,第 11 页。

在指导案例 24 号的应用案例中，诉讼标的主要涉及两种类型，即侵权法律关系和合同法律关系，其中，侵权法律关系有 388 例应用案例，总体占比约为 97%，而合同法律关系仅有 11 例应用案例，且以保险合同法律关系为主。另外，在涉及侵权法律关系的案例中，尽管侵权的具体种类各不相同，但是，仍以交通事故侵权法律关系为主，总体占比约为 85%。

2. 受害人具有多样化特征，以行人和电动车驾驶人居多

由于指导案例 24 号的应用案例多为交通事故侵权案件，所以其受害人的分布也多与交通事故有关。应用案例中的 90% 以上的受害人为交通事故的当事人。其中以行人为主，总体占比约为 29%，其次是电动车驾驶人，总体占比约为 20%，另外，乘客和摩托车驾驶人成为受害人的频率也相对较高，总体占比分别约为 13% 和 10%，其他类型的受害人相对较少（见图 7-2 所示）。

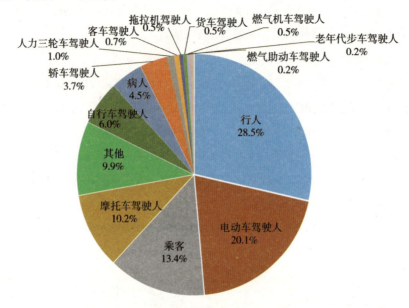

图 7-2　应用案例中受害人的分布情况①

（二）对指导案例 24 号应用案例的案情分析

通过对指导案例 24 号的 399 例应用案例的调研发现，尽管其诉讼标的不限于侵权法律关系，但其纠纷的产生却都是由侵权引起的，故本报告欲从其共性的角度出发，通过与指导案例 24 号的对比，探究其应用的规律和趋势。

1. 交通事故责任认定是否是判断受害人过错的依据尚不确定

指导案例 24 号的裁判要点为"交通事故的受害人没有过错，其体质状况对损害后果的影响不属于可以减轻侵权人责任的法定情形"。该裁判要点明确了指导案例 24 号的适用

---

① 说明：一个案件存在多个不同类型受害人时，分别统计。

前提是受害人没有过错。而所谓的受害人没有过错，是指损害的发生或者扩大不是由于受害人的过错导致的。在判断受害人过错时应当采取客观标准，即采用一个合理、谨慎的人对于自己人身或财产利益所应有的注意程度这一客观标准作为判断标准，来确定其过错及其程度。在交通事故侵权纠纷中，亦应如此，只不过，其判断的主体比较特定，一般由交通部门作出认定。而法官欲判断交通事故侵权纠纷中受害人是否存在过错，是不是可以参照交通部门作出的责任认定结论呢？实务中的做法不一，具体情况如下（见图7-3所示）：

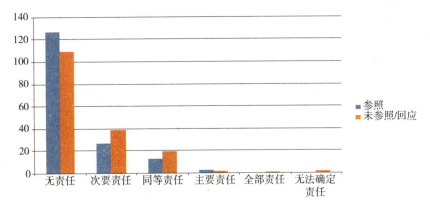

图7-3 交通事故侵权的受害人责任认定及参照情况

在交通事故侵权纠纷中，交通部门的责任认定结论主要有五大类，即无责任、次要责任、同等责任、主要责任和全部责任。根据上述理论分析，单就受害人而言，只有其被认定为无责任时，才说明其主观上无过错，才有参照指导案例24号的可能。而其余四类责任等级，都意味着受害人主观上存在一定的过错，不符合参照指导案例24号的前提。但是，实务中却并非如此，除无责任、全部责任和无法确定责任外，即使受害人被认定为次要责任、同等责任和主要责任，仍然有参照指导案例24号的情况存在。经分析，对于该问题的合理解释，可能存在两种：一种是法官适用指导案例24号不严谨，没有将受害人无过错作为前提；另一种是受害人过错的判断标准与交通事故责任认定无关，法官对此另有自由裁量权。

2. 受害人自身存在疾病和造成伤残后果的比例均超过一半

受害人特殊体质是指受害人自身具有的、与加害行为相互结合易造成或扩大人身伤亡损害后果的、异于常人的生理或心理状况。① 指导案例24号的受害人因其骨质疏松的特殊体质，导致其在交通事故中发生骨折的概率有所增加，那么，其应用案例是否也是属于这种特殊体质呢？具体情况如下：

---

① 参见程啸：《受害人特殊体质与损害赔偿责任的减轻——最高人民法院第24号指导案例评析》，载《法学研究》2018年第1期，第70页。

受害人特殊体质的种类多种多样，大体可分为四大类，即自身存在疾病、自身生理退变、自身先天残疾和其他。在应用案例中，自身存在疾病的，总体占比为58%，自身生理退变的，总体占比为6%，自身先天残疾的，总体占比为1%，其他体质的，总体占比为29%。此处的其他体质，特指应用案例中未明确原因的体质。此外，未提及个人体质的总体占比为6%（见图7-4所示）。

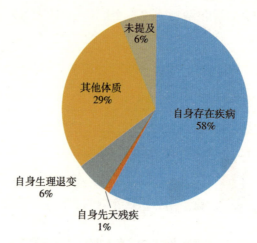

图7-4 应用案例中个人特殊体质情况

由于个人特殊体质是导致损害结果的原因之一，所以各种各样的特殊体质必然会导致损害结果的多样化。损害结果包括死亡、不同等级的伤残以及不构成伤残的情况。根据统计可知，在399例应用案例中，损害结果为伤残的共计229例，总体占比近58%；损害结果为死亡的共计89例，总体占比约为22%；不构成伤残的应用案例最少，只有13例，总体占比约为3%；未提及/未明确伤残情况的有68例，总体占比为17%（见图7-5所示）。

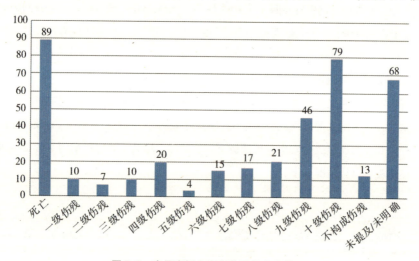

图7-5 应用案例中损害结果的分布情况

3. 损伤参与度在交通事故纠纷案件中失去了地位

损伤参与度这一概念最早由日本学者渡边富雄提出，后来在实践中逐渐被采纳。早在2002年，我国的《医疗事故处理条例》就在第49条第1款第三项规定了医疗事故赔偿应考虑医疗事故损害后果与患者原有疾病状况之间的关系，后来我国法医学界也借鉴了该概念，在伤残鉴定中引入了该概念。① 对于特殊体质问题，由于我国立法一直未有进展，所以在审判实践中，对类似案件只能参照上述规定，将受害人特殊体质作为原因力的一种，以此来确定加害人最终的赔偿份额。因此，在指导案例24号发布之前，我国法院大多奉行"中庸之道"，在被告和有特殊体质的原告之间按一定比例分摊损失。但是，在指导案例24号发布后，情况大不相同，具体如下（见图7-6所示）：

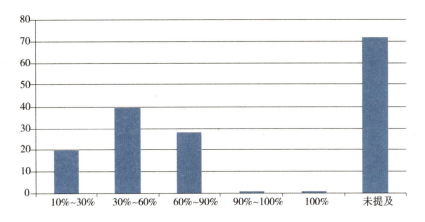

图7-6 参照指导案例24号裁判的应用案例中损伤参与度情况

指导案例24号发布后，其裁判理由"交通事故的受害人没有过错，其体质状况对损害后果的影响不属于可以减轻侵权人责任的法定情形"表明，我国对于特殊体质问题明确引入了"蛋壳脑袋"规则，即侵权人应就扩大损害负责，不能以特殊体质与侵权行为竞合为由减轻责任。

在399例应用案例中，有162例应用案例参照了指导案例24号作出裁判，总体占比约为41%。根据统计结果，在162例参照指导案例24号裁判的应用案例中，即使认定损伤参与度只有10%～30%，最终也会因为受害人特殊体质且无过错而判决加害人承担全部责任。另外，有72例应用案例已不再提及损伤参与度问题，总体占比约为44%。由此可以推知，损伤参与度的概念在交通事故纠纷案件中逐渐失去了原有地位，其在该类案件审理中已无存在的必要性，不申请司法鉴定，照样可以参照指导案例24号作出相同的判决。

---

① 参见万发文：《交通人身损害存在损伤参与度时的残疾赔偿系数》，载《人民法院报》2012年8月16日，第7版。

（三）对指导案例 24 号应用方式的归纳

1. 应用案例的裁判理由在分析因果关系的基础上，有直接引述指导性案例裁判要点的倾向

裁判理由是指法官根据对当事人各方主张和抗辩的取舍，通过对事实的认定和适用相关的法条，进而得出裁判结论的推理过程。其实，从静态上看，裁判理由就是裁判结论成立的依据，是裁判结论据以形成的理论基础或前提。仔细分析指导案例 24 号会发现，其裁判理由主要涉及以下要点：第一，交通事故与损害结果是否有法律上的因果关系；第二，个人体质与损害结果是否有法律上的因果关系；第三，个人体质是否是减轻责任的法定事由；第四，双方过错分析及论述。接下来，本报告将以指导案例 24 号的裁判理由为契机，对 399 例应用案例的裁判理由进行如下调研和分析：

与指导案例 24 号相比，应用案例中的裁判理由仍然侧重于对法律上的因果关系的阐述，特别是对交通事故与损害结果的因果关系的阐述。在 399 例应用案例中，如图 7-7 所示，序号 1—5 存在重合和交叉的情形，其中，裁判理由涉及交通事故与损害结果是否有法律上的因果关系的比重最大，有 237 例，总体占比约为 59%；涉及个人体质是否是减轻责任的法定事由的，有 140 例，总体占比为 35%；涉及个人体质与损害结果是否有法律上的因果关系的，有 114 例，总体占比约为 29%。除此之外，涉及对双方过错程度的阐述和分析的有 89 例，总体占比为 22%。值得一提的是，有 87 例应用案例直接在裁判理由部分引述了指导案例 24 号的裁判要点进行说理，而且其比例已达 22% 左右。由此可知，应用案例的裁判理由在分析因果关系的基础上，呈现出直接引述指导性案例裁判要点的倾向。

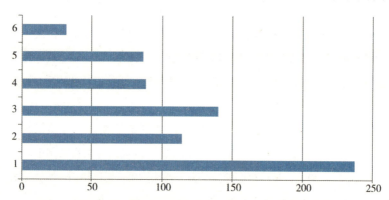

图 7-7　应用案例中裁判理由及要点的分布情况①

---

① 说明：各序号分别代表的意义：1. 交通事故与损害结果是否有法律上的因果关系；2. 个人体质与损害结果是否有法律上的因果关系；3. 个人体质是否是减轻责任的法定事由；4. 双方过错程度分析及说理论述。5. 直接引述指导案例 24 号裁判要点；6. 不包含以上五个要点，仅是证据或法条的堆砌。

2. 应用案例的裁判依据不局限于指导性案例的相关法条

裁判依据是指法官作出具体裁判时所依据的法律及其条文的序号，而指导性案例的相关法条则是指，与裁判要点最密切相关的法律及其条文的序号，是指导性案例编写结构之一，故两者的范畴并不相同。指导案例24号中的相关法条有两个，即《中华人民共和国侵权责任法》第26条和《中华人民共和国道路交通安全法》第76条第1款第（二）项，而其应用案例的裁判依据却并不限于此，具体如下（见图7-8所示）：

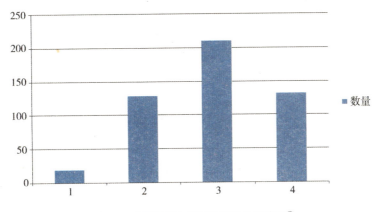

图7-8　应用案例中裁判依据的分布情况①

经调研发现，在399例应用案例中，同时依据指导案例24号两个相关法条作出裁判的案例共有82例，其余的要么只依据其一，要么依据其他法条。但是，裁判依据为《中华人民共和国道路交通安全法》第76条第1款第（二）项的应用案例数量最多，共计210例，总体占比约为53%；裁判依据为《中华人民共和国侵权责任法》第26条的应用案例，共计129例，总体占比约为32%，当然，两者存在一定的重合和交叉。另外，有些应用案例的裁判依据还涉及了《最高人民法院关于案例指导工作的规定》第7条，该种应用案例共计20例，也占有一定的比例。由此可知，应用案例的裁判依据与指导案例24号的相关法条有交叉，但又不完全重合。

3. 在应用案例的裁判结果中法官明确作出回应的占一半以上

《最高人民法院关于案例指导工作的规定》第7条规定："最高人民法院发布的指导性案例，各级人民法院在审判类似案件时应当参照。"经调研发现，在指导案例24号的应用案例中，法官对是否援引指导性案例明确作出回应的，总体占比为53%（含参照的40%及未参照的13%）。具体情况如下（见图7-9所示）：

---

① 说明：各序号分别代表的意义：1.《最高人民法院关于案例指导工作的规定》第7条；2.《中华人民共和国侵权责任法》第26条；3.《中华人民共和国道路交通安全法》第76条第1款第（二）项；4. 其他。

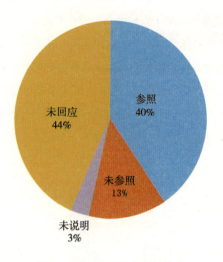

图 7–9　应用案例的参照情况①

在 399 例应用案例中，有 162 例参照指导案例 24 号作出了裁判，总体占比为 40%；未参照指导案例 24 号进行裁判的应用案例有 51 例，总体占比为 13%；有 12 例应用案例的一审法官在审理时援引了指导案例 24 号，但终审法官对此并未回应和说明；而其余的 174 例应用案例，属于非法官援引的情况，所占比重最大，对此，法官在裁判时基于各种考虑，没有作出回应。

三、调研综述

指导案例 24 号确立了"交通事故的受害人没有过错，其体质状况对损害后果的影响不属于可以减轻侵权人责任的法定情形"的规则，具有一定的示范意义，为统一解决受害人特殊体质侵权案件提供了法律适用的标准和执法尺度，使之前因此类案件标准不统一而导致裁判结果大相径庭的情况得以改变。②通过本次对指导案例 24 号应用情况的调研分析，本报告得出如下结论：

（一）应用案例总量大且增速较快，法官明确回应的应用案例占一半以上

指导案例 24 号是最高人民法院于 2014 年 1 月 26 日发布的，已发布 4 年有余。2014 年，指导案例 24 号的应用案例有 64 例，2015 年增加了 87 例，2016 年增加了 112 例，2017 年增加了 136 例。截至 2017 年 12 月 31 日，指导案例 24 号的应用案例共计 399 例，是 92 例指导性案例中被应用次数最多的，总体占比为 25%。可见，指导案例 24 号的应用

---

①　说明：未说明是指，一审法官在审理该案件时援引了指导案例 24 号，但二审法官在终审判决中并未对此进行回应和说明。未回应是指，当事人援引了指导案例 24 号，但法官在判决中并未对此进行回应和说明。

②　参见张骐：《论中国案例指导制度向司法判例制度转型的必要性与正当性》，载《比较法研究》2017 年第 5 期，第 133 页。

案例总量大且增速较快。

在 399 例应用案例中，法官明确作出回应的占 53%。其中法官参照指导案例 24 号进行裁判的有 162 例，总体占比约为 40%；未参照指导案例 24 号进行裁判的有 51 例，总体占比为 13%。另外，当事人援引而法官未在判决中作出回应或说明的应用案例数量增速较快，略多于参照指导案例 24 号的应用案例，总体占比约为 44%。

（二）应用案例以交通事故侵权为主，受害人多为行人和电动车驾驶人

在 399 例应用案例中，诉讼标的包括侵权法律关系和合同法律关系，其中，涉及侵权法律关系的案例有 388 例，总体占比约为 97%，而涉及合同法律关系的案例仅有 11 例，总体占比约为 3%。另外，在侵权法律关系的案例中，涉及交通事故侵权法律关系的案例有 340 例，总体占比约为 85%，其中，受害人以行人为主，总体占比约为 29%，其次是电动车驾驶人、乘客和摩托车驾驶人，总体占比分别约为 20%、13% 及 10%，其他类型的受害人相对较少。

（三）交通事故责任认定和损伤参与度不能决定是否参照指导案例 24 号

无论援引的结果是遵从或是背离指导性案例，不同案例多将待决案件的事件要素与指导性案例的事件要素进行对比。① 交通部门作出的责任认定书认定受害人为次要责任、同等责任、主要责任和全部责任的，意味着受害人主观上存在一定的过错。按照指导案例 24 号中的裁判要点的内容，这些情形不符合参照指导案例 24 号的前提。但是，在实务中，除受害人无责任、全部责任和无法确定责任以外，即使受害人被认定为次要责任、同等责任和主要责任，仍然存在参照指导案例 24 号的情况。

在 162 例参照指导案例 24 号裁判的应用案例中，有 72 例应用案例已不再提及损伤参与度问题，总体占比约为 44%。即使损伤参与度仅为 10%～30%，加害人也应当承担全部责任。由此可知，损伤参与度的认定在交通事故纠纷案件中逐渐失去存在的必要性，不申请司法鉴定同样可以参照指导案例 24 号。

（四）在裁判理由中直接引述指导性案例裁判要点、在裁判依据中援引指导性案例相关法条的倾向明显

在 399 例应用案例的裁判理由中，首先更加侧重对法律上的因果关系的阐述，特别是对交通事故与损害结果的因果关系的阐述，共有 237 例相关案例，总体占比约为 59%；其次是侧重于对个人体质是否是减轻责任的法定事由、个人体质与损害结果是否有法律上的因果关系、双方过错程度的阐述和分析。需要特别注意的是，截至 2017 年 12 月 31 日，已有 87 例应用案例直接在裁判理由部分引述了指导案例 24 号的裁判要点进行说理，总体占

---

① 参见雷槟硕：《如何"参照"：指导性案例的适用逻辑》，载《交大法学》2018 年第 1 期，第 69 页。

比约为22%。由此可知，应用案例的裁判理由在分析因果关系的基础上，直接引述指导性案例裁判要点的倾向更加明显。

指导案例24号的相关法条为《中华人民共和国侵权责任法》第26条和《中华人民共和国道路交通安全法》第76条第1款第（二）项。在399例应用案例中，裁判依据为《中华人民共和国道路交通安全法》第76条第1款第（二）项的案例数量最多，共计210例，总体占比约为53%；裁判依据为《中华人民共和国侵权责任法》第26条的应用案例，共计129例，总体占比约为32%；同时引用上述两个法条的应用案例有82例，总体占比约为21%。由此可知，在应用案例的裁判依据中，援引指导性案例相关法条的倾向也更加明显。

八、执行分报告

最高人民法院执行指导性案例2017年度司法应用报告*

[摘要] 截至 2017 年 12 月 31 日，最高人民法院已发布执行指导性案例 5 例。本文以"北大法宝——司法案例库"中的裁判文书作为数据样本发现，有 2 例执行指导性案例已被应用于 36 例案件，应用情况较好；应用案由不局限于执行案由，还涉及民事类案由；应用主体以法官为主，且法官主动援引的参照率颇高。

[关键词] 执行指导性案例　司法应用　应用案由　应用主体　参照率

截至 2017 年 12 月 31 日，最高人民法院共发布了 17 批 92 例指导性案例，其中，执行指导性案例 5 例，在各类指导性案例中排名第五，仅高于国家赔偿指导性案例。已被应用于司法实践的执行指导性案例共有 2 例，尚未被应用的有 3 例，应用情况相对较好。援引指导性案例的案例，即应用案例，共有 36 例，与刑事指导性案例的应用案例数量相同。在执行指导性案例中，应用频率最高的是指导案例 34 号，共应用 27 次。应用案例主要集中在山东省、江苏省、吉林省等地域的法院，审理法院主要是中级人民法院，审理程序以执行程序为主。

一、执行指导性案例的发布情况

（一）执行指导性案例的发布规律

1. 执行指导性案例的发布年份在 2011 年和 2014 年

最高人民法院发布的执行指导性案例，分布在 2011 年和 2014 年。从发布的月份来看，集中在 12 月份。其中 2011 年有 1 例，2014 年有 4 例。

2. 执行指导性案例的审结日期集中在 2010—2012 年

在最高人民法院发布的 5 例执行指导性案例中，审结最早的案例可以追溯到 2010 年 4 月，最新案例的审结日期是 2012 年 12 月，审结时间集中在 2010 年至 2012 年。其中，2010 年审结的有 2 例，分别为指导案例 2 号和 36 号；2011 年审结的有 1 例，即指导案例 37 号；2012 年审结的有 2 例，分别为指导案例 34 号和 35 号。

---

* 本文对执行指导性案例发布情况的研究范围为最高人民法院发布的第一至十七批指导性案例，发布案例数据和应用案例数据截止时间均为 2017 年 12 月 31 日。

3. 执行指导性案例的审结日期与发布日期的间隔多在 4 年以内

执行指导性案例的审结日期与发布日期间隔在 4 年以内的有 4 例,总体占比为 80%。间隔在 4 年以上的有 1 例,即指导案例 36 号,其审结日期为 2010 年 4 月,发布日期为 2014 年 12 月。间隔最短的是指导案例 2 号,发布日期和审结时间的间隔在 17 个月左右(见图 8-1 所示)。

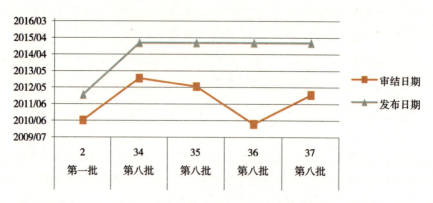

图 8-1　执行指导性案例的整体发布情况

(二)执行指导性案例的发布特点

1. 裁判要点以程序指引为主,实体指引为辅

执行指导性案例中的裁判要点为实体指引的共有 1 例,总体占比为 20%;裁判要点为民事诉讼程序指引的有 4 例,总体占比为 80%(见图 8-2 所示)。

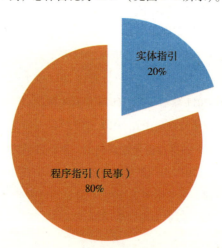

图 8-2　执行指导性案例裁判要点指引

2. 关键词"民事诉讼"的出现次数最多,执行类词汇零星分散(见表8-1所示)。

表8-1 执行指导性案例关键词统计表

关键词出现次数(次)	关键词数量(个)	具体关键词
5	1	民事诉讼
4	1	执行复议
1	15	不履行和解协议;撤回上诉;到期债权;恶意串通;和解;拍卖无效;权利承受人;涉外仲裁裁决;申请执行;申请执行期间起算;申请执行一审判决;委托拍卖;协助履行;执行;执行管辖

最高人民法院发布的指导性案例,每篇有3—7个关键词不等。经统计,在已发布的5例执行指导性案例中,共有17个关键词,其中,"民事诉讼"累计出现5次,因为5例执行指导性案例均为民商事案件的执行纠纷;"执行复议"出现4次;"不履行和解协议"等15个关键词仅出现1次。

3. 案例来源于最高人民法院及川、沪等地

执行指导性案例主要来源于最高人民法院及四川省和上海市的法院。其中,来源于最高人民法院的执行指导性案例最多,有3例;来自四川省和上海市的分别有1例(见图8-3所示)。

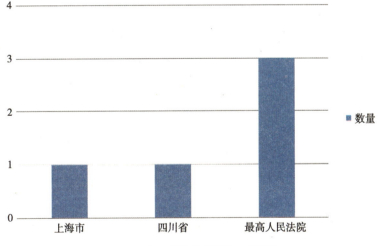

图8-3 执行指导性案例的来源地域

4. 审理法院以最高人民法院居多

在已发布的执行指导性案例中,审理法院为最高人民法院的有3例,审理法院为高级

人民法院和中级人民法院的各有 1 例（见图 8-4 所示）。

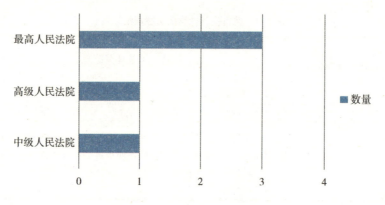

图 8-4　执行指导性案例的审理法院

5. 文书类型以裁定书为主，有 4 例

在最高人民法院已发布的 5 例执行指导性案例中，文书类型为裁定书的有 4 例，总体占比为 80%；为其他文书类型（执督复函）的有 1 例，总体占比为 20%（见图 8-5 所示）。

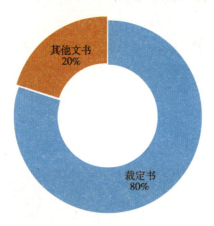

图 8-5　执行指导性案例的文书类型

二、执行指导性案例的司法应用

指导性案例根据被援引的情况可以分为确定性援引和不确定性援引。[①] 为了确保研究结果的准确性，本文仅对确定性援引进行分析。

在最高人民法院发布的 5 例执行指导性案例中，为了对确定性援引作更为深入的剖析，本文对确定性援引作了进一步的类型化区分，按照法官在裁判案件时是否明确援引了

[①] 确定性援引，是指根据裁判文书内容（包括评析）的表述，能够直接确定其援引了几号指导性案例；不确定性援引，是指根据裁判文书内容（包括评析）的表述，不能确定其是否是援引了指导性案例。

指导性案例进行说理,将确定性援引分为明示援引和隐性援引。① 在 36 例应用案例中,明示援引②的共有 25 例,隐性援引③的共有 11 例。

(一)执行指导性案例的整体应用情况

1. 从整体来看,已有 2 例执行指导性案例被应用,应用率为 40%。

截至 2017 年 12 月 31 日,最高人民法院发布的 5 例执行指导性案例中,已被应用的执行指导性案例有 2 例,应用率为 40%;未被应用的执行指导性案例有 3 例,总体占比为 60%(见表 8-2 所示)。

表 8-2　执行指导性案例的整体应用情况

应用情况	应用数量	指导案例编号
已被应用	2	2 号,34 号
未被应用	3	35 号,36 号,37 号

2. 在个案应用上,指导案例 34 号的应用最多,总体占比为 75%

截至 2017 年 12 月 31 日,执行指导性案例的应用案例有 36 例。其中,指导案例 34 号被应用 27 次,总体占比为 75%;指导案例 2 号被应用 9 次,总体占比为 25%(见图 8-6 所示)。

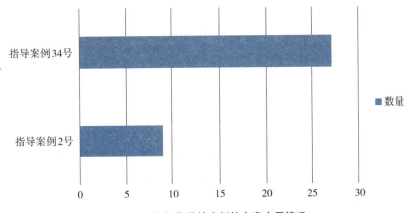

图 8-6　执行指导性案例的个案应用情况

3. 在援引方式上,法官明示援引的最多,总体占比为 69%

从援引方式来看,涉及对执行指导性案例的明示援引和隐性援引。其中,涉及明示援

---

① 参见张骐:《再论类似案件的判断与指导性案例的使用》,载《法制与社会发展》2015 年第 5 期,第 138 页。
② 明示援引,是指法官作出裁判时明确援引了指导性案例进行说理。主要包括法官主动援引和被动援引两种情形,前者是指法官主动援引指导性案例进行说理;后者是指法官被动援引指导性案例进行说理,即检察人员建议或诉讼参与人请求参照指导性案例时,法官在裁判理由中对此作出了回应。
③ 隐性援引,是指在审判过程中,检察人员建议或诉讼参与人请求法官参照指导性案例进行裁判,法官对此在裁判理由部分未明确作出回应,但是其裁判结果与指导性案例的精神是一致的情况。

引的共有 25 例应用案例，总体占比为 69%，包括法官主动援引的 23 例和法官被动援引的 2 例；涉及隐性援引的共有 11 例应用案例，总体占比为 31%（见图 8-7 所示）。

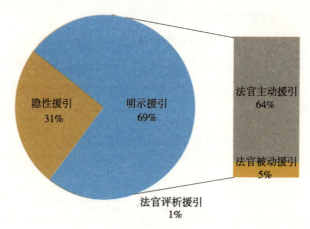

图 8-7　执行指导性案例援引方式

4. 应用案由不局限于执行，涉及 6 种民商事类案由

执行指导性案例被应用于执行等 7 种案由。其中，执行类案由最多，应用案例有 28 例，总体占比约为 78%；其次是债权转让合同纠纷类案由，应用案例有 3 例；机动车交通事故责任纠纷、商品房销售合同纠纷、确认合同有效纠纷、买卖合同纠纷等 5 种案由，应用案例各有 1 例，总体占比分别约有 3%（见图 8-8 所示）。

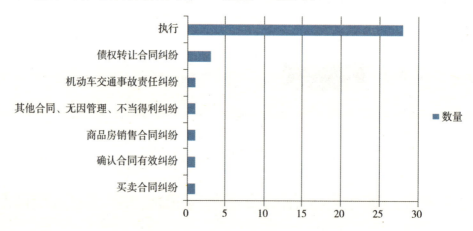

图 8-8　执行指导性案例的应用案由

（二）应用案例与指导性案例的对比分析

1. 应用案由

已被应用的 2 例（指导案例 34 号和 2 号）执行指导性案例，既被应用于同类案由，

又被应用于不同案由案件中。在指导案例 34 号的 27 例应用案例中，应用案由相同的比重最大，有 24 例，总体占比约为 89%。这是因为指导案例 34 号涉及的债权转让合同，尽管属于金融资产管理公司转让不良债权性质，但其关于如何处理申请主体变更的结论，却不仅适用于金融不良债权案件，而且普遍适用于普通执行案件。① 执行指导性案例被应用于不同案由的有 3 例应用案例，均为债权转让合同纠纷。指导案例 34 号的裁判要点为"生效法律文书确定的权利人在进入执行程序前合法转让债权的，债权受让人即权利承受人可以作为申请执行人直接申请执行，无需执行法院作出变更申请执行人的裁定"，3 例债权转让合同纠纷的应用案例虽与指导案例 34 号的案由不同，但均涉及转让已生效法律文书中的权利承受，因此法官在裁判时参照指导案例 34 号的裁判要点作出了相应裁决。

在指导案例 2 号的 9 例应用案件中，应用案由相同的有 4 例，总体占比为 44%；应用案由不同的有 5 例，分别为买卖合同纠纷、确认合同有效纠纷、商品房销售合同纠纷、机动车交通事故责任纠纷及其他合同、无因管理、不当得利纠纷。指导案例 2 号的裁判要点为"民事案件二审期间，双方当事人达成和解协议，人民法院准许撤回上诉的，该和解协议未经人民法院依法制作调解书，属于诉讼外达成的协议。一方当事人不履行和解协议，另一方当事人申请执行一审判决的，人民法院应予支持"，例如，在确认合同有效纠纷、机动车交通事故责任纠纷的应用案例中，虽然与指导案例 2 号的案情不同，但是均涉及诉讼外和解协议未完全履行的情形，法官在裁判时参照指导案例 2 号的裁判要点作出了相应的裁判（见表 8-3 所示）。

表 8-3 执行指导性案例应用案由情况

执行指导性案例	执行指导性案例案由	应用案例案由	应用数量（例）
指导案例 34 号：李晓玲、李鹏裕申请执行厦门海洋实业（集团）股份有限公司、厦门海洋实业总公司执行复议案	执行	执行	24
		债权转让合同纠纷	3
指导案例 2 号：吴梅诉四川省眉山西城纸业有限公司买卖合同纠纷案	执行	执行	4
		买卖合同纠纷	1
		确认合同有效纠纷	1
		商品房销售合同纠纷	1
		机动车交通事故责任纠纷	1
		其他合同、无因管理、不当得利纠纷	1

---

① 参见最高人民法院执行局、案例指导工作办公室：《〈李晓玲、李鹏裕申请执行厦门海洋实业股份有限公司、厦门海洋实业总公司执行复议案〉的理解与参照——权利承受人可作为申请执行人直接申请执行》，载《人民司法（案例）》2015 年第 18 期，第 14 页。

2. 执行指导性案例的应用地域

（1）上海市作为执行指导性案例的来源地域，尚未发现应用案例

尽管执行指导性案例的来源地域目前仅有最高人民法院、四川省和上海市，但是案例的应用地域未受来源地域的限制。安徽省、新疆维吾尔自治区、广西壮族自治区、福建省、河北省、江西省、内蒙古自治区、江苏省、吉林省、山东省 10 个省级行政区域，虽然未涉及执行指导性案例的发布，但均在审判实践中应用了执行指导性案例，而作为执行指导性案例来源地域的上海市，截至 2017 年 12 月 31 日，却尚未有执行指导性案例的应用案例。

（2）应用案例主要集中在山东省，共计 17 例

已发布的执行指导性案例共涉及最高人民法院、四川省和上海市，而执行指导性案例的应用案例共涉及最高人民法院及山东省等 11 个省级行政区域，且两者不完全重合。其中，应用率最高的是山东省，共计有 17 例应用案例；其次是江苏省和吉林省，各有 3 例应用案例；其余省级行政区域应用率较低，基本为 1—2 例应用案例（见图 8-9 所示）。

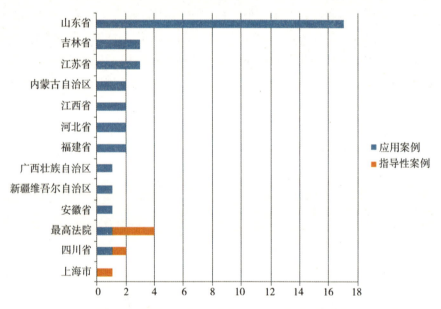

图 8-9　执行指导性案例及其应用案例的地域分布情况

3. 法院对执行指导性案例的应用

（1）应用案例的审理法院均为普通法院，尚未发现专门法院

在审判实践中，执行指导性案例的应用法院均为普通法院，应用案例共计 36 例。尚未发现专门法院应用执行指导性案例。

（2）中级人民法院应用执行指导性案例的频率较高，应用率为64%

中级人民法院应用执行指导性案例的频率较高，应用率为64%；基层人民法院的应用率为25%；高级人民法院的应用率为8%；最高人民法院的应用率为3%。

（3）最高人民法院的应用案例较少，仅有1例

在最高人民法院发布的5例执行指导性案例中，有3例来源于最高人民法院，总体占比为60%，但在司法实践中，最高人民法院对执行指导性案件的应用却仅有1例案例，总体占比为3%。应用较少的原因是，在司法实践中，由最高人民法院审理的案件普遍具有一定的特殊性和复杂性，从而一定程度上减少了最高人民法院对执行指导性案例的应用（见图8-10所示）。

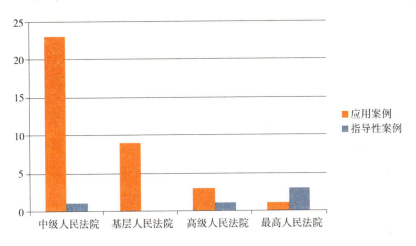

图8-10　执行指导性案例及其应用案例的审理情况

4. 执行指导性案例应用案例的审理程序

（1）应用案例涉及执行、一审、二审及再审程序

执行指导性案例所涉及的审理程序均为执行程序。而执行指导性案例的应用案例所涉及的程序比发布案例更丰富些，包括执行、一审、二审及再审四类程序。

（2）应用案例的审理程序以执行程序为主，总体占比为78%

执行指导性案例的应用案例，其审理程序以执行程序为主，相关案例共计28例，总体占比约为78%。此外，仅涉及一审程序的有4例，总体占比为11%；涉及二审程序的有3例，总体占比约为8%；涉及再审程序的仅有1例，总体占比约为3%（见图8-11所示）。

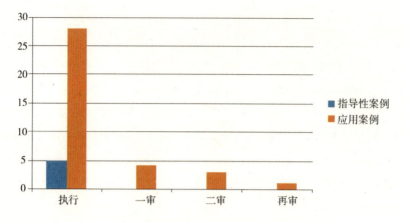

图 8-11　执行指导性案例及其应用案例的审理程序

(三) 执行指导性案例的应用情况分析

1. 执行指导性案例的首次应用日期与发布日期间隔最短的仅 16 天

指导案例 2 号的发布日期为 2011 年 12 月 20 日,首次应用日期为 2012 年 1 月 5 日,前后间隔仅 16 天。指导案例 34 号的发布日期为 2014 年 12 月 18 日,首次应用日期为 2015 年 7 月 6 日,前后间隔 200 天 (见图 8-12 所示)。

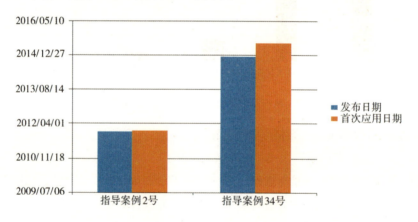

图 8-12　执行指导性案例的发布日期与首次应用日期

2. 执行指导性案例的应用主体

(1) 执行指导性案例的应用主体以法官居多,总体占比约为 64%

在审判实践中,执行指导性案例的应用主体包括法官、申请复议人、申请执行人、上诉人、再审申请人和异议人。其中,法官的应用比例最高,总体占比约为 64%;其次依次为申请复议人,总体占比约为 17%;上诉人,总体占比约为 8%;申请执行人,总体占比约为 5%;异议人和再审申请人,总体占比分别约为 3% (见图 8-13 所示)。

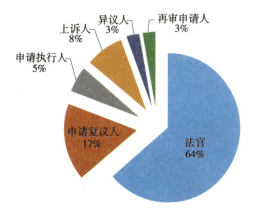

图8-13 执行指导性案例的应用主体

(2) 法官主动援引指导案例34号的次数最多，总体占比约为91%

在实践中，法官主动援引执行指导性案例的，裁判时基本上都参照指导性案例作出了相同判决。在法官主动援引的23例应用案例中，指导案例34号被援引的次数最多，共有21次，总体占比约为91%；指导案例2号仅被援引2次（见图8-14所示）。

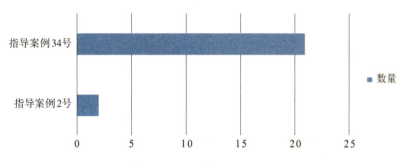

图8-14 执行指导性案例法官主动援引应用案例数量

(3) 当事人引用执行指导性案例的相对较少，仅有13例

当事人既包括审理程序、也包括执行程序中的当事人，在起诉、上诉、答辩和举证质证等环节，均可援引指导性案例来证明自己的主张。在当事人引用执行指导性案例的13例应用案例中，指导案例2号被引用了7次，指导案例34号被引用了6次。

3. 执行指导性案例的应用内容以裁判要点为主，约占70%

根据2011年12月30日发布的《最高人民法院研究室关于印发〈关于编写报送指导性案例体例的意见〉、〈指导性案例样式〉的通知》①的规定，每篇指导性案例均由七个部

---

① 参见北大法宝—法律法规库：http://www.pkulaw.cn/fbm/，法宝引证码：CLI.3.175399，最后访问日期：2018年3月18日。

分组成,即标题、关键词、裁判要点、相关法条、基本案情、裁判结果及裁判理由。在审判实践中,无论法官还是当事人,在引用执行指导性案例时,其引用的内容不仅包括裁判要点、基本案情,还包括裁判理由。其中引用裁判要点的,总体占比约为69%;引用基本案情的,总体占比约为28%;引用裁判理由的,总体占比约为3%(见图8-15所示)。

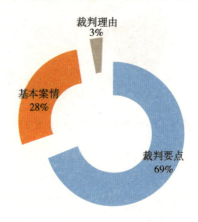

图8-15 执行指导性案例应用内容参照情况

4. 执行指导性案例的应用表述

根据2015年5月13日发布的《〈最高人民法院关于案例指导工作的规定〉实施细则》① 第11条第1款的规定,在办理案件过程中,案件承办人员应当查询相关指导性案例。在裁判文书中引述相关指导性案例的,应在裁判理由部分引述指导性案例的编号和裁判要点。

援引指导性案例时的应用表述主要包括发布主体、发布日期、发布批次、指导性案例编号、指导性案例字号、指导性案例标题、裁判要点七个要素。

(1)发布主体、指导性案例编号和发布日期是援引频率较高的三个要素

在执行指导性案例的应用案例中,发布主体被援引的频率最高,为36次,总体占比达到了100%。其主要表述形式有:参照/依据/根据最高人民法院发布的指导性案例、与最高院发布的指导性案例、请求/建议/应当参照最高院发布的指导性案例等。其次是指导性案例编号,仅次于发布主体,被援引频率为28次,总体占比达到了78%,其主要表述方式有:指导案例×号、第×号指导性案例、指导性案例第×号等。再次是发布日期,其被援引频率为16次。除此以外,援引频率较高的还有指导性案例标题(见图8-16所示)。

---

① 参见北大法宝—法律法规库,http://www.pkulaw.cn/fbm/,法宝引证号:CLI.3.249447,最后访问日期:2018年3月18日。

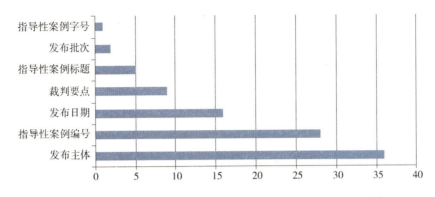

图 8-16 执行指导性案例应用表述要素的使用情况

（2）应用表述模式并不固定，表述要素中以"主体+日期+编号"为主导模式

根据援引执行指导性案例时应用表述所涉及的七个要素的引述情况，可将其分为单要素表述、双要素表述、三要素表述和四要素表述四大类。通过对 36 例执行指导性案例应用案例的统计和分析，得出具体情况如下（见表 8-4 所示）：

表 8-4 执行指导性案例的应用表述分类及组合模式

序号	应用表述分类	组合模式	应用案例数量（例）
1	单要素表述	主体	3
2	双要素表述	主体+编号	5
		主体+要点	1
		主体+批次	1
		主体+标题	1
3	三要素表述	主体+日期+编号	13
		主体+编号+标题	2
		主体+批次+字号	1
		主体+编号+要点	5
		主体+日期+标题	1
5	四要素表述	主体+编号+标题+要点	1
		主体+日期+编号+要点	2

根据表中的统计结果可以看出，四种不同的表述类别所涉及的要素种类和组合模式各不相同，即使是相同的应用表述类别，具体的要素种类和组合模式也存在差异。其中，以三要素表述的应用案例最多，有 22 例；以双要素表述的，有 8 例；单要素、四要素表述的，分别有 3 例。

三要素表述中包含5种表述模式,其中,以"主体+日期+编号"为模式的有13例应用案例,占三要素表述模式的59%,处于主导模式;双要素表述中,以"主体+编号"为模式的有5例应用案例,占双要素模式的63%。单要素表述中,以"主体"为单一的表述模式,同时一般表述构成为"主体+指导性案例"字样。四要素的表述模式有2种,分别为"主体+编号+标题+要点""主体+日期+编号+要点"。

(3)法官同时引述指导性案例编号和裁判要点的应用案例有4例

在36例执行指导性案例的应用案例中,明示援引共有25例,其中包含法官主动援引的23例,法官被动援引的2例。在25例明示援引应用案例中,法官在援引指导性案例时在裁判理由部分同时引述指导性案例编号和裁判要点的仅有4例,总体占比约为11%,引述其他要素的涉及21例,总体占比约为58%(见图8-17所示)。

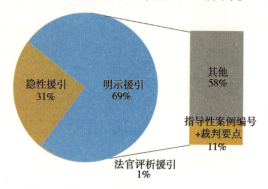

图8-17　执行指导性案例应用案例的援引方式

5. 在执行指导性案例的应用结果中,法官主动援引的参照率达到96%

在36例应用案例中,法官明示援引的有25例。其中,法官主动援引的有23例,且只有1例未予以参照,参照率为96%;法官被动援引的有2例,都未予以参照,参照率为零。法官被动援引指导性案例且未参照,主要是因为基本案情不同,法官对此给出了明确回应(见图8-18所示)。

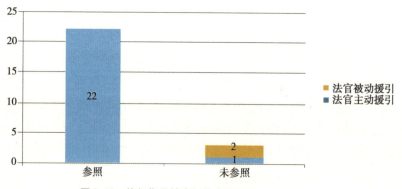

图8-18　执行指导性案例的应用结果(明示援引)

三、调研综述

截至 2017 年 12 月 31 日，最高人民法院已发布执行指导性案例 5 例，其中已有 2 例被应用于司法实践，应用案例共计 36 例。本文通过对执行指导性案例的研究得出如下结论：

（一）执行指导性案例的发布数量少，但应用情况较好

从 2011 年发布第一批指导性案例以来，最高人民法院已发布 17 批 92 例指导性案例，其中执行指导性案例有 5 例。从整体发布比例来看，执行指导性案例的发布数量远低于民商事指导性案例、知识产权指导性案例、行政指导性案例及刑事指导性案例，仅比国家赔偿指导性案例多 1 例，位于倒数第二，整体发布数量非常有限。但 5 例执行指导性案例已有 2 例（即指导案例 2 号和 34 号）被应用，应用率为 40%，且应用案例有 36 例，与刑事指导性案例的应用案例数持平，执行指导性案例的应用情况相对较好。

（二）应用案由延伸到债权转让合同纠纷等民事类案由

最高人民法院发布的 5 例执行指导性案例的应用案例所涉案由，除执行类外，还涉及民事类的 6 种案由，包括债权转让合同纠纷、机动车交通事故责任纠纷、商品房销售合同纠纷、确认合同有效纠纷、买卖合同纠纷及无因管理、不当得利纠纷，这主要是因为执行指导性案例是关于民商事案件的执行纠纷，虽然两者案由不同，但涉及的法律问题相似。因此，法官或当事人在诉讼过程中引用了执行指导性案例。

（三）执行指导性案例的应用主体以法官为主

执行指导性案例的应用主体包括法官、申请复议人、申请执行人、上诉人、再审申请人和异议人六类。其中以法官的应用次数最多，总体占比约为 64%，是各类指导性案例应用中比例最高的；其次依次为申请复议人、上诉人、申请执行人；异议人和再审申请人较少。在法官援引的应用案例中，指导案例 34 号被援引的次数最多，总体占比约为 91%。

（四）法官主动援引的参照率颇高

执行指导性案例的应用案例以法官明示援引为主，总体占比为 69%。其中，法官主动援引的应用案例有 23 例，且只有 1 例未予以参照，参照率为 96%；法官被动援引的应用案例有 2 例，且均未予以参照。法官主动援引的参照率颇高，仅次于刑事指导性案例的参照率。

第二部分 指导性案例分类汇编

一、刑事指导性案例

1 危害公共安全罪指导性案例（2例）

指导案例13号：王召成等非法买卖、储存危险物质案①

（最高人民法院审判委员会讨论通过 2013年1月31日发布）

来源：最高人民法院关于发布第四批指导性案例的通知
案号：（2011）绍越刑初字第205号
审理法院：浙江省绍兴市越城区人民法院
审结日期：2012.03.31
标签：非法买卖、储存危险物质

【关键词】

刑事　非法买卖、储存危险物质　毒害性物质

【裁判要点】

1. 国家严格监督管理的氰化钠等剧毒化学品，易致人中毒或者死亡，对人体、环境具有极大的毒害性和危险性，属于《刑法》第一百二十五条第二款规定的"毒害性"物质。

2. "非法买卖"毒害性物质，是指违反法律和国家主管部门的规定，未经有关主管部门批准许可，擅自购买或者出售毒害性物质的行为，并不需要兼有买进和卖出的行为。

指导案例32号：张某某、金某危险驾驶案

（最高人民法院审判委员会讨论通过 2014年12月18日发布）

来源：最高人民法院关于发布第八批指导性案例的通知
案号：（2012）浦刑初字第4245号

---

① 扫取案例名切口侧二维码，可于"北大法宝"查阅该案例相关信息。余同。

审理法院：上海市浦东新区人民法院
审结日期：2013.01.21
标签：危险驾驶

【关键词】

刑事　危险驾驶罪　追逐竞驶　情节恶劣

【裁判要点】

1. 机动车驾驶人员出于竞技、追求刺激、斗气或者其他动机，在道路上曲折穿行、快速追赶行驶的，属于《中华人民共和国刑法》第一百三十三条之一规定的"追逐竞驶"。

2. 追逐竞驶虽未造成人员伤亡或财产损失，但综合考虑超过限速、闯红灯、强行超车、抗拒交通执法等严重违反道路交通安全法的行为，足以威胁他人生命、财产安全的，属于危险驾驶罪中"情节恶劣"的情形。

②　破坏社会主义市场经济秩序罪指导性案例（4例）

指导案例61号：马乐利用未公开信息交易案

（最高人民法院审判委员会讨论通过　2016年6月30日发布）

来源：最高人民法院关于发布第十三批指导性案例的通知
案号：（2015）刑抗字第1号
审理法院：最高人民法院
审结日期：暂无
标签：利用未公开信息交易

【关键词】

刑事　利用未公开信息交易罪　援引法定刑　情节特别严重

【裁判要点】

刑法第一百八十条第四款规定的利用未公开信息交易罪援引法定刑的情形，应当是对第一款内幕交易、泄露内幕信息罪全部法定刑的引用，即利用未公开信息交易罪应有"情节严重""情节特别严重"两种情形和两个量刑档次。

指导案例62号：王新明合同诈骗案

（最高人民法院审判委员会讨论通过　2016年6月30日发布）

来源：最高人民法院关于发布第十三批指导性案例的通知

案号：(2013)一中刑终字第4134号

审理法院：北京市第一中级人民法院

审结日期：2013.12.02

标签：数额犯

【关键词】

　　刑事　合同诈骗　数额犯　既遂　未遂

【裁判要点】

　　在数额犯中，犯罪既遂部分与未遂部分分别对应不同法定刑幅度的，应当先决定对未遂部分是否减轻处罚，确定未遂部分对应的法定刑幅度，再与既遂部分对应的法定刑幅度进行比较，选择适用处罚较重的法定刑幅度，并酌情从重处罚；二者在同一量刑幅度的，以犯罪既遂酌情从重处罚。

指导案例70号：北京阳光一佰生物技术开发有限公司、习文有等生产、销售有毒、有害食品案

（最高人民法院审判委员会讨论通过　2016年12月28日发布）

来源：最高人民法院关于发布第十五批指导性案例的通知

案号：(2014)扬刑二终字第0032号

审理法院：江苏省扬州市中级人民法院

审结日期：2014.06.13

标签：有毒有害的非食品原料

【关键词】

　　刑事　生产、销售有毒、有害食品罪　有毒有害的非食品原料

【裁判要点】

行为人在食品生产经营中添加的虽然不是国务院有关部门公布的《食品中可能违法添加的非食用物质名单》和《保健食品中可能非法添加的物质名单》中的物质，但如果该物质与上述名单中所列物质具有同等属性，并且根据检验报告和专家意见等相关材料能够确定该物质对人体具有同等危害的，应当认定为《中华人民共和国刑法》第一百四十四条规定的"有毒、有害的非食品原料"。

指导案例87号：郭明升、郭明锋、孙淑标假冒注册商标案

（最高人民法院审判委员会讨论通过 2017年3月6日发布）

来源：最高人民法院关于发布第十六批指导性案例的通知

案号：（2015）宿中知刑初字第0004号

审理法院：江苏省宿迁市中级人民法院

审结日期：2015.09.08

标签：网络销售

【关键词】

刑事　假冒注册商标罪　非法经营数额　网络销售　刷信誉

【裁判要点】

假冒注册商标犯罪的非法经营数额、违法所得数额，应当综合被告人供述、证人证言、被害人陈述、网络销售电子数据、被告人银行账户往来记录、送货单、快递公司电脑系统记录、被告人等所作记账等证据认定。被告人辩解称网络销售记录存在刷信誉的不真实交易，但无证据证实的，对其辩解不予采纳。

3 侵犯公民人身权利、民主权利罪指导性案例（3例）

指导案例4号：王志才故意杀人案

（最高人民法院审判委员会讨论通过 2011年12月20日发布）

来源：最高人民法院关于发布第一批指导性案例的通知

案号：（2010）鲁刑四终字第2－1号
审理法院：山东省高级人民法院
审结日期：2011.05.03
标签：故意杀人

【关键词】

刑事　故意杀人罪　婚恋纠纷引发　坦白悔罪　死刑缓期执行　限制减刑

【裁判要点】

因恋爱、婚姻矛盾激化引发的故意杀人案件，被告人犯罪手段残忍，论罪应当判处死刑，但被告人具有坦白悔罪、积极赔偿等从轻处罚情节，同时被害人亲属要求严惩的，人民法院根据案件性质、犯罪情节、危害后果和被告人的主观恶性及人身危险性，可以依法判处被告人死刑，缓期二年执行，同时决定限制减刑，以有效化解社会矛盾，促进社会和谐。

指导案例12号：李飞故意杀人案

（最高人民法院审判委员会讨论通过　2012年9月18日发布）

来源：最高人民法院关于发布第三批指导性案例的通知
案号：（2011）黑刑三终字第63号
审理法院：黑龙江省高级人民法院
审结日期：2011.05.03
标签：故意杀人

【关键词】

刑事　故意杀人罪　民间矛盾引发　亲属协助抓捕　累犯　死刑缓期执行　限制减刑

【裁判要点】

对于因民间矛盾引发的故意杀人案件，被告人犯罪手段残忍，且系累犯，论罪应当判处死刑，但被告人亲属主动协助公安机关将其抓捕归案，并积极赔偿的，人民法院根据案件具体情节，从尽量化解社会矛盾角度考虑，可以依法判处被告人死刑，缓期二年执行，同时决定限制减刑。

指导案例63号：徐加富强制医疗案

（最高人民法院审判委员会讨论通过　2016年6月30日发布）

来源：最高人民法院关于发布第十三批指导性案例的通知

案号：（2013）武侯刑强初字第1号

审理法院：四川省成都市武侯区人民法院

审结日期：2013.01.24

标签：强制医疗

【关键词】

刑事诉讼　强制医疗　有继续危害社会可能

【裁判要点】

审理强制医疗案件，对被申请人或者被告人是否"有继续危害社会可能"，应当综合被申请人或者被告人所患精神病的种类、症状、案件审理时其病情是否已经好转，以及其家属或者监护人有无严加看管和自行送医治疗的意愿和能力等情况予以判定。必要时，可以委托相关机构或者专家进行评估。

4 侵犯财产罪指导性案例（3例）

指导案例14号：董某某、宋某某抢劫案

（最高人民法院审判委员会讨论通过　2013年1月31日发布）

来源：最高人民法院关于发布第四批指导性案例的通知

案号：（2011）新刑未初字第29号

审理法院：河南省平顶山市新华区人民法院

审结日期：2011.05.10

标签：未成年人犯罪

【关键词】

刑事　抢劫罪　未成年人犯罪　禁止令

【裁判要点】

对判处管制或者宣告缓刑的未成年被告人，可以根据其犯罪的具体情况以及禁止事项与所犯罪行的关联程度，对其适用"禁止令"。对于未成年人因上网诱发犯罪的，可以禁止其在一定期限内进入网吧等特定场所。

指导案例 27 号：臧进泉等盗窃、诈骗案

（最高人民法院审判委员会讨论通过 2014 年 6 月 23 日发布）

来源：最高人民法院关于发布第七批指导性案例的通知

案号：（2011）浙刑三终字第 132 号

法院：浙江省高级人民法院

审结日期：2011.08.09

标签：盗窃　诈骗

【关键词】

　　刑事　盗窃　诈骗　利用信息网络

【裁判要点】

行为人利用信息网络，诱骗他人点击虚假链接而实际通过预先植入的计算机程序窃取财物构成犯罪的，以盗窃罪定罪处罚；虚构可供交易的商品或者服务，欺骗他人点击付款链接而骗取财物构成犯罪的，以诈骗罪定罪处罚。

指导案例 28 号：胡克金拒不支付劳动报酬案

（最高人民法院审判委员会讨论通过 2014 年 6 月 23 日发布）

来源：最高人民法院关于发布第七批指导性案例的通知

案号：（2011）双流刑初字第 544 号

审理法院：四川省双流县人民法院

审结日期：2011.12.29

标签：拒不支付劳动报酬

【关键词】

刑事　拒不支付劳动报酬罪　不具备用工主体资格的单位或者个人

【裁判要点】

1. 不具备用工主体资格的单位或者个人（包工头），违法用工且拒不支付劳动者报酬，数额较大，经政府有关部门责令支付仍不支付的，应当以拒不支付劳动报酬罪追究刑事责任。

2. 不具备用工主体资格的单位或者个人（包工头）拒不支付劳动报酬，即使其他单位或者个人在刑事立案前为其垫付了劳动报酬的，也不影响追究该用工单位或者个人（包工头）拒不支付劳动报酬罪的刑事责任。

5 妨害社会管理秩序罪指导性案例（1例）

指导案例71号：毛建文拒不执行判决、裁定案

（最高人民法院审判委员会讨论通过　2016年12月28日发布）

来源：最高人民法院关于发布第十五批指导性案例的通知

案号：（2014）温平刑初字第314号

审理法院：浙江省平阳县人民法院

审结日期：2014.06.17

标签：拒不执行判决、裁定

【关键词】

刑事　拒不执行判决、裁定罪　起算时间

【裁判要点】

有能力执行而拒不执行判决、裁定的时间从判决、裁定发生法律效力时起算。具有执行内容的判决、裁定发生法律效力后，负有执行义务的人有隐藏、转移、故意毁损财产等拒不执行行为，致使判决、裁定无法执行，情节严重的，应当以拒不执行判决、裁定罪定罪处罚。

6 贪污贿赂罪指导性案例（2例）

指导案例3号：潘玉梅、陈宁受贿案

（最高人民法院审判委员会讨论通过　2011年12月20日发布）

来源：最高人民法院关于发布第一批指导性案例的通知

案号：（2009）苏刑二终字第0028号

审理法院：江苏省高级人民法院

审结日期：2009.11.30

标签：受贿

【关键词】

　　刑事　受贿罪　"合办"公司受贿　低价购房受贿　承诺谋利　受贿数额计算　掩饰受贿退赃

【裁判要点】

　　1. 国家工作人员利用职务上的便利为请托人谋取利益，并与请托人以"合办"公司的名义获取"利润"，没有实际出资和参与经营管理的，以受贿论处。

　　2. 国家工作人员明知他人有请托事项而收受其财物，视为承诺"为他人谋取利益"，是否已实际为他人谋取利益或谋取到利益，不影响受贿的认定。

　　3. 国家工作人员利用职务上的便利为请托人谋取利益，以明显低于市场的价格向请托人购买房屋等物品的，以受贿论处，受贿数额按照交易时当地市场价格与实际支付价格的差额计算。

　　4. 国家工作人员收受财物后，因与其受贿有关联的人、事被查处，为掩饰犯罪而退还的，不影响认定受贿罪。

指导案例11号：杨延虎等贪污案

（最高人民法院审判委员会讨论通过　2012年9月18日发布）

来源：最高人民法院关于发布第三批指导性案例的通知

案号：（2009）浙刑二终字第34号

审理法院：浙江省高级人民法院

审结日期：2009.03.16

标签：贪污

【关键词】

刑事　贪污罪　职务便利　骗取土地使用权

【裁判要点】

1. 贪污罪中的"利用职务上的便利"，是指利用职务上主管、管理、经手公共财物的权力及方便条件，既包括利用本人职务上主管、管理公共财物的职务便利，也包括利用职务上有隶属关系的其他国家工作人员的职务便利。

2. 土地使用权具有财产性利益，属于刑法第三百八十二条第一款规定中的"公共财物"，可以成为贪污的对象。

二、民商事指导性案例

1 婚姻家庭、继承纠纷指导性案例（2例）

指导案例50号：李某、郭某阳诉郭某和、童某某继承纠纷案
（最高人民法院审判委员会讨论通过 2015年4月15日发布）

来源：最高人民法院关于发布第十批指导性案例的通知
案号：(2006) 秦民一初字第14号
审理法院：江苏省南京市秦淮区人民法院
审结日期：2006.04.20
标签：人工授精 胎儿继承

【关键词】

民事 继承 人工授精 婚生子女

【裁判要点】

1. 夫妻关系存续期间，双方一致同意利用他人的精子进行人工授精并使女方受孕后，男方反悔，而女方坚持生出该子女的，不论该子女是否在夫妻关系存续期间出生，都应视为夫妻双方的婚生子女。

2. 如果夫妻一方所订立的遗嘱中没有为胎儿保留遗产份额，因违反《中华人民共和国继承法》第十九条规定，该部分遗嘱内容无效。分割遗产时，应当依照《中华人民共和国继承法》第二十八条规定，为胎儿保留继承份额。

指导案例66号：雷某某诉宋某某离婚纠纷案
（最高人民法院审判委员会讨论通过 2016年9月19日发布）

来源：最高人民法院关于发布第十四批指导性案例的通知
案号：(2015) 三中民终字第08205号
审理法院：北京市第三中级人民法院
审结日期：2015.10.19
标签：离婚纠纷

【关键词】

　　民事　离婚　离婚时　擅自处分共同财产

【裁判要点】

　　一方在离婚诉讼期间或离婚诉讼前，隐藏、转移、变卖、毁损夫妻共同财产，或伪造债务企图侵占另一方财产的，离婚分割夫妻共同财产时，依照《中华人民共和国婚姻法》第四十七条的规定可以少分或不分财产。

② 物权纠纷指导性案例（1例）

指导案例65号：上海市虹口区久乐大厦小区业主大会诉上海环亚实业总公司业主共有权纠纷案

（最高人民法院审判委员会讨论通过　2016年9月19日发布）

来源：最高人民法院关于发布第十四批指导性案例的通知

案号：（2011）沪二中民二（民）终字第1908号

审理法院：上海市第二中级人民法院

审结日期：2011.09.21

标签：建筑物区分所有权

【关键词】

　　民事　业主共有权　专项维修资金　法定义务　诉讼时效

【裁判要点】

　　专项维修资金是专门用于物业共用部位、共用设施设备保修期满后的维修和更新、改造的资金，属于全体业主共有。缴纳专项维修资金是业主为维护建筑物的长期安全使用而应承担的一项法定义务。业主拒绝缴纳专项维修资金，并以诉讼时效提出抗辩的，人民法院不予支持。

③ 确认合同效力纠纷指导性案例（1例）

指导案例33号：瑞士嘉吉国际公司诉福建金石制油有限公司等确认合同无效纠纷案

（最高人民法院审判委员会讨论通过　2014年12月18日发布）

来源：最高人民法院关于发布第八批指导性案例的通知

案号：(2012) 民四终字第1号
审理法院：最高人民法院
审结日期：2012.08.22
标签：确认合同效力

【关键词】

民事　确认合同无效　恶意串通　财产返还

【裁判要点】

1. 债务人将主要财产以明显不合理低价转让给其关联公司，关联公司在明知债务人欠债的情况下，未实际支付对价的，可以认定债务人与其关联公司恶意串通、损害债权人利益，与此相关的财产转让合同应当认定为无效。

2.《中华人民共和国合同法》第五十九条规定适用于第三人为财产所有权人的情形，在债权人对债务人享有普通债权的情况下，应当根据《中华人民共和国合同法》第五十八条的规定，判令因无效合同取得的财产返还给原财产所有人，而不能根据第五十九条规定直接判令债务人的关联公司因"恶意串通，损害第三人利益"的合同而取得的债务人的财产返还给债权人。

4 买卖合同纠纷指导性案例（4例）

指导案例9号：上海存亮贸易有限公司诉蒋志东、王卫明等买卖合同纠纷案

（最高人民法院审判委员会讨论通过　2012年9月18日发布）

来源：最高人民法院关于发布第三批指导性案例的通知
案号：(2010) 沪一中民四（商）终字第1302号
审理法院：上海市第一中级人民法院
审结日期：2010.09.01
标签：公司清算义务

【关键词】

民事　公司清算义务　连带清偿责任

【裁判要点】

有限责任公司的股东、股份有限公司的董事和控股股东，应当依法在公司被吊销营业执照后履行清算义务，不能以其不是实际控制人或者未实际参加公司经营管理为由，免除清算义务。

指导案例 15 号：徐工集团工程机械股份有限公司诉成都川交工贸有限责任公司等买卖合同纠纷案

（最高人民法院审判委员会讨论通过　2013 年 1 月 31 日发布）

来源：最高人民法院关于发布第四批指导性案例的通知

案号：（2011）苏商终字第 0107 号

审理法院：江苏省高级人民法院

审结日期：2011.10.19

标签：公司人格混同

【关键词】

民事　关联公司　人格混同　连带责任

【裁判要点】

1. 关联公司的人员、业务、财务等方面交叉或混同，导致各自财产无法区分，丧失独立人格的，构成人格混同。

2. 关联公司人格混同，严重损害债权人利益的，关联公司相互之间对外部债务承担连带责任。

指导案例 17 号：张莉诉北京合力华通汽车服务有限公司买卖合同纠纷案

（最高人民法院审判委员会讨论通过　2013 年 11 月 8 日发布）

来源：最高人民法院关于发布第五批指导性案例的通知

案号：（2008）二中民终字第 00453 号

审理法院：北京市第二中级人民法院

审结日期：2008.03.13
标签：商品销售欺诈

【关键词】

民事　买卖合同　欺诈　家用汽车

【裁判要点】

1. 为家庭生活消费需要购买汽车，发生欺诈纠纷的，可以按照《中华人民共和国消费者权益保护法》处理。

2. 汽车销售者承诺向消费者出售没有使用或维修过的新车，消费者购买后发现系使用或维修过的汽车，销售者不能证明已履行告知义务且得到消费者认可的，构成销售欺诈，消费者要求销售者按照消费者权益保护法赔偿损失的，人民法院应予支持。

指导案例 23 号：孙银山诉南京欧尚超市有限公司江宁店买卖合同纠纷案

（最高人民法院审判委员会讨论通过　2014 年 1 月 26 日发布）

来源：最高人民法院关于发布第六批指导性案例的通知
案号：（2012）江宁开民初字第 646 号
审理法院：江苏省南京市江宁区人民法院
审结日期：2012.09.10
标签：食品买卖合同

【关键词】

民事　买卖合同　食品安全　十倍赔偿

【裁判要点】

消费者购买到不符合食品安全标准的食品，要求销售者或者生产者依照食品安全法规定支付价款十倍赔偿金或者依照法律规定的其他赔偿标准赔偿的，不论其购买时是否明知食品不符合安全标准，人民法院都应予支持。

5 房屋买卖合同纠纷指导性案例（1例）

指导案例 72 号：汤龙、刘新龙、马忠太、王洪刚诉新疆鄂尔多斯彦海房地产开发有限公司商品房买卖合同纠纷案

（最高人民法院审判委员会讨论通过　2016 年 12 月 28 日发布）

来源：最高人民法院关于发布第十五批指导性案例的通知

案号：(2015) 民一终字第 180 号

审理法院：最高人民法院

审结日期：2015.10.08

标签：商品房买卖

【关键词】

民事　商品房买卖合同　借款合同　清偿债务　法律效力　审查

【裁判要点】

借款合同双方当事人经协商一致，终止借款合同关系，建立商品房买卖合同关系，将借款本金及利息转化为已付购房款并经对账清算的，不属于《中华人民共和国物权法》第一百八十六条规定禁止的情形，该商品房买卖合同的订立目的，亦不属于《最高人民法院关于审理民间借贷案件适用法律若干问题的规定》第二十四条规定的"作为民间借贷合同的担保"。在不存在《中华人民共和国合同法》第五十二条规定情形的情况下，该商品房买卖合同具有法律效力。但对转化为已付购房款的借款本金及利息数额，人民法院应当结合借款合同等证据予以审查，以防止当事人将超出法律规定保护限额的高额利息转化为已付购房款。

6 借款合同纠纷指导性案例（3例）

指导案例 53 号：福建海峡银行股份有限公司福州五一支行诉长乐亚新污水处理有限公司、福州市政工程有限公司金融借款合同纠纷案

（最高人民法院审判委员会讨论通过　2015 年 11 月 19 日发布）

来源：最高人民法院关于发布第十一批指导性案例的通知

案号：（2013）闽民终字第870号
审理法院：福建省高级人民法院
审结日期：2013.09.17
标签：特许经营权质押

【关键词】

民事　金融借款合同　收益权质押　出质登记　质权实现

【裁判要点】

1. 特许经营权的收益权可以质押，并可作为应收账款进行出质登记。

2. 特许经营权的收益权依其性质不宜折价、拍卖或变卖，质权人主张优先受偿权的，人民法院可以判令出质债权的债务人将收益权的应收账款优先支付质权人。

指导案例57号：温州银行股份有限公司宁波分行诉浙江创菱电器有限公司等金融借款合同纠纷案

（最高人民法院审判委员会讨论通过　2016年5月20日发布）

来源：最高人民法院关于发布第十二批指导性案例的通知
案号：（2014）浙甬商终字第369号
审理法院：浙江省宁波市中级人民法院
审结日期：2014.05.14
标签：最高额担保

【关键词】

民事　金融借款合同　最高额担保

【裁判要点】

在有数份最高额担保合同情形下，具体贷款合同中选择性列明部分最高额担保合同，如债务发生在最高额担保合同约定的决算期内，且债权人未明示放弃担保权利，未列明的最高额担保合同的担保人也应当在最高债权限额内承担担保责任。

指导案例 68 号：上海欧宝生物科技有限公司诉辽宁特莱维置业发展有限公司企业借贷纠纷案

（最高人民法院审判委员会讨论通过 2016年9月19日发布）

来源：最高人民法院关于发布第十四批指导性案例的通知

案号：（2015）民二终字第324号

审理法院：最高人民法院第二巡回法庭

审结日期：2015.10.27

标签：虚假诉讼

【关键词】

　　民事诉讼　企业借贷　虚假诉讼

【裁判要点】

　　人民法院审理民事案件中发现存在虚假诉讼可能时，应当依职权调取相关证据，详细询问当事人，全面严格审查诉讼请求与相关证据之间是否存在矛盾，以及当事人诉讼中言行是否违背常理。经综合审查判断，当事人存在虚构事实、恶意串通、规避法律或国家政策以谋取非法利益，进行虚假民事诉讼情形的，应当依法予以制裁。

7 建设工程合同纠纷指导性案例（1例）

指导案例 7 号：牡丹江市宏阁建筑安装有限责任公司诉牡丹江市华隆房地产开发有限责任公司、张继增建设工程施工合同纠纷案

（最高人民法院审判委员会讨论通过 2012年4月9日发布）

来源：最高人民法院关于发布第二批指导性案例的通知

案号：（2011）民抗字第29号

审理法院：最高人民法院

审结日期：2011.07.06

标签：民事抗诉

【关键词】

民事诉讼　抗诉　申请撤诉　终结审查

【裁判要点】

人民法院接到民事抗诉书后，经审查发现案件纠纷已经解决，当事人申请撤诉，且不损害国家利益、社会公共利益或第三人利益的，应当依法作出对抗诉案终结审查的裁定；如果已裁定再审，应当依法作出终结再审诉讼的裁定。

8 运输合同纠纷指导性案例（1例）

指导案例51号：阿卜杜勒·瓦希德诉中国东方航空股份有限公司航空旅客运输合同纠纷案

（最高人民法院审判委员会讨论通过　2015年4月15日发布）

来源：最高人民法院关于发布第十批指导性案例的通知

案号：（2006）沪一中民一（民）终字第609号

审理法院：上海市第一中级人民法院

审结日期：2006.02.24

标签：航空旅客运输合同

【关键词】

民事　航空旅客运输合同　航班延误　告知义务　赔偿责任

【裁判要点】

1. 对航空旅客运输实际承运人提起的诉讼，可以选择对实际承运人或缔约承运人提起诉讼，也可以同时对实际承运人和缔约承运人提起诉讼。被诉承运人申请追加另一方承运人参加诉讼的，法院可以根据案件的实际情况决定是否准许。

2. 当不可抗力造成航班延误，致使航空公司不能将换乘其他航班的旅客按时运抵目的地时，航空公司有义务及时向换乘的旅客明确告知到达目的地后是否提供转签服务，以及在不能提供转签服务时旅客如何办理旅行手续。航空公司未履行该项义务，给换乘旅客造成损失的，应当承担赔偿责任。

3. 航空公司在打折机票上注明"不得退票，不得转签"，只是限制购买打折机票的旅客由于自身原因而不得退票和转签，不能据此剥夺旅客在支付票款后享有的乘坐航班按时抵达目的地的权利。

9 居间合同纠纷指导性案例（1例）

指导案例1号：上海中原物业顾问有限公司诉陶德华居间合同纠纷案
（最高人民法院审判委员会讨论通过 2011年12月20日发布）

来源：最高人民法院关于发布第一批指导性案例的通知

案号：（2009）沪二中民二（民）终字第1508号

审理法院：上海市第二中级人民法院

审结日期：2009.09.04

标签：居间合同

【关键词】

民事　居间合同　二手房买卖　违约

【裁判要点】

房屋买卖居间合同中关于禁止买方利用中介公司提供的房源信息却绕开该中介公司与卖方签订房屋买卖合同的约定合法有效。但是，当卖方将同一房屋通过多个中介公司挂牌出售时，买方通过其他公众可以获知的正当途径获得相同房源信息的，买方有权选择报价低、服务好的中介公司促成房屋买卖合同成立，其行为并没有利用先前与之签约中介公司的房源信息，故不构成违约。

10 服务合同纠纷指导性案例（1例）

指导案例64号：刘超捷诉中国移动通信集团江苏有限公司徐州分公司电信服务合同纠纷案
（最高人民法院审判委员会讨论通过 2016年6月30日发布）

来源：最高人民法院关于发布第十三批指导性案例的通知

案号：（2011）泉商初字第240号

审理法院：江苏省徐州市泉山区人民法院
审结日期：2011.06.16
标签：电信服务合同

【关键词】

民事　电信服务合同　告知义务　有效期限　违约

【裁判要点】

1. 经营者在格式合同中未明确规定对某项商品或服务的限制条件，且未能证明在订立合同时已将该限制条件明确告知消费者并获得消费者同意的，该限制条件对消费者不产生效力。

2. 电信服务企业在订立合同时未向消费者告知某项服务设定了有效期限限制，在合同履行中又以该项服务超过有效期限为由限制或停止对消费者服务的，构成违约，应当承担违约责任。

劳动、人事争议指导性案例（1例）

指导案例18号：中兴通讯（杭州）有限责任公司诉王鹏劳动合同纠纷案

（最高人民法院审判委员会讨论通过　2013年11月8日发布）

来源：最高人民法院关于发布第五批指导性案例的通知
案号：(2011) 杭滨民初字第885号
审理法院：浙江省杭州市滨江区人民法院
审结日期：2011.12.06
标签：劳动合同　末位淘汰

【关键词】

民事　劳动合同　单方解除

【裁判要点】

劳动者在用人单位等级考核中居于末位等次，不等同于"不能胜任工作"，不符合单方解除劳动合同的法定条件，用人单位不能据此单方解除劳动合同。

12 海事海商纠纷指导性案例（2例）

指导案例31号：江苏炜伦航运股份有限公司诉米拉达玫瑰公司船舶碰撞损害赔偿纠纷案

（最高人民法院审判委员会讨论通过　2014年6月23日发布）

来源：最高人民法院关于发布第七批指导性案例的通知

案号：（2010）沪海法海初字第24号

审理法院：上海海事法院

审结日期：2011.09.20

标签：船舶碰撞损害责任

【关键词】

民事　船舶碰撞损害赔偿　合意违反航行规则　责任认定

【裁判要点】

航行过程中，当事船舶协商不以《1972年国际海上避碰规则》确立的规则交会，发生碰撞事故后，双方约定的内容以及当事船舶在发生碰撞事故时违反约定的情形，不应作为人民法院判定双方责任的主要依据，仍应当以前述规则为准据，在综合分析紧迫局面形成原因、当事船舶双方过错程度及处置措施恰当与否的基础上，对事故责任作出认定。

指导案例52号：海南丰海粮油工业有限公司诉中国人民财产保险股份有限公司海南省分公司海上货物运输保险合同纠纷案

（最高人民法院审判委员会讨论通过　2015年4月15日发布）

来源：最高人民法院关于发布第十批指导性案例的通知

案号：（2003）民四提字第5号

审理法院：最高人民法院

审结日期：2004.07.13

标签：海上货物运输保险

【关键词】

民事　海事　海上货物运输保险合同　一切险　外来原因

【裁判要点】

海上货物运输保险合同中的"一切险",除包括平安险和水渍险的各项责任外,还包括被保险货物在运输途中由于外来原因所致的全部或部分损失。在被保险人不存在故意或者过失的情况下,由于相关保险合同中除外责任条款所列明情形之外的其他原因,造成被保险货物损失的,可以认定属于导致被保险货物损失的"外来原因",保险人应当承担运输途中由该外来原因所致的一切损失。

13 与公司有关的民事纠纷指导性案例（3例）

指导案例8号：林方清诉常熟市凯莱实业有限公司、戴小明公司解散纠纷案

（最高人民法院审判委员会讨论通过　2012年4月9日发布）

来源：最高人民法院关于发布第二批指导性案例的通知

案号：(2010) 苏商终字第0043号

审理法院：江苏省高级人民法院

审结日期：2010.10.19

标签：公司解散

【关键词】

民事　公司解散　经营管理严重困难　公司僵局

【裁判要点】

公司法第一百八十三条将"公司经营管理发生严重困难"作为股东提起解散公司之诉的条件之一。判断"公司经营管理是否发生严重困难",应从公司组织机构的运行状态进行综合分析。公司虽处于盈利状态,但其股东会机制长期失灵,内部管理有严重障碍,已陷入僵局状态,可以认定为公司经营管理发生严重困难。对于符合公司法及相关司法解释规定的其他条件的,人民法院可以依法判决公司解散。

指导案例 10 号：李建军诉上海佳动力环保科技有限公司公司决议撤销纠纷案

（最高人民法院审判委员会讨论通过　2012年9月18日发布）

来源：最高人民法院关于发布第三批指导性案例的通知

案号：(2010) 沪二中民四（商）终字第 436 号

审理法院：上海市第二中级人民法院

审结日期：2010.06.04

标签：公司决议撤销

【关键词】

民事　公司决议撤销　司法审查范围

【裁判要点】

人民法院在审理公司决议撤销纠纷案件中应当审查：会议召集程序、表决方式是否违反法律、行政法规或者公司章程，以及决议内容是否违反公司章程。在未违反上述规定的前提下，解聘总经理职务的决议所依据的事实是否属实，理由是否成立，不属于司法审查范围。

指导案例 67 号：汤长龙诉周士海股权转让纠纷案

（最高人民法院审判委员会讨论通过　2016年9月19日发布）

来源：最高人民法院关于发布第十四批指导性案例的通知

案号：(2015) 民申字第 2532 号

审理法院：最高人民法院

审结日期：2015.10.26

标签：股权转让

【关键词】

民事　股权转让　分期付款　合同解除

【裁判要点】

有限责任公司的股权分期支付转让款中发生股权受让人延迟或者拒付等违约情形，股权转让人要求解除双方签订的股权转让合同的，不适用《中华人民共和国合同法》第一百六十七条关于分期付款买卖中出卖人在买受人未支付到期价款的金额达到合同全部价款的五分之一时即可解除合同的规定。

14 与破产有关的民事纠纷指导性案例（1例）

指导案例 73 号：通州建总集团有限公司诉安徽天宇化工有限公司别除权纠纷案

（最高人民法院审判委员会讨论通过　2016年12月28日发布）

来源：最高人民法院关于发布第十五批指导性案例的通知

案号：（2014）皖民一终字第00054号

审理法院：安徽省高级人民法院

审结日期：2014.07.14

标签：别除权

【关键词】

民事　别除权　优先受偿权　行使期限　起算点

【裁判要点】

符合《中华人民共和国破产法》第十八条规定的情形，建设工程施工合同视为解除的，承包人行使优先受偿权的期限应自合同解除之日起计算。

15 保险纠纷指导性案例（2例）

指导案例 25 号：华泰财产保险有限公司北京分公司诉李志贵、天安财产保险股份有限公司河北省分公司张家口支公司保险人代位求偿权纠纷案

（最高人民法院审判委员会讨论通过　2014年1月26日发布）

来源：最高人民法院关于发布第六批指导性案例的通知

案号：（2012）东民初字第13663号
审理法院：北京市东城区人民法院
审结日期：2012.12.17
标签：保险人代位求偿

【关键词】

民事诉讼　保险人代位求偿　管辖

【裁判要点】

因第三者对保险标的的损害造成保险事故，保险人向被保险人赔偿保险金后，代位行使被保险人对第三者请求赔偿的权利而提起诉讼的，应当根据保险人所代位的被保险人与第三者之间的法律关系，而不应当根据保险合同法律关系确定管辖法院。第三者侵害被保险人合法权益的，由侵权行为地或者被告住所地法院管辖。

指导案例74号：中国平安财产保险股份有限公司江苏分公司诉江苏镇江安装集团有限公司保险人代位求偿权纠纷案

（最高人民法院审判委员会讨论通过　2016年12月28日发布）

来源：最高人民法院关于发布第十五批指导性案例的通知
案号：（2012）苏商再提字第0035号
审理法院：江苏省高级人民法院
审结日期：2014.05.30
标签：保险人代位求偿权

【关键词】

民事　保险代位求偿权　财产保险合同　第三者对保险标的的损害　违约行为

【裁判要点】

因第三者的违约行为给被保险人的保险标的造成损害的，可以认定为属于《中华人民共和国保险法》第六十条第一款规定的"第三者对保险标的的损害"的情形。保险人由此依法向第三者行使代位求偿权的，人民法院应予支持。

16 侵权责任纠纷指导性案例（4例）

指导案例19号：赵春明等诉烟台市福山区汽车运输公司卫德平等机动车交通事故责任纠纷案

（最高人民法院审判委员会讨论通过 2013年11月8日发布）

来源：最高人民法院关于发布第五批指导性案例的通知

案号：（2010）沪二中民一（民）终字第1353号

审理法院：上海市第二中级人民法院

审结日期：2010.08.05

标签：机动车交通事故

【关键词】

民事　机动车交通事故　责任　套牌　连带责任

【裁判要点】

机动车所有人或者管理人将机动车号牌出借他人套牌使用，或者明知他人套牌使用其机动车号牌不予制止，套牌机动车发生交通事故造成他人损害的，机动车所有人或者管理人应当与套牌机动车所有人或者管理人承担连带责任。

指导案例24号：荣宝英诉王阳、永诚财产保险股份有限公司江阴支公司机动车交通事故责任纠纷案

（最高人民法院审判委员会讨论通过 2014年1月26日发布）

来源：最高人民法院关于发布第六批指导性案例的通知

案号：（2013）锡民终字第497号

审理法院：江苏省无锡市中级人民法院

审结日期：2013.06.21

标签：机动车交通事故

【关键词】

民事　交通事故　过错责任

【裁判要点】

交通事故的受害人没有过错，其体质状况对损害后果的影响不属于可以减轻侵权人责任的法定情形。

指导案例 56 号：韩凤彬诉内蒙古九郡药业
有限责任公司等产品责任纠纷管辖权异议案

（最高人民法院审判委员会讨论通过　2015 年 11 月 19 日发布）

来源：最高人民法院关于发布第十一批指导性案例的通知

案号：（2013）民再申字第 27 号

审理法院：最高人民法院

审结日期：2013.03.27

标签：管辖权异议

【关键词】

民事诉讼　管辖异议　再审期间

【裁判要点】

当事人在一审提交答辩状期间未提出管辖异议，在二审或者再审发回重审时提出管辖异议的，人民法院不予审查。

指导案例 75 号：中国生物多样性保护与绿色发展基金会诉
宁夏瑞泰科技股份有限公司环境污染公益诉讼案

（最高人民法院审判委员会讨论通过　2016 年 12 月 28 日发布）

来源：最高人民法院关于发布第十五批指导性案例的通知

案号：（2016）最高法民再 47 号

审理法院：最高人民法院

审结日期：2016.01.28

标签：环境污染公益诉讼

【关键词】

民事　环境污染公益诉讼　专门从事环境保护公益活动的社会组织

【裁判要点】

1. 社会组织的章程虽未载明维护环境公共利益，但工作内容属于保护环境要素及生态系统的，应认定符合《最高人民法院关于审理环境民事公益诉讼案件适用法律若干问题的解释》（以下简称《解释》）第四条关于"社会组织章程确定的宗旨和主要业务范围是维护社会公共利益"的规定。

2. 《解释》第四条规定的"环境保护公益活动"，既包括直接改善生态环境的行为，也包括与环境保护相关的有利于完善环境治理体系、提高环境治理能力、促进全社会形成环境保护广泛共识的活动。

3. 社会组织起诉的事项与其宗旨和业务范围具有对应关系，或者与其所保护的环境要素及生态系统具有一定联系的，应认定符合《解释》第四条关于"与其宗旨和业务范围具有关联性"的规定。

17 适用特殊程序指导性案例（2例）

指导案例16号：中海发展股份有限公司货轮公司申请设立海事赔偿责任限制基金案

（最高人民法院审判委员会讨论通过　2013年1月31日发布）

来源：最高人民法院关于发布第四批指导性案例的通知

案号：（2009）沪高民四（海）限字第1号

审理法院：上海市高级人民法院

审结日期：2009.07.27

标签：海事赔偿责任限制基金

【关键词】

海事诉讼　海事赔偿责任限制基金　海事赔偿责任限额计算

【裁判要点】

1. 对于申请设立海事赔偿责任限制基金的，法院仅就申请人主体资格、事故所涉及的债权性质和申请设立基金的数额进行程序性审查。有关申请人实体上应否享有海事赔偿责任限制,以及事故所涉债权除限制性债权外是否同时存在其他非限制性债权等问题,不影响法院依法作出准予设立海事赔偿责任限制基金的裁定。

2.《中华人民共和国海商法》第二百一十条第二款规定的"从事中华人民共和国港口之间的运输的船舶",应理解为发生海事事故航次正在从事中华人民共和国港口之间运输的船舶。

指导案例54号:中国农业发展银行安徽省分行诉张大标、安徽长江融资担保集团有限公司执行异议之诉纠纷案

(最高人民法院审判委员会讨论通过 2015年11月19日发布)

来源:最高人民法院关于发布第十一批指导性案例的通知
案号:(2013)皖民二终字第00261号
审理法院:安徽省高级人民法院
审结日期:2013.11.19
标签:保证金账户

【关键词】

民事 执行异议之诉 金钱质押 特定化 移交占有

【裁判要点】

当事人依约为出质的金钱开立保证金专门账户,且质权人取得对该专门账户的占有控制权,符合金钱特定化和移交占有的要求,即使该账户内资金余额发生浮动,也不影响该金钱质权的设立。

三、知识产权指导性案例

1 著作权权属、侵权纠纷指导性案例（4例）

指导案例48号：北京精雕科技有限公司诉上海奈凯电子科技有限公司侵害计算机软件著作权纠纷案

（最高人民法院审判委员会讨论通过　2015年4月15日发布）

来源：最高人民法院关于发布第十批指导性案例的通知
案号：（2006）沪高民三（知）终字第110号
审理法院：上海市高级人民法院
审结日期：2006.12.13
标签：计算机软件著作权

【关键词】

民事　侵害计算机软件著作权　捆绑销售　技术保护措施　权利滥用

【裁判要点】

计算机软件著作权人为实现软件与机器的捆绑销售，将软件运行的输出数据设定为特定文件格式，以限制其他竞争者的机器读取以该特定文件格式保存的数据，从而将其在软件上的竞争优势扩展到机器，不属于著作权法所规定的著作权人为保护其软件著作权而采取的技术措施。他人研发软件读取其设定的特定文件格式的，不构成侵害计算机软件著作权。

指导案例49号：石鸿林诉泰州华仁电子资讯有限公司侵害计算机软件著作权纠纷案

（最高人民法院审判委员会讨论通过　2015年4月15日发布）

来源：最高人民法院关于发布第十批指导性案例的通知
案号：（2007）苏民三终字第0018号
审理法院：江苏省高级人民法院
审结日期：2007.12.17

标签：计算机软件著作权

【关键词】

民事　侵害计算机软件著作权　举证责任　侵权对比　缺陷性特征

【裁判要点】

在被告拒绝提供被控侵权软件的源程序或者目标程序，且由于技术上的限制，无法从被控侵权产品中直接读出目标程序的情形下，如果原、被告软件在设计缺陷方面基本相同，而被告又无正当理由拒绝提供其软件源程序或者目标程序以供直接比对，则考虑到原告的客观举证难度，可以判定原、被告计算机软件构成实质性相同，由被告承担侵权责任。

指导案例80号：洪福远、邓春香诉贵州五福坊食品有限公司、贵州今彩民族文化研发有限公司著作权侵权纠纷案

（最高人民法院审判委员会讨论通过　2017年3月6日发布）

来源：最高人民法院关于发布第十六批指导性案例的通知

案号：（2015）筑知民初字第17号

审理法院：贵州省贵阳市中级人民法院

审结日期：2015.09.18

标签：民间文学艺术衍生作品

【关键词】

民事　著作权侵权　民间文学艺术衍生作品

【裁判要点】

民间文学艺术衍生作品的表达系独立完成且有创作性的部分，符合著作权法保护的作品特征的，应当认定作者对其独创性部分享有著作权。

指导案例81号：张晓燕诉雷献和、赵琪、山东爱书人音像图书有限公司著作权侵权纠纷案

（最高人民法院审判委员会讨论通过　2017年3月6日发布）

来源：最高人民法院关于发布第十六批指导性案例的通知

案号：(2013) 民申字第1049号
审理法院：最高人民法院
审结日期：2014.11.28
标签：影视作品

【关键词】

民事　著作权侵权　影视作品　历史题材　实质相似

【裁判要点】

1. 根据同一历史题材创作的作品中的题材主线、整体线索脉络，是社会共同财富，属于思想范畴，不能为个别人垄断，任何人都有权对此类题材加以利用并创作作品。

2. 判断作品是否构成侵权，应当从被诉侵权作品作者是否接触过权利人作品、被诉侵权作品与权利人作品之间是否构成实质相似等方面进行。在判断是否构成实质相似时，应比较作者在作品表达中的取舍、选择、安排、设计等是否相同或相似，不应从思想、情感、创意、对象等方面进行比较。

3. 按照著作权法保护作品的规定，人民法院应保护作者具有独创性的表达，即思想或情感的表现形式。对创意、素材、公有领域信息、创作形式、必要场景，以及具有唯一性或有限性的表达形式，则不予保护。

2 商标权权属、侵权纠纷指导性案例（4例）

指导案例30号：兰建军、杭州小拇指汽车维修科技股份有限公司诉天津市小拇指汽车维修服务有限公司等侵害商标权及不正当竞争纠纷案

（最高人民法院审判委员会讨论通过　2014年6月26日发布）

来源：最高人民法院关于发布第七批指导性案例的通知
案号：(2012) 津高民三终字第0046号
审理法院：天津市高级人民法院
审结日期：2013.02.19
标签：侵害商标权

【关键词】

民事　侵害商标权　不正当竞争　竞争关系

【裁判要点】

1. 经营者是否具有超越法定经营范围而违反行政许可法律法规的行为,不影响其依法行使制止商标侵权和不正当竞争的民事权利。

2. 反不正当竞争法并未限制经营者之间必须具有直接的竞争关系,也没有要求其从事相同行业。经营者之间具有间接竞争关系,行为人违背反不正当竞争法的规定,损害其他经营者合法权益的,也应当认定为不正当竞争行为。

指导案例 46 号:山东鲁锦实业有限公司诉鄄城县鲁锦工艺品有限责任公司、济宁礼之邦家纺有限公司侵害商标权及不正当竞争纠纷案

(最高人民法院审判委员会讨论通过　2015 年 4 月 15 日发布)

来源:最高人民法院关于发布第十批指导性案例的通知

案号:(2009)鲁民三终字第 34 号

审理法院:山东省高级人民法院

审结日期:2009.08.05

标签:商品通用名称

【关键词】

民事　商标侵权　不正当竞争　商品通用名称

【裁判要点】

判断具有地域性特点的商品通用名称,应当注意从以下方面综合分析:(1)该名称在某一地区或领域约定俗成,长期普遍使用并为相关公众认可;(2)该名称所指代的商品生产工艺经某一地区或领域群众长期共同劳动实践而形成;(3)该名称所指代的商品生产原料在某一地区或领域普遍生产。

指导案例 58 号:成都同德福合川桃片有限公司诉重庆市合川区同德福桃片有限公司、余晓华侵害商标权及不正当竞争纠纷案

(最高人民法院审判委员会讨论通过　2016 年 5 月 20 日发布)

来源:最高人民法院关于发布第十二批指导性案例的通知

案号：(2013)渝高法民终字00292号
审理法院：重庆市高级人民法院
审结日期：2013.12.17
标签：老字号

【关键词】
民事　侵害商标权　不正当竞争　老字号　虚假宣传

【裁判要点】
1. 与"老字号"无历史渊源的个人或企业将"老字号"或与其近似的字号注册为商标后，以"老字号"的历史进行宣传的，应认定为虚假宣传，构成不正当竞争。

2. 与"老字号"具有历史渊源的个人或企业在未违反诚实信用原则的前提下，将"老字号"注册为个体工商户字号或企业名称，未引人误认且未突出使用该字号的，不构成不正当竞争或侵犯注册商标专用权。

指导案例 82 号：王碎永诉深圳歌力思服饰股份有限公司、杭州银泰世纪百货有限公司侵害商标权纠纷案

（最高人民法院审判委员会讨论通过　2017年3月6日发布）

来源：最高人民法院关于发布第十六批指导性案例的通知
案号：(2014)民提字第24号
审理法院：最高人民法院
审结日期：2014.08.14
标签：侵害商标权

【关键词】
民事　侵害商标权　诚实信用　权利滥用

【裁判要点】
当事人违反诚实信用原则，损害他人合法权益，扰乱市场正当竞争秩序，恶意取得、行使商标权并主张他人侵权的，人民法院应当以构成权利滥用为由，判决对其诉讼请求不予支持。

3 专利权权属、侵权纠纷指导性案例（5例）

指导案例20号：深圳市斯瑞曼精细化工有限公司诉深圳市坑梓自来水有限公司、深圳市康泰蓝水处理设备有限公司侵害发明专利权纠纷案

（最高人民法院审判委员会讨论通过　2013年11月8日发布）

来源：最高人民法院关于发布第五批指导性案例的通知

案号：（2011）民提字第259号

审理法院：最高人民法院

审结日期：2011.12.20

标签：侵害发明专利权

【关键词】

　　民事　知识产权　侵害　发明专利权　临时保护期　后续行为

【裁判要点】

　　在发明专利申请公布后至专利权授予前的临时保护期内制造、销售、进口的被诉专利侵权产品不为专利法禁止的情况下，其后续的使用、许诺销售、销售，即使未经专利权人许可，也不视为侵害专利权，但专利权人可以依法要求临时保护期内实施其发明的单位或者个人支付适当的费用。

指导案例55号：柏万清诉成都难寻物品营销服务中心等侵害实用新型专利权纠纷案

（最高人民法院审判委员会讨论通过　2015年11月19日发布）

来源：最高人民法院关于发布第十一批指导性案例的通知

案号：（2012）民申字第1544号

审理法院：最高人民法院

审结日期：2012.12.28

标签：侵害实用新型专利权

【关键词】

民事　侵害实用新型专利权　保护范围　技术术语　侵权对比

【裁判要点】

专利权的保护范围应当清楚，如果实用新型专利权的权利要求书的表述存在明显瑕疵，结合涉案专利说明书、附图、本领域的公知常识及相关现有技术等，不能确定权利要求中技术术语的具体含义而导致专利权的保护范围明显不清，则因无法将其与被诉侵权技术方案进行有实质意义的侵权对比，从而不能认定被诉侵权技术方案构成侵权。

指导案例83号：威海嘉易烤生活家电有限公司诉永康市金仕德工贸有限公司、浙江天猫网络有限公司侵害发明专利权纠纷案

（最高人民法院审判委员会讨论通过　2017年3月6日发布）

来源：最高人民法院关于发布第十六批指导性案例的通知

案号：（2015）浙知终字第186号

审理法院：浙江省高级人民法院

审结日期：2015.11.17

标签：侵害发明专利权

【关键词】

民事　侵害发明专利权　有效通知　必要措施　网络　服务提供者　连带责任

【裁判要点】

1. 网络用户利用网络服务实施侵权行为，被侵权人依据侵权责任法向网络服务提供者所发出的要求其采取必要措施的通知，包含被侵权人身份情况、权属凭证、侵权人网络地址、侵权事实初步证据等内容的，即属有效通知。网络服务提供者自行设定的投诉规则，不得影响权利人依法维护其自身合法权利。

2. 侵权责任法第三十六条第二款所规定的网络服务提供者接到通知后所应采取的必要措施包括但并不限于删除、屏蔽、断开链接。"必要措施"应遵循审慎、合理的原则，根据所侵害权利的性质、侵权的具体情形和技术条件等来加以综合确定。

指导案例84号：礼来公司诉常州华生制药有限公司侵害发明专利权纠纷案

（最高人民法院审判委员会讨论通过　2017年3月6日发布）

来源：最高人民法院关于发布第十六批指导性案例的通知

案号：（2015）民三终字第1号

审理法院：最高人民法院

审结日期：2016.05.31

标签：侵害发明专利权

【关键词】

民事　侵害发明专利权　药品制备方法发明专利　保护范围　技术调查官　被诉侵权药品制备工艺查明

【裁判要点】

1. 药品制备方法专利侵权纠纷中，在无其他相反证据情形下，应当推定被诉侵权药品在药监部门的备案工艺为其实际制备工艺；有证据证明被诉侵权药品备案工艺不真实的，应当充分审查被诉侵权药品的技术来源、生产规程、批生产记录、备案文件等证据，依法确定被诉侵权药品的实际制备工艺。

2. 对于被诉侵权药品制备工艺等复杂的技术事实，可以综合运用技术调查官、专家辅助人、司法鉴定以及科技专家咨询等多种途径进行查明。

指导案例85号：高仪股份公司诉浙江健龙卫浴有限公司侵害外观设计专利权纠纷案

（最高人民法院审判委员会讨论通过　2017年3月6日发布）

来源：最高人民法院关于发布第十六批指导性案例的通知

案号：（2015）民提字第23号

审理法院：最高人民法院

审结日期：2015.08.11

标签：侵害外观设计专利

【关键词】

民事　侵害外观设计专利　设计特征　功能性特征　整体视觉效果

【裁判要点】

1. 授权外观设计的设计特征体现了其不同于现有设计的创新内容，也体现了设计人对现有设计的创造性贡献。如果被诉侵权设计未包含授权外观设计区别于现有设计的全部设计特征，一般可以推定被诉侵权设计与授权外观设计不近似。

2. 对设计特征的认定，应当由专利权人对其所主张的设计特征进行举证。人民法院在听取各方当事人质证意见基础上，对证据进行充分审查，依法确定授权外观设计的设计特征。

3. 对功能性设计特征的认定，取决于外观设计产品的一般消费者看来该设计是否仅仅由特定功能所决定，而不需要考虑该设计是否具有美感。功能性设计特征对于外观设计的整体视觉效果不具有显著影响。功能性与装饰性兼具的设计特征对整体视觉效果的影响需要考虑其装饰性的强弱，装饰性越强，对整体视觉效果的影响越大，反之则越小。

4 植物新品种权权属、侵权纠纷指导性案例（2例）

指导案例86号：天津天隆种业科技有限公司与江苏徐农种业科技有限公司侵害植物新品种权纠纷案

（最高人民法院审判委员会讨论通过　2017年3月6日发布）

来源：最高人民法院关于发布第十六批指导性案例的通知
案号：（2011）苏知民终字第0194号、（2012）苏知民终字第0055号
审理法院：江苏省高级人民法院
审结日期：2013.12.29
标签：侵害植物新品种权

【关键词】

民事　侵害植物新品种权　相互授权许可

【裁判要点】

分别持有植物新品种父本与母本的双方当事人，因不能达成相互授权许可协议，导致植物新品种不能继续生产，损害双方各自利益，也不符合合作育种的目的。为维护社会公

共利益,保障国家粮食安全,促进植物新品种转化实施,确保已广为种植的新品种继续生产,在衡量父本与母本对植物新品种生产具有基本相同价值基础上,人民法院可以直接判令双方当事人相互授权许可并相互免除相应的许可费。

指导案例92号:莱州市金海种业有限公司诉张掖市富凯农业科技有限责任公司侵犯植物新品种权纠纷案

(最高人民法院审判委员会讨论通过 2017年11月15日发布)

来源:最高人民法院关于发布第十七批指导性案例的通知

案号:(2013)甘民三终字第63号

审理法院:甘肃省高级人民法院

审结日期:2014.09.17

标签:侵犯植物新品种权

【关键词】

民事 侵犯植物新品种权 玉米品种鉴定 DNA指纹检测 近似品种 举证责任

【裁判要点】

依据中华人民共和国农业行业标准《玉米品种鉴定DNA指纹方法》NY/T1432-2007检测及判定标准的规定,品种间差异位点数等于1,判定为近似品种;品种间差异位点数大于等于2,判定为不同品种。品种间差异位点数等于1,不足以认定不是同一品种。对差异位点数在两个以下的,应当综合其他因素判定是否为不同品种,如可采取扩大检测位点进行加测,以及提交审定样品进行测定等,举证责任由被诉侵权一方承担。

5 不正当竞争纠纷指导性案例(6例)

指导案例29号:天津中国青年旅行社诉天津国青国际旅行社擅自使用他人企业名称纠纷案

(最高人民法院审判委员会讨论通过 2014年6月26日发布)

来源:最高人民法院关于发布第七批指导性案例的通知

案号：（2012）津高民三终字第3号
审理法院：天津市高级人民法院
审结日期：2012.03.20
标签：擅用他人企业名称

【关键词】

民事　不正当竞争　擅用他人企业名称

【裁判要点】

1. 对于企业长期、广泛对外使用，具有一定市场知名度、为相关公众所知悉，已实际具有商号作用的企业名称简称，可以视为企业名称予以保护。

2. 擅自将他人已实际具有商号作用的企业名称简称作为商业活动中互联网竞价排名关键词，使相关公众产生混淆误认的，属于不正当竞争行为。

指导案例30号：兰建军、杭州小拇指汽车维修科技股份有限公司诉天津市小拇指汽车维修服务有限公司等侵害商标权及不正当竞争纠纷案

（最高人民法院审判委员会讨论通过　2014年6月26日发布）

来源：最高人民法院关于发布第七批指导性案例的通知
案号：（2012）津高民三终字第0046号
审理法院：天津市高级人民法院
审结日期：2013.02.19
标签：不正当竞争

【关键词】

民事　侵害商标权　不正当竞争　竞争关系

【裁判要点】

1. 经营者是否具有超越法定经营范围而违反行政许可法律法规的行为，不影响其依法行使制止商标侵权和不正当竞争的民事权利。

2. 反不正当竞争法并未限制经营者之间必须具有直接的竞争关系，也没有要求其从事相同行业。经营者之间具有间接竞争关系，行为人违背反不正当竞争法的规定，损害其他经营者合法权益的，也应当认定为不正当竞争行为。

指导案例 45 号：北京百度网讯科技有限公司诉青岛奥商网络技术有限公司等不正当竞争纠纷案

(最高人民法院审判委员会讨论通过 2015 年 4 月 15 日发布)

来源：最高人民法院关于发布第十批指导性案例的通知

案号：(2010) 鲁民三终字第 5-2 号

审理法院：山东省高级人民法院

审结日期：2010.03.20

标签：不正当竞争

【关键词】

民事 不正当竞争 网络服务 诚信原则

【裁判要点】

从事互联网服务的经营者，在其他经营者网站的搜索结果页面强行弹出广告的行为，违反诚实信用原则和公认商业道德，妨碍其他经营者正当经营并损害其合法权益，可以依照《中华人民共和国反不正当竞争法》第二条的原则性规定认定为不正当竞争。

指导案例 46 号：山东鲁锦实业有限公司诉鄄城县鲁锦工艺品有限责任公司、济宁礼之邦家纺有限公司侵害商标权及不正当竞争纠纷案

(最高人民法院审判委员会讨论通过 2015 年 4 月 15 日发布)

来源：最高人民法院关于发布第十批指导性案例的通知

案号：(2009) 鲁民三终字第 34 号

审理法院：山东省高级人民法院

审结日期：2009.08.05

标签：商品通用名称

【关键词】

民事 商标侵权 不正当竞争 商品通用名称

【裁判要点】

判断具有地域性特点的商品通用名称，应当注意从以下方面综合分析：（1）该名称在某一地区或领域约定俗成，长期普遍使用并为相关公众认可；（2）该名称所指代的商品生产工艺经某一地区或领域群众长期共同劳动实践而形成；（3）该名称所指代的商品生产原料在某一地区或领域普遍生产。

指导案例47号：意大利费列罗公司诉蒙特莎（张家港）食品有限公司、天津经济技术开发区正元行销有限公司不正当竞争纠纷案

（最高人民法院审判委员会讨论通过　2015年4月15日发布）

来源：最高人民法院关于发布第十批指导性案例的通知

案号：（2006）民三提字第3号

审理法院：最高人民法院

审结日期：2008.03.24

标签：不正当竞争

【关键词】

民事　不正当竞争　知名商品　特有包装、装潢

【裁判要点】

1. 反不正当竞争法所称的知名商品，是指在中国境内具有一定的市场知名度，为相关公众所知悉的商品。在国际上已知名的商品，我国对其特有的名称、包装、装潢的保护，仍应以其在中国境内为相关公众所知悉为必要。故认定该知名商品，应当结合该商品在中国境内的销售时间、销售区域、销售额和销售对象，进行宣传的持续时间、程度和地域范围，作为知名商品受保护的情况等因素，并适当考虑该商品在国外已知名的情况，进行综合判断。

2. 反不正当竞争法所保护的知名商品特有的包装、装潢，是指能够区别商品来源的盛装或者保护商品的容器等包装，以及在商品或者其包装上附加的文字、图案、色彩及其排列组合所构成的装潢。

3. 对他人能够区别商品来源的知名商品特有的包装、装潢，进行足以引起市场混淆、误认的全面模仿，属于不正当竞争行为。

指导案例 58 号：成都同德福合川桃片有限公司诉重庆市合川区同德福桃片有限公司、余晓华侵害商标权及不正当竞争纠纷案

（最高人民法院审判委员会讨论通过　2016 年 5 月 20 日发布）

来源：最高人民法院关于发布第十二批指导性案例的通知

案号：（2013）渝高法民终字 00292 号

审理法院：重庆市高级人民法院

审结日期：2013.12.17

标签：老字号

【关键词】

民事　侵害商标权　不正当竞争　老字号　虚假宣传

【裁判要点】

1. 与"老字号"无历史渊源的个人或企业将"老字号"或与其近似的字号注册为商标后，以"老字号"的历史进行宣传的，应认定为虚假宣传，构成不正当竞争。

2. 与"老字号"具有历史渊源的个人或企业在未违反诚实信用原则的前提下，将"老字号"注册为个体工商户字号或企业名称，未引人误认且未突出使用该字号的，不构成不正当竞争或侵犯注册商标专用权。

6 垄断纠纷指导性案例（2 例）

指导案例 78 号：北京奇虎科技有限公司诉腾讯科技（深圳）有限公司、深圳市腾讯计算机系统有限公司滥用市场支配地位纠纷案

（最高人民法院审判委员会讨论通过　2017 年 3 月 6 日发布）

来源：最高人民法院关于发布第十六批指导性案例的通知

案号：（2013）民三终字第 4 号

审理法院：最高人民法院

审结日期：2014.10.08

标签：滥用市场支配地位

【关键词】

民事　滥用市场支配地位　垄断　相关市场

【裁判要点】

1. 在反垄断案件的审理中，界定相关市场通常是重要的分析步骤。但是，能否明确界定相关市场取决于案件具体情况。在滥用市场支配地位的案件中，界定相关市场是评估经营者的市场力量及被诉垄断行为对竞争影响的工具，其本身并非目的。如果通过排除或者妨碍竞争的直接证据，能够对经营者的市场地位及被诉垄断行为的市场影响进行评估，则不需要在每一个滥用市场支配地位的案件中，都明确而清楚地界定相关市场。

2. 假定垄断者测试（HMT）是普遍适用的界定相关市场的分析思路。在实际运用时，假定垄断者测试可以通过价格上涨（SSNIP）或质量下降（SSNDQ）等方法进行。互联网即时通信服务的免费特征使用户具有较高的价格敏感度，采用价格上涨的测试方法将导致相关市场界定过宽，应当采用质量下降的假定垄断者测试进行定性分析。

3. 基于互联网即时通信服务低成本、高覆盖的特点，在界定其相关地域市场时，应当根据多数需求者选择商品的实际区域、法律法规的规定、境外竞争者的现状及进入相关地域市场的及时性等因素，进行综合评估。

4. 在互联网领域中，市场份额只是判断市场支配地位的一项比较粗糙且可能具有误导性的指标，其在认定市场支配力方面的地位和作用必须根据案件具体情况确定。

指导案例79号：吴小秦诉陕西广电网络传媒（集团）股份有限公司捆绑交易纠纷案

（最高人民法院审判委员会讨论通过　2017年3月6日发布）

来源：最高人民法院关于发布第十六批指导性案例的通知

案号：（2016）最高法民再98号

审理法院：最高人民法院

审结日期：2016.05.31

标签：捆绑交易

【关键词】

民事　捆绑交易　垄断　市场支配地位　搭售

【裁判要点】

1. 作为特定区域内唯一合法经营有线电视传输业务的经营者及电视节目集中播控者，在市场准入、市场份额、经营地位、经营规模等各要素上均具有优势，可以认定该经营者占有市场支配地位。

2. 经营者利用市场支配地位，将数字电视基本收视维护费和数字电视付费节目费捆绑在一起向消费者收取，侵害了消费者的消费选择权，不利于其他服务提供者进入数字电视服务市场。经营者即使存在两项服务分别收费的例外情形，也不足以否认其构成反垄断法所禁止的搭售。

四、行政指导性案例

行政处罚指导性案例（4例）

指导案例5号：鲁潍（福建）盐业进出口有限公司苏州分公司诉江苏省苏州市盐务管理局盐业行政处罚案

（最高人民法院审判委员会讨论通过　2012年4月9日发布）

来源：最高人民法院关于发布第二批指导性案例的通知

案号：（2009）金行初字第0027号

审理法院：江苏省苏州市金阊区人民法院

审结日期：2011.04.29

标签：行政许可　行政处罚

【关键词】

行政　行政许可　行政处罚　规章参照　盐业管理

【裁判要点】

1. 盐业管理的法律、行政法规没有设定工业盐准运证的行政许可，地方性法规或者地方政府规章不能设定工业盐准运证这一新的行政许可。

2. 盐业管理的法律、行政法规对盐业公司之外的其他企业经营盐的批发业务没有设定行政处罚，地方政府规章不能对该行为设定行政处罚。

3. 地方政府规章违反法律规定设定许可、处罚的，人民法院在行政审判中不予适用。

指导案例6号：黄泽富、何伯琼、何熠诉四川省成都市金堂工商行政管理局行政处罚案

（最高人民法院审判委员会讨论通过　2012年4月9日发布）

来源：最高人民法院关于发布第二批指导性案例的通知

案号：（2006）成行终字第228号

审理法院：四川省成都市中级人民法院

审结日期：2006.09.28

标签：行政处罚

【关键词】

行政诉讼　行政处罚　没收较大数额财产　听证程序

【裁判要点】

行政机关作出没收较大数额涉案财产的行政处罚决定时，未告知当事人有要求举行听证的权利或者未依法举行听证的，人民法院应当依法认定该行政处罚违反法定程序。

指导案例60号：盐城市奥康食品有限公司东台分公司诉盐城市东台工商行政管理局工商行政处罚案

（最高人民法院审判委员会讨论通过　2016年5月20日发布）

来源：最高人民法院关于发布第十二批指导性案例的通知

案号：（2013）盐行终字第0032号

审理法院：江苏省盐城市中级人民法院

审结日期：2013.05.09

标签：行政处罚

【关键词】

行政　行政处罚　食品安全标准　食品标签　食品说明书

【裁判要点】

1. 食品经营者在食品标签、食品说明书上特别强调添加、含有一种或多种有价值、有特性的配料、成分，应标示所强调配料、成分的添加量或含量，未标示的，属于违反《中华人民共和国食品安全法》的行为，工商行政管理部门依法对其实施行政处罚的，人民法院应予支持。

2. 所谓"强调"，是指通过名称、色差、字体、字号、图形、排列顺序、文字说明、同一内容反复出现或多个内容都指向同一事物等形式进行着重标识。所谓"有价值、有特性的配料"，是指不同于一般配料的特殊配料，对人体有较高的营养作用，其市场价格、营养成分往往高于其他配料。

指导案例90号：贝汇丰诉海宁市公安局交通警察大队道路交通管理行政处罚案

（最高人民法院审判委员会讨论通过　2017年11月15日发布）

来源：最高人民法院关于发布第十七批指导性案例的通知
案号：（2015）浙嘉行终字第52号
审理法院：浙江省嘉兴市中级人民法院
审结日期：2015.09.10
标签：行政处罚

【关键词】
　　行政　行政处罚　机动车让行　正在通过人行横道

【裁判要点】
　　礼让行人是文明安全驾驶的基本要求。机动车驾驶人驾驶车辆行经人行横道，遇行人正在人行横道通行或者停留时，应当主动停车让行，除非行人明确示意机动车先通过。公安机关交通管理部门对不礼让行人的机动车驾驶人依法作出行政处罚的，人民法院应予支持。

行政确认指导性案例（2例）

指导案例40号：孙立兴诉天津新技术产业园区劳动人事局工伤认定案

（最高人民法院审判委员会讨论通过　2014年12月25日发布）

来源：最高人民法院关于发布第九批指导性案例的通知
案号：（2005）津高行终字第0034号
审理法院：天津市高级人民法院
审结日期：2005.07.11
标签：工伤认定

【关键词】
　　行政工伤认定　工作原因　工作场所　工作过失

【裁判要点】

1.《工伤保险条例》第十四条第一项规定的"因工作原因",是指职工受伤与其从事本职工作之间存在关联关系。

2.《工伤保险条例》第十四条第一项规定的"工作场所",是指与职工工作职责相关的场所,有多个工作场所的,还包括工作时间内职工来往于多个工作场所之间的合理区域。

3. 职工在从事本职工作中存在过失,不属于《工伤保险条例》第十六条规定的故意犯罪、醉酒或者吸毒、自残或者自杀情形,不影响工伤的认定。

指导案例59号:戴世华诉济南市公安消防支队消防验收纠纷案

(最高人民法院审判委员会讨论通过 2016年5月20日发布)

来源:最高人民法院关于发布第十二批指导性案例的通知

案号:(2012)济行终字第223号

审理法院:山东省济南市中级人民法院

审结日期:2013.01.17

标签:消防验收

【关键词】

行政诉讼 受案范围 行政确认 消防验收 备案结果通知

【裁判要点】

建设工程消防验收备案结果通知含有消防竣工验收是否合格的评定,具有行政确认的性质,当事人对公安机关消防机构的消防验收备案结果通知行为提起行政诉讼的,人民法院应当依法予以受理。

3 行政许可指导性案例(3例)

指导案例38号:田永诉北京科技大学拒绝颁发毕业证、学位证案

(最高人民法院审判委员会讨论通过 2014年12月25日发布)

来源:最高人民法院关于发布第九批指导性案例的通知

案号:(1999)一中行终字第73号

审理法院：北京市第一中级人民法院

审结日期：1999.04.26

标签：毕业证 学位证

【关键词】

行政诉讼 颁发证书 高等学校 受案范围 正当程序

【裁判要点】

1. 高等学校对受教育者因违反校规、校纪而拒绝颁发学历证书、学位证书，受教育者不服的，可以依法提起行政诉讼。

2. 高等学校依据违背国家法律、行政法规或规章的校规、校纪，对受教育者作出退学处理等决定的，人民法院不予支持。

3. 高等学校对因违反校规、校纪的受教育者作出影响其基本权利的决定时，应当允许其申辩并在决定作出后及时送达，否则视为违反法定程序。

指导案例39号：何小强诉华中科技大学拒绝授予学位案

（最高人民法院审判委员会讨论通过 2014年12月25日发布）

来源：最高人民法院关于发布第九批指导性案例的通知

案号：（2009）武行终字第61号

审理法院：湖北省武汉市中级人民法院

审结日期：2009.05.31

标签：毕业证 学位证

【关键词】

行政诉讼 学位授予 高等学校 学术自治

【裁判要点】

1. 具有学位授予权的高等学校，有权对学位申请人提出的学位授予申请进行审查并决定是否授予其学位。申请人对高等学校不授予其学位的决定不服提起行政诉讼的，人民法院应当依法受理。

2. 高等学校依照《中华人民共和国学位条例暂行实施办法》的有关规定，在学术自治范围内制定的授予学位的学术水平标准，以及据此标准作出的是否授予学位的决定，人民法院应予支持。

指导案例88号：张道文、陶仁等诉四川省简阳市人民政府侵犯客运人力三轮车经营权案

（最高人民法院审判委员会讨论通过　2017年11月15日发布）

来源：最高人民法院关于发布第十七批指导性案例的通知

案号：（2016）最高法行再81号

审理法院：最高人民法院

审结日期：2017.05.03

标签：行政许可

【关键词】

行政　行政许可　期限　告知义务　行政程序　确认　违法判决

【裁判要点】

1. 行政许可具有法定期限，行政机关在作出行政许可时，应当明确告知行政许可的期限，行政相对人也有权利知道行政许可的期限。

2. 行政相对人仅以行政机关未告知期限为由，主张行政许可没有期限限制的，人民法院不予支持。

3. 行政机关在作出行政许可时没有告知期限，事后以期限届满为由终止行政相对人行政许可权益的，属于行政程序违法，人民法院应当依法判决撤销被诉行政行为。但如果判决撤销被诉行政行为将会给社会公共利益和行政管理秩序带来明显不利影响的，人民法院应当判决确认被诉行政行为违法。

4 行政批准指导性案例（2例）

指导案例22号：魏永高、陈守志诉来安县人民政府收回土地使用权批复案

（最高人民法院审判委员会讨论通过　2013年11月8日发布）

来源：最高人民法院关于发布第五批指导性案例的通知

案号：（2012）皖行终字第14号

审理法院：安徽省高级人民法院

审结日期：2012.09.10
标签：行政批复

【关键词】

行政诉讼　受案范围　批复

【裁判要点】

地方人民政府对其所属行政管理部门的请示作出的批复，一般属于内部行政行为，不可对此提起诉讼。但行政管理部门直接将该批复付诸实施并对行政相对人的权利义务产生了实际影响，行政相对人对该批复不服提起诉讼的，人民法院应当依法受理。

指导案例41号：宣懿成等诉浙江省衢州市国土资源局收回国有土地使用权案

（最高人民法院审判委员会讨论通过　2014年12月25日发布）

来源：最高人民法院关于发布第九批指导性案例的通知
案号：（2003）柯行初字第8号
审理法院：浙江省衢州市柯城区人民法院
审结日期：2003.08.29
标签：具体行政行为法律适用

【关键词】

行政诉讼　举证责任　未引用具体法律条款　适用法律错误

【裁判要点】

行政机关作出具体行政行为时未引用具体法律条款，且在诉讼中不能证明该具体行政行为符合法律的具体规定，应当视为该具体行政行为没有法律依据，适用法律错误。

5　行政合同指导性案例（1例）

指导案例76号：萍乡市亚鹏房地产开发有限公司诉萍乡市国土资源局不履行行政协议案

（最高人民法院审判委员会讨论通过　2016年12月28日发布）

来源：最高人民法院关于发布第十五批指导性案例的通知

案号：（2014）萍行终字第10号
审理法院：江西省萍乡市中级人民法院
审结日期：2014.08.15
标签：行政协议

【关键词】

行政　行政协议　合同解释　司法审查　法律效力

【裁判要点】

行政机关在职权范围内对行政协议约定的条款进行的解释，对协议双方具有法律约束力，人民法院经过审查，根据实际情况，可以作为审查行政协议的依据。

6 行政受理指导性案例（1例）

指导案例69号：王明德诉乐山市人力资源和社会保障局工伤认定案

（最高人民法院审判委员会讨论通过　2016年9月19日发布）

来源：最高人民法院关于发布第十四批指导性案例的通知
案号：（2013）乐中行初字第36号
审理法院：四川省乐山市市中区人民法院
审结日期：2013.09.25
标签：工伤认定

【关键词】

行政诉讼　工伤认定　程序性行政行为　受理

【裁判要点】

当事人认为行政机关作出的程序性行政行为侵犯其人身权、财产权等合法权益，对其权利义务产生明显的实际影响，且无法通过提起针对相关的实体性行政行为的诉讼获得救济，而对该程序性行政行为提起行政诉讼的，人民法院应当依法受理。

7 行政征收指导性案例（1例）

指导案例21号：内蒙古秋实房地产开发有限责任公司诉呼和浩特市人民防空办公室人防行政征收案

（最高人民法院审判委员会讨论通过　2013年11月8日发布）

来源：最高人民法院关于发布第五批指导性案例的通知
案号：（2010）呼行终字第16号
审理法院：内蒙古自治区呼和浩特市中级人民法院
审结日期：2010.04.20
标签：行政征收

【关键词】

行政　人防　行政征收　防空地下室　易地建设费

【裁判要点】

建设单位违反人民防空法及有关规定，应当建设防空地下室而不建的，属于不履行法定义务的违法行为。建设单位应当依法缴纳防空地下室易地建设费的，不适用廉租住房和经济适用住房等保障性住房建设项目关于"免收城市基础设施配套费等各种行政事业性收费"的规定。

8 行政登记指导性案例（1例）

指导案例89号："北雁云依"诉济南市公安局历下区分局燕山派出所公安行政登记案

（最高人民法院审判委员会讨论通过　2017年11月15日发布）

来源：最高人民法院关于发布第十七批指导性案例的通知
案号：（2010）历行初字第4号
审理法院：山东省济南市历下区人民法院
审结日期：2015.04.25
标签：公安行政登记

【关键词】

行政　公安行政登记　姓名权　公序良俗　正当理由

【裁判要点】

公民选取或创设姓氏应当符合中华传统文化和伦理观念。仅凭个人喜好和愿望在父姓、母姓之外选取其他姓氏或者创设新的姓氏，不属于《全国人民代表大会常务委员会关于〈中华人民共和国民法通则〉第九十九条第一款、〈中华人民共和国婚姻法〉第二十二条的解释》第二款第三项规定的"有不违反公序良俗的其他正当理由"。

9 其他行政行为指导性案例（2例）

指导案例26号：李健雄诉广东省交通运输厅政府信息公开案

（最高人民法院审判委员会讨论通过　2014年1月26日发布）

来源：最高人民法院关于发布第六批指导性案例的通知

案号：（2011）越法行初字第252号

审理法院：广东省广州市越秀区人民法院

审结日期：2011.08.24

标签：政府信息公开

【关键词】

行政　政府信息公开　网络申请　逾期答复

【裁判要点】

公民、法人或者其他组织通过政府公众网络系统向行政机关提交政府信息公开申请的，如该网络系统未作例外说明，则系统确认申请提交成功的日期应当视为行政机关收到政府信息公开申请之日。行政机关对于该申请的内部处理流程，不能成为行政机关延期处理的理由，逾期作出答复的，应当确认为违法。

指导案例77号：罗镕荣诉吉安市物价局物价行政处理案

（最高人民法院审判委员会讨论通过　2016年12月28日发布）

来源：最高人民法院关于发布第十五批指导性案例的通知

案号：（2012）吉行初字第13号
审理法院：江西省吉安市吉州区人民法院
审结日期：2012.11.01
标签：举报答复

【关键词】

行政诉讼　举报答复　受案范围　原告资格

【裁判要点】

1. 行政机关对与举报人有利害关系的举报仅作出告知性答复，未按法律规定对举报进行处理，不属于《最高人民法院关于执行〈中华人民共和国行政诉讼法〉若干问题的解释》第一条第六项规定的"对公民、法人或者其他组织权利义务不产生实际影响的行为"，因而具有可诉性，属于人民法院行政诉讼的受案范围。

2. 举报人就其自身合法权益受侵害向行政机关进行举报的，与行政机关的举报处理行为具有法律上的利害关系，具备行政诉讼原告主体资格。

五、执行类指导性案例

指导案例 2 号：吴梅诉四川省眉山西城纸业有限公司买卖合同纠纷案
（最高人民法院审判委员会讨论通过　2011 年 12 月 20 日发布）

来源：最高人民法院关于发布第一批指导性案例的通知

案号：(2010) 眉执督字第 4 号

审理法院：四川省眉山市中级人民法院

审结日期：2010.07.07

标签：二审和解协议

【关键词】

民事诉讼　执行和解　撤回上诉　不履行和解协议　申请执行　一审判决

【裁判要点】

民事案件二审期间，双方当事人达成和解协议，人民法院准许撤回上诉的，该和解协议未经人民法院依法制作调解书，属于诉讼外达成的协议。一方当事人不履行和解协议，另一方当事人申请执行一审判决的，人民法院应予支持。

指导案例 34 号：李晓玲、李鹏裕申请执行厦门海洋实业（集团）股份有限公司、厦门海洋实业总公司执行复议案
（最高人民法院审判委员会讨论通过　2014 年 12 月 18 日发布）

来源：最高人民法院关于发布第八批指导性案例的通知

案号：(2012) 执复字第 26 号

审理法院：最高人民法院

审结日期：2012.12.11

标签：债权转让后申请执行

【关键词】

民事诉讼　执行复议　权利承受人　申请执行

【裁判要点】

生效法律文书确定的权利人在进入执行程序前合法转让债权的,债权受让人即权利承受人可以作为申请执行人直接申请执行,无需执行法院作出变更申请执行人的裁定。

指导案例 35 号:广东龙正投资发展有限公司与广东景茂拍卖行有限公司委托拍卖执行复议案

(最高人民法院审判委员会讨论通过 2014 年 12 月 18 日发布)

来源:最高人民法院关于发布第八批指导性案例的通知

案号:(2012)执复字第 6 号

审理法院:最高人民法院

审结日期:2012.06.15

标签:拍卖

【关键词】

民事诉讼 执行复议 委托拍卖 恶意串通 拍卖无效

【裁判要点】

拍卖行与买受人有关联关系,拍卖行为存在以下情形,损害与标的物相关权利人合法权益的,人民法院可以视为拍卖行与买受人恶意串通,依法裁定该拍卖无效:(1)拍卖过程中没有其他无关联关系的竞买人参与竞买,或者虽有其他竞买人参与竞买,但未进行充分竞价的;(2)拍卖标的物的评估价明显低于实际价格,仍以该评估价成交的。

指导案例 36 号:中投信用担保有限公司与海通证券股份有限公司等证券权益纠纷执行复议案

(最高人民法院审判委员会讨论通过 2014 年 12 月 18 日发布)

来源:最高人民法院关于发布第八批指导性案例的通知

案号:(2010)执复字第 2 号

审理法院:最高人民法院

审结日期:2010.04.13

标签：执行交叉

【关键词】

民事诉讼　执行复议　到期债权　协助履行

【裁判要点】

被执行人在收到执行法院执行通知之前，收到另案执行法院要求其向申请执行人的债权人直接清偿已经法院生效法律文书确认的债务的通知，并清偿债务的，执行法院不能将该部分已清偿债务纳入执行范围。

指导案例37号：上海金纬机械制造有限公司与瑞士瑞泰克公司仲裁裁决执行复议案

（最高人民法院审判委员会讨论通过　2014年12月18日发布）

来源：最高人民法院关于发布第八批指导性案例的通知

案号：（2009）沪高执复议字第2号

审理法院：上海市高级人民法院

审结日期：2011.12.20

标签：涉外仲裁执行

【关键词】

民事诉讼　执行复议　涉外仲裁裁决　执行管辖　申请执行期间起算

【裁判要点】

当事人向我国法院申请执行发生法律效力的涉外仲裁裁决，发现被申请执行人或者其财产在我国领域内的，我国法院即对该案具有执行管辖权。当事人申请法院强制执行的时效期间，应当自发现被申请执行人或者其财产在我国领域内之日起算。

六、国家赔偿指导性案例

指导案例 42 号：朱红蔚申请无罪逮捕赔偿案

（最高人民法院审判委员会讨论通过　2014 年 12 月 25 日发布）

来源：最高人民法院关于发布第九批指导性案例的通知

案号：(2011) 法委赔字第 4 号

审理法院：最高人民法院

审结日期：2012.06.18

标签：无罪逮捕

【关键词】

国家赔偿　刑事赔偿　无罪逮捕　精神损害赔偿

【裁判要点】

1. 国家机关及其工作人员行使职权时侵犯公民人身自由权，严重影响受害人正常的工作、生活，导致其精神极度痛苦，属于造成精神损害严重后果。

2. 赔偿义务机关支付精神损害抚慰金的数额，应当根据侵权行为的手段、场合、方式等具体情节，侵权行为造成的影响、后果，以及当地平均生活水平等综合因素确定。

指导案例 43 号：国泰君安证券股份有限公司海口滨海大道（天福酒店）证券营业部申请错误执行赔偿案

（最高人民法院审判委员会讨论通过　2014 年 12 月 25 日发布）

来源：最高人民法院关于发布第九批指导性案例的通知

案号：(2011) 法委赔字第 3 号

审理法院：最高人民法院

审结日期：2012.03.23

标签：执行错误

【关键词】

国家赔偿　司法赔偿　错误执行　执行回转

【裁判要点】

1. 赔偿请求人以人民法院具有《中华人民共和国国家赔偿法》第三十八条规定的违法侵权情形为由申请国家赔偿的，人民法院应就赔偿请求人诉称的司法行为是否违法，以及是否应当承担国家赔偿责任一并予以审查。

2. 人民法院审理执行异议案件，因原执行行为所依据的当事人执行和解协议侵犯案外人合法权益，对原执行行为裁定予以撤销，并将被执行财产回复至执行之前状态的，该撤销裁定及执行回转行为不属于《中华人民共和国国家赔偿法》第三十八条规定的执行错误。

指导案例44号：卜新光申请刑事违法追缴赔偿案

（最高人民法院审判委员会讨论通过　2014年12月25日发布）

来源：最高人民法院关于发布第九批指导性案例的通知

案号：（2011）法委赔字第1号

审理法院：最高人民法院

审结日期：2011.11.24

标签：刑事违法追缴

【关键词】

国家赔偿　刑事赔偿　刑事追缴　发还赃物

【裁判要点】

公安机关根据人民法院生效刑事判决将判令追缴的赃物发还被害单位，并未侵犯赔偿请求人的合法权益，不属于《中华人民共和国国家赔偿法》第十八条第一项规定的情形，不应承担国家赔偿责任。

指导案例91号：沙明保等诉马鞍山市花山区人民政府
房屋强制拆除行政赔偿案

（最高人民法院审判委员会讨论通过　2017年11月15日发布）

来源：最高人民法院关于发布第十七批指导性案例的通知

案号：（2015）皖行赔终字第00011号
审理法院：安徽省高级人民法院
审结日期：2015.11.24
标签：行政赔偿

【关键词】

行政　行政赔偿　强制拆除　举证责任　市场合理价值

【裁判要点】

在房屋强制拆除引发的行政赔偿案件中，原告提供了初步证据，但因行政机关的原因导致原告无法对房屋内物品损失举证，行政机关亦因未依法进行财产登记、公证等措施无法对房屋内物品损失举证的，人民法院对原告未超出市场价值的符合生活常理的房屋内物品的赔偿请求，应当予以支持。

第三部分　与案例指导制度相关的法律规范性文件

最高人民法院印发《关于案例指导工作的规定》的通知

（法发〔2010〕51号）

各省、自治区、直辖市高级人民法院，解放军军事法院，新疆维吾尔自治区高级人民法院生产建设兵团分院：

《最高人民法院关于案例指导工作的规定》已于2010年11月15日由最高人民法院审判委员会第1501次会议讨论通过，现印发给你们，请认真贯彻执行。

最高人民法院

2010年11月26日

最高人民法院关于案例指导工作的规定

为总结审判经验，统一法律适用，提高审判质量，维护司法公正，根据《中华人民共和国人民法院组织法》等法律规定，就开展案例指导工作，制定本规定。

第一条　对全国法院审判、执行工作具有指导作用的指导性案例，由最高人民法院确定并统一发布。

第二条　本规定所称指导性案例，是指裁判已经发生法律效力，并符合以下条件的案例：

（一）社会广泛关注的；

（二）法律规定比较原则的；

（三）具有典型性的；

（四）疑难复杂或者新类型的；

（五）其他具有指导作用的案例。

第三条　最高人民法院设立案例指导工作办公室，负责指导性案例的遴选、审查和报审工作。

第四条　最高人民法院各审判业务单位对本院和地方各级人民法院已经发生法律效力的裁判，认为符合本规定第二条规定的，可以向案例指导工作办公室推荐。

各高级人民法院、解放军军事法院对本院和本辖区内人民法院已经发生法律效力的裁判，认为符合本规定第二条规定的，经本院审判委员会讨论决定，可以向最高人民法院案例指导工作办公室推荐。

中级人民法院、基层人民法院对本院已经发生法律效力的裁判,认为符合本规定第二条规定的,经本院审判委员会讨论决定,层报高级人民法院,建议向最高人民法院案例指导工作办公室推荐。

第五条 人大代表、政协委员、专家学者、律师,以及其他关心人民法院审判、执行工作的社会各界人士对人民法院已经发生法律效力的裁判,认为符合本规定第二条规定的,可以向作出生效裁判的原审人民法院推荐。

第六条 案例指导工作办公室对于被推荐的案例,应当及时提出审查意见。符合本规定第二条规定的,应当报请院长或者主管副院长提交最高人民法院审判委员会讨论决定。

最高人民法院审判委员会讨论决定的指导性案例,统一在《最高人民法院公报》、最高人民法院网站、《人民法院报》上以公告的形式发布。

第七条 最高人民法院发布的指导性案例,各级人民法院审判类似案例时应当参照。

第八条 最高人民法院案例指导工作办公室每年度对指导性案例进行编纂。

第九条 本规定施行前,最高人民法院已经发布的对全国法院审判、执行工作具有指导意义的案例,根据本规定清理、编纂后,作为指导性案例公布。

第十条 本规定自公布之日起施行。

最高人民法院研究室关于印发《关于编写报送指导性案例体例的意见》、《指导性案例样式》的通知

(法研〔2012〕2号)

各省、自治区、直辖市高级人民法院,解放军军事法院,新疆维吾尔自治区高级人民法院生产建设兵团分院:

现将《关于编写报送指导性案例体例的意见》、《指导性案例样式》印发给你们,供编写向最高人民法院报送推荐的指导性案例时参照。执行中有何问题,请及时报告我院。

附:《关于编写报送指导性案例体例的意见》、《指导性案例样式》

最高人民法院

2011年12月30日

附:

关于编写报送指导性案例体例的意见

为正确适用《最高人民法院关于案例指导工作的规定》,充分发挥指导性案例的作

用，统一指导性案例制发体例，现就指导性案例体例提出如下意见：

指导性案例的体例主要包括标题、关键词、裁判要点、相关法条、基本案情、裁判结果、裁判理由七个部分。

一、关于"标题"

标题由案件当事人名称和案由构成，一般采用某某诉某某加案由的形式，如张三诉李四侵害商标权纠纷案。刑事案例则由被告人姓名和案由组成，如张某盗窃案。

二、关于"关键词"

关键词空一行放在标题之后、裁判要点之前，以词或词组反映指导性案例涉及的最关紧要的法律适用问题或者其他核心内容。标示次序应根据关键词的涵义由大到小排列，如有两个以上的主题内容，则按其重要性由大到小排列。关键词一般不超过7个，关键词之间空1个字。

三、关于"裁判要点"

裁判要点原则上归纳为一个自然段，是整个指导性案例要点的概要表述。有两个以上裁判要点的，按照裁判要点的重要性或者逻辑关系用阿拉伯数字顺序号分段标示。裁判要点可以直接摘录裁判文书中具有指导意义的主要部分，也可以对其进行提炼和概括。

裁判要点应简要归纳和提炼指导性案例体现的具有指导意义的重要裁判规则、理念或方法，应当概要、准确、精炼，结构严谨，表达简明，语义确切，对类似案件的裁判具有指导、启示意义。

四、关于"相关法条"

相关法条列明与裁判要点最密切相关的法律及其条文的序号。法律以其全称加书名号表述，法条序号采用法条原文序号，如"《中华人民共和国刑法》第五十条"；涉及同一法律不同法条的，按法条的先后次序排列，中间用顿号，如"《中华人民共和国合同法》第八条、第一百零七条"；涉及不同法律的，则按法律位阶依次起行并列排列。有两个以上裁判要点，且分别有最密切相关法条的，按照裁判要点的排列次序用阿拉伯数字顺序号对应标明。

五、关于"基本案情"

基本案情部分一般先准确概述控（诉）辩意见，再叙述法院经审理查明事实，也可以视情直接叙述法院审理查明事实。其中控（诉）辩意见和具体证据，可以根据是否与裁判要点有联系而决定是否列出。与裁判要点相关的事实、情节和法律适用问题，要有针对性地详加阐明。

基本案情部分准确和概括反映案件的基本情况，应当层次清楚，重点突出，详略得当，简明扼要，通俗易懂。

六、关于"裁判结果"

裁判结果部分简述诉讼经过和结果,写明案件的裁判法院、裁判时间、案号和裁判主文。

裁判结果是判决或者裁定的主文,应当依法、准确、公正。

七、关于"裁判理由"

裁判理由应当根据案件事实、法律、司法解释、政策精神和法学理论通说,从法理、事理、情理等方面,结合案情和裁判要点,详细论述法院裁判的正确性和公正性。根据指导性案例具体情况,可以针对控(诉)辩意见论述,也可以针对裁判要点涉及问题直接论述。可以依照裁判文书的论述次序,在裁判文书的理由基础上进行适当充实,但不能与裁判文书论述矛盾,也不能在理由中出现前面未表述的事实。一、二审等裁判理由不一致的,一般只写法院生效裁判的论述理由。

裁判理由应当重点围绕案件的主要问题、争议焦点或者分歧意见,充分阐明案例的指导价值。说理应当准确、精当、透彻,与叙述的基本案情前后照应,并紧密结合选定指导性案例的社会背景,有针对性和说服力,确保法律效果和社会效果的统一、良好。

八、关于其他技术规范

文字、数字和标点符号等技术规范,采用裁判文书的相关要求。

案例中涉及被害人、证人、第三人、未成年人等姓名、名称、地址等具体信息的,予以技术处理。

标题使用二号宋体字加粗,"关键词"中的具体内容使用三号楷体字,标示案例组成部分的"关键词"、"裁判要点"等使用三号黑体字,正文全部采用三号仿宋体字。印刷指导性案例时,可以适当调整字体或字号。

指导性案例样式

×××××案(标题)

关键词 ×× ×× ×× ×× ××××(以词或词组反映指导性案例涉及的最关紧要的法律适用问题或者其他核心内容,标示次序应根据关键词的涵义由大到小排列,如有两个以上的主题内容,则按其重要性由大到小排列)

裁判要点

……(裁判要点简要归纳和提炼具有指导意义的重要裁判规则、理念、方法。一个裁判要点归纳为一个自然段,有两个以上裁判要点的,按照裁判要点的重要性或者逻辑关系

用数字顺序号分段标示）

相关法条

……（列明与裁判要点最密切相关的法律及其条文的序号。

法律以其全称加书名号表述，法条序号采用法条原文序号）

基本案情

×××诉称：……

×××辩称：……

（分别概述起诉、辩护意见及其主要理由，也可以直接叙述法院查明事实，不列诉辩情况。是否列出诉辩情况，根据与裁判要点是否有密切联系而定）

法院经审理查明：……（准确概述审理查明事实，不列诉辩意见的同时省略"法院经审理查明"字样，直接叙述案情。一般不列具体证据，但与裁判要点有密切联系的，在查明事实之后列出具体证据。与裁判要点相关的事实、情节和法律适用问题，要有针对性地详加阐述）

裁判结果

××××法院于××××年××月××日作出××××号（写明案号）刑事（民事、行政等）判决（裁定等）……（写明裁判结果）。宣判后，×××提出上诉（未提出上诉，判决已发生法律效力）。××××法院于××××年××月××日作出××××号（写明案号）刑事（民事、行政等）裁定（判决），驳回上诉，维持原判。（二审改判、发回重审的，则写明改判、发回重审的简要理由和情况。再审的写明再审的简要理由和情况）

裁判理由

法院生效裁判（最高人民法院作出终审生效裁判的，则写"最高人民法院"）认为：……（从法理、事理、情理等方面结合案情和裁判要点分析阐述裁判理由，做到法律效果和社会效果的统一。根据案例具体情况，可以针对诉辩意见论述，也可以列出裁判要点问题直接论述。可以在裁判文书理由的基础上进行适当充实，但理由部分不能与裁判文书论述矛盾，也不能出现新的事实。一、二审等裁判理由不一致的，一般只写生效裁判的理由）

最高人民法院印发《〈关于案例指导工作的规定〉实施细则》的通知

（法〔2015〕130号）

本院各审判业务单位，各省、自治区、直辖市高级人民法院，解放军军事法院，新疆维吾尔自治区高级人民法院生产建设兵团分院：

《〈最高人民法院关于案例指导工作的规定〉实施细则》已于2015年4月27日由最高

人民法院审判委员会第1649次会议讨论通过，现印发给你们，请认真遵照执行。执行中遇到问题，请及时报告我院。

最高人民法院
2015年5月13日

《最高人民法院关于案例指导工作的规定》实施细则

第一条 为了具体实施《最高人民法院关于案例指导工作的规定》，加强、规范和促进案例指导工作，充分发挥指导性案例对审判工作的指导作用，统一法律适用标准，维护司法公正，制定本实施细则。

第二条 指导性案例应当是裁判已经发生法律效力，认定事实清楚，适用法律正确，裁判说理充分，法律效果和社会效果良好，对审理类似案件具有普遍指导意义的案例。

第三条 指导性案例由标题、关键词、裁判要点、相关法条、基本案情、裁判结果、裁判理由以及包括生效裁判审判人员姓名的附注等组成。指导性案例体例的具体要求另行规定。

第四条 最高人民法院案例指导工作办公室（以下简称案例指导办公室）负责指导性案例的征集、遴选、审查、发布、研究和编纂，以及对全国法院案例指导工作的协调和指导等工作。

最高人民法院各审判业务单位负责指导性案例的推荐、审查等工作，并指定专人负责联络工作。

各高级人民法院负责辖区内指导性案例的推荐、调研、监督等工作。各高级人民法院向最高人民法院推荐的备选指导性案例，应当经审判委员会讨论决定或经审判委员会过半数委员审核同意。

中级人民法院、基层人民法院应当通过高级人民法院推荐备选指导性案例，并指定专人负责案例指导工作。

第五条 人大代表、政协委员、人民陪审员、专家学者、律师，以及其他关心人民法院审判、执行工作的社会各界人士，对于符合指导性案例条件的案例，可以向作出生效裁判的原审人民法院推荐，也可以向案例指导办公室提出推荐建议。

案例指导工作专家委员会委员对于符合指导性案例条件的案例，可以向案例指导办公室提出推荐建议。

第六条 最高人民法院各审判业务单位、高级人民法院向案例指导办公室推荐备选指导性案例，应当提交下列材料：

（一）《指导性案例推荐表》；

（二）按照规定体例编写的案例文本及其编选说明；

（三）相关裁判文书。

以上材料需要纸质版一式三份，并附电子版。

推荐法院可以提交案件审理报告、相关新闻报道及研究资料等。

第七条 案例指导办公室认为有必要进一步研究的备选指导性案例，可以征求相关国家机关、部门、社会组织以及案例指导工作专家委员会委员、专家学者的意见。

第八条 备选指导性案例由案例指导办公室按照程序报送审核。经最高人民法院审判委员会讨论通过的指导性案例，印发各高级人民法院，并在《最高人民法院公报》《人民法院报》和最高人民法院网站上公布。

第九条 各级人民法院正在审理的案件，在基本案情和法律适用方面，与最高人民法院发布的指导性案例相类似的，应当参照相关指导性案例的裁判要点作出裁判。

第十条 各级人民法院审理类似案件参照指导性案例的，应当将指导性案例作为裁判理由引述，但不作为裁判依据引用。

第十一条 在办理案件过程中，案件承办人员应当查询相关指导性案例。在裁判文书中引述相关指导性案例的，应在裁判理由部分引述指导性案例的编号和裁判要点。

公诉机关、案件当事人及其辩护人、诉讼代理人引述指导性案例作为控（诉）辩理由的，案件承办人员应当在裁判理由中回应是否参照了该指导性案例并说明理由。

第十二条 指导性案例有下列情形之一的，不再具有指导作用：

（一）与新的法律、行政法规或者司法解释相冲突的；

（二）为新的指导性案例所取代的；

第十三条 最高人民法院建立指导性案例纸质档案与电子信息库，为指导性案例的参照适用、查询、检索和编纂提供保障。

第十四条 各级人民法院对于案例指导工作中做出突出成绩的单位和个人，应当依照《中华人民共和国法官法》等规定给予奖励。

第十五条 本实施细则自印发之日起施行。

最高人民法院关于印发《人民法院民事裁判文书制作规范》《民事诉讼文书样式》的通知

（法〔2016〕221号）

各省、自治区、直辖市高级人民法院，解放军军事法院，新疆维吾尔自治区高级人民法院

生产建设兵团分院：

　　为进一步规范和统一民事裁判文书写作标准，提高民事诉讼文书质量，最高人民法院制定了《人民法院民事裁判文书制作规范》《民事诉讼文书样式》。该两份文件已于2016年2月22日经最高人民法院审判委员会第1679次会议通过，现予印发，自2016年8月1日起施行。请认真遵照执行。

最高人民法院
2016年6月28日

人民法院民事裁判文书制作规范

　　为指导全国法院民事裁判文书的制作，确保文书撰写做到格式统一、要素齐全、结构完整、繁简得当、逻辑严密、用语准确，提高文书质量，制定本规范。

一、基本要素

　　文书由标题、正文、落款三部分组成。

　　标题包括法院名称、文书名称和案号。

　　正文包括首部、事实、理由、裁判依据、裁判主文、尾部。首部包括诉讼参加人及其基本情况，案件由来和审理经过等；事实包括当事人的诉讼请求、事实和理由，人民法院认定的证据及事实；理由是根据认定的案件事实和法律依据，对当事人的诉讼请求是否成立进行分析评述，阐明理由；裁判依据是人民法院作出裁判所依据的实体法和程序法条文；裁判主文是人民法院对案件实体、程序问题作出的明确、具体、完整的处理决定；尾部包括诉讼费用负担和告知事项。

　　落款包括署名和日期。

二、标题

　　标题由法院名称、文书名称和案号构成，例如："××××人民法院民事判决书（民事调解书、民事裁定书）＋案号"。

　　（一）法院名称

　　法院名称一般应与院印的文字一致。基层人民法院、中级人民法院名称前应冠以省、自治区、直辖市的名称，但军事法院、海事法院、铁路运输法院、知识产权法院等专门人民法院除外。

　　涉外裁判文书，法院名称前一般应冠以"中华人民共和国"国名；案件当事人中如果没有外国人、无国籍人、外国企业或组织的，地方人民法院、专门人民法院制作的裁判文书标题中的法院名称无需冠以"中华人民共和国"。

(二) 案号

案号由收案年度、法院代字、类型代字、案件编号组成。

案号 = "（" + 收案年度 + "）" + 法院代字 + 类型代字 + 案件编号 + "号"。

案号的编制、使用应根据《最高人民法院关于人民法院案件案号的若干规定》等执行。

三、正文

(一) 当事人的基本情况

1. 当事人的基本情况包括：诉讼地位和基本信息。

2. 当事人是自然人的，应当写明其姓名、性别、出生年月日、民族、职业或者工作单位和职务、住所。姓名、性别等身份事项以居民身份证、户籍证明为准。

当事人职业或者工作单位和职务不明确的，可以不表述。

当事人住所以其户籍所在地为准；离开户籍所在地有经常居住地的，经常居住地为住所。连续两个当事人的住所相同的，应当分别表述，不用"住所同上"的表述。

3. 有法定代理人或指定代理人的，应当在当事人之后另起一行写明其姓名、性别、职业或工作单位和职务、住所，并在姓名后用括号注明其与当事人的关系。代理人为单位的，写明其名称及其参加诉讼人员的基本信息。

4. 当事人是法人的，写明名称和住所，并另起一行写明法定代表人的姓名和职务。当事人是其他组织的，写明名称和住所，并另起一行写明负责人的姓名和职务。

当事人是个体工商户的，写明经营者的姓名、性别、出生年月日、民族、住所；起有字号的，以营业执照上登记的字号为当事人，并写明该字号经营者的基本信息。

当事人是起字号的个人合伙的，在其姓名之后用括号注明"系……（写明字号）合伙人"。

5. 法人、其他组织、个体工商户、个人合伙的名称应写全称，以其注册登记文件记载的内容为准。

6. 法人或者其他组织的住所是指法人或者其他组织的主要办事机构所在地；主要办事机构所在地不明确的，法人或者其他组织的注册地或者登记地为住所。

7. 当事人为外国人的，应当写明其经过翻译的中文姓名或者名称和住所，并用括号注明其外文姓名或者名称和住所。

外国自然人应当注明其国籍。国籍应当用全称。无国籍人，应当注明无国籍。

港澳台地区的居民在姓名后写明"香港特别行政区居民""澳门特别行政区居民"或"台湾地区居民"。

外国自然人的姓名、性别等基本信息以其护照等身份证明文件记载的内容为准；外国法人或者其他组织的名称、住所等基本信息以其注册登记文件记载的内容为准。

8. 港澳地区当事人的住所，应当冠以"香港特别行政区""澳门特别行政区"。

台湾地区当事人的住所，应当冠以"台湾地区"。

9. 当事人有曾用名，且该曾用名与本案有关联的，裁判文书在当事人现用名之后用括号注明曾用名。

诉讼过程中当事人姓名或名称变更的，裁判文书应当列明变更后的姓名或名称，变更前姓名或名称无需在此处列明。对于姓名或者名称变更的事实，在查明事实部分写明。

10. 诉讼过程中，当事人权利义务继受人参加诉讼的，诉讼地位从其承继的诉讼地位。裁判文书中，继受人为当事人；被继受人在当事人部分不写，在案件由来中写明继受事实。

11. 在代表人诉讼中，被代表或者登记权利的当事人人数众多的，可以采取名单附后的方式表述，"原告×××等×人（名单附后）"。

当事人自行参加诉讼的，要写明其诉讼地位及基本信息。

12. 当事人诉讼地位在前，其后写当事人姓名或者名称，两者之间用冒号。当事人姓名或者名称之后，用逗号。

（二）委托诉讼代理人的基本情况

1. 当事人有委托诉讼代理人的，应当在当事人之后另起一行写明为"委托诉讼代理人"，并写明委托诉讼代理人的姓名和其他基本情况。有两个委托诉讼代理人的，分行分别写明。

2. 当事人委托近亲属或者本单位工作人员担任委托诉讼代理人的，应当列在第一位，委托外单位的人员或者律师等担任委托诉讼代理人的列在第二位。

3. 当事人委托本单位人员作为委托诉讼代理人的，写明姓名、性别及其工作人员身份。其身份信息可表述为"该单位（如公司、机构、委员会、厂等）工作人员"。

4. 律师、基层法律服务工作者担任委托诉讼代理人的，写明律师、基层法院法律服务工作者的姓名，所在律师事务所的名称、法律服务所的名称及执业身份。其身份信息表述为"××律师事务所律师""××法律服务所法律工作者"。属于提供法律援助的，应当写明法律援助情况。

5. 委托诉讼代理人是当事人近亲属的，应当在姓名后用括号注明其与当事人的关系，写明住所。代理人是当事人所在社区、单位以及有关社会团体推荐的公民的，写明姓名、性别、住所，并在住所之后注明具体由何社区、单位、社会团体推荐。

6. 委托诉讼代理人变更的，裁判文书首部只列写变更后的委托诉讼代理人。对于变更的事实可根据需要写明。

7. 委托诉讼代理人后用冒号，再写委托诉讼代理人姓名。委托诉讼代理人姓名后用逗号。

(三)当事人的诉讼地位

1. 一审民事案件当事人的诉讼地位表述为"原告""被告"和"第三人"。先写原告,后写被告,再写第三人。有多个原告、被告、第三人的,按照起诉状列明的顺序写。起诉状中未列明的当事人,按照参加诉讼的时间顺序写。

提出反诉的,需在本诉称谓后用括号注明反诉原告、反诉被告。反诉情况在案件由来和事实部分写明。

2. 二审民事案件当事人的诉讼地位表述为"上诉人""被上诉人""第三人""原审原告""原审被告""原审第三人"。先写上诉人,再写被上诉人,后写其他当事人。其他当事人按照原审诉讼地位和顺序写明。被上诉人也提出上诉的,列为"上诉人"。

上诉人和被上诉人之后,用括号注明原审诉讼地位。

3. 再审民事案件当事人的诉讼地位表述为"再审申请人""被申请人"。其他当事人按照原审诉讼地位表述,例如,一审终审的,列为"原审原告""原审被告""原审第三人";二审终审的,列为"二审上诉人""二审被上诉人"等。

再审申请人、被申请人和其他当事人诉讼地位之后,用括号注明一审、二审诉讼地位。

抗诉再审案件(再审检察建议案件),应当写明抗诉机关(再审检察建议机关)及申诉人与被申诉人的诉讼地位。案件由来部分写明检察机关出庭人员的基本情况。对于检察机关因国家利益、社会公共利益受损而依职权启动程序的案件,应列明当事人的原审诉讼地位。

4. 第三人撤销之诉案件,当事人的诉讼地位表述为"原告""被告""第三人"。"被告"之后用括号注明原审诉讼地位。

5. 执行异议之诉案件,当事人的诉讼地位表述为"原告""被告""第三人",并用括号注明当事人在执行异议程序中的诉讼地位。

6. 特别程序案件,当事人的诉讼地位表述为"申请人"。有被申请人的,应当写明被申请人。

选民资格案件,当事人的诉讼地位表述为"起诉人"。

7. 督促程序案件,当事人的诉讼地位表述为"申请人""被申请人"。

公示催告程序案件,当事人的诉讼地位表述为"申请人";有权利申报人的,表述为"申报人"。申请撤销除权判决的案件,当事人表述为"原告""被告"。

8. 保全案件,当事人的诉讼地位表述为"申请人""被申请人"。

9. 复议案件,当事人的诉讼地位表述为"复议申请人""被申请人"。

10. 执行案件，执行实施案件，当事人的诉讼地位表述为"申请执行人""被执行人"。

执行异议案件，提出异议的当事人或者利害关系人的诉讼地位表述为"异议人"，异议人之后用括号注明案件当事人或利害关系人，其他未提出异议的当事人亦应分别列明。

案外人异议案件，当事人的诉讼地位表述为"案外人""申请执行人""被执行人"。

（四）案件由来和审理经过

1. 案件由来部分简要写明案件名称与来源。

2. 案件名称是当事人与案由的概括。民事一审案件名称表述为"原告×××与被告×××……（写明案由）一案"。

诉讼参加人名称过长的，可以在案件由来部分第一次出现时用括号注明其简称，表述为"（以下简称×××）"。裁判文书中其他单位或组织名称过长的，也可在首次表述时用括号注明其简称。

诉讼参加人的简称应当规范，需能够准确反映其名称的特点。

3. 案由应当准确反映案件所涉及的民事法律关系的性质，符合最高人民法院有关民事案件案由的规定。

经审理认为立案案由不当的，以经审理确定的案由为准，但应在本院认为部分予以说明。

4. 民事一审案件来源包括：

（1）新收；

（2）有新的事实、证据重新起诉；

（3）上级人民法院发回重审；

（4）上级人民法院指令立案受理；

（5）上级人民法院指定审理；

（6）上级人民法院指定管辖；

（7）其他人民法院移送管辖；

（8）提级管辖。

5. 书写一审案件来源的总体要求是：

（1）新收、重新起诉的，应当写明起诉人；

（2）上级法院指定管辖、本院提级管辖的，除应当写明起诉人外，还应写明报请上级人民法院指定管辖（报请移送上级人民法院）日期或者下级法院报请指定管辖（下级法院报请移送）日期，以及上级法院或者本院作出管辖裁定日期；

（3）上级法院发回重审、上级法院指令受理、上级法院指定审理、移送管辖的，应当写明原审法院作出裁判的案号及日期，上诉人，上级法院作出裁判的案号及日期、裁判结果，说明引起本案的起因。

6. 一审案件来源为上级人民法院发回重审的，发回重审的案件应当写明"原告×××与被告×××……（写明案由）一案，本院于××××年××月××日作出……（写明案号）民事判决。×××不服该判决，向×××法院提起上诉。×××法院于××××年××月××日作出……（写明案号）裁定，发回重审。本院依法另行组成合议庭……"。

7. 审理经过部分应写明立案日期及庭审情况。

8. 立案日期表述为："本院于××××年××月××日立案后"。

9. 庭审情况包括适用程序、程序转换、审理方式、参加庭审人员等。

10. 适用程序包括普通程序、简易程序、小额诉讼程序和非讼程序。

非讼程序包括特别程序、督促程序、公示催告程序等。

11. 民事一审案件由简易程序（小额诉讼程序）转为普通程序的，审理经过表述为："于××××年××月××日公开/因涉及……不公开（写明不公开开庭的理由）开庭审理了本案，经审理发现有不宜适用简易程序（小额诉讼程序）的情形，裁定转为普通程序，于××××年××月××日再次公开/不公开开庭审理了本案"。

12. 审理方式包括开庭审理和不开庭审理。开庭审理包括公开开庭和不公开开庭。

不公开开庭的情形包括：

（1）因涉及国家秘密不公开开庭；

（2）因涉及个人隐私不公开开庭；

（3）因涉及商业秘密，经当事人申请，决定不公开开庭；

（4）因离婚，经当事人申请，决定不公开开庭；

（5）法律另有规定的。

13. 开庭审理的应写明当事人出庭参加诉讼情况（包括未出庭或者中途退庭情况）；不开庭的，不写。不开庭审理的，应写明不开庭的原因。

14. 当事人未到庭应诉或者中途退庭的，写明经传票传唤，无正当理由拒不到庭或者未经法庭许可中途退庭的情况。

15. 一审庭审情况表述为："本院于××××年××月××日公开/因涉及……（写明不公开开庭的理由）不公开开庭审理了本案，原告×××及其诉讼代理人×××，被告×××及其诉讼代理人×××等到庭参加诉讼。"

16. 对于审理中其他程序性事项，如中止诉讼情况应当写明。对中止诉讼情形，表述为："因……（写明中止诉讼事由），于××××年××月××日裁定中止诉讼，×××

××年××月××日恢复诉讼。"

(五) 事实

1. 裁判文书的事实主要包括：原告起诉的诉讼请求、事实和理由，被告答辩的事实和理由，法院认定的事实和据以定案的证据。

2. 事实首先写明当事人的诉辩意见。按照原告、被告、第三人的顺序依次表述当事人的起诉意见、答辩意见、陈述意见。诉辩意见应当先写明诉讼请求，再写事实和理由。

二审案件先写明当事人的上诉请求等诉辩意见。然后再概述一审当事人的诉讼请求、人民法院认定的事实、裁判理由、裁判结果。

再审案件应当先写明当事人的再审请求等诉辩意见，然后再简要写明原审基本情况。生效判决为一审判决的，原审基本情况应概述一审诉讼请求、法院认定的事实、裁判理由和裁判结果；生效判决为二审判决的，原审基本情况先概述一审诉讼请求、法院认定的事实和裁判结果，再写明二审上诉请求、认定的事实、裁判理由和裁判结果。

3. 诉辩意见不需原文照抄当事人的起诉状或答辩状、代理词内容或起诉、答辩时提供的证据，应当全案考虑当事人在法庭上的诉辩意见和提供的证据综合表述。

4. 当事人在法庭辩论终结前变更诉讼请求或者提出新的请求的，应当在诉称部分中写明。

5. 被告承认原告主张的全部事实的，写明"×××承认×××主张的事实"。被告承认原告主张的部分事实的，写明"×××承认×××主张的……事实"。

被告承认全部诉讼请求的，写明："×××承认×××的全部诉讼请求"。被告承认部分诉讼请求的，写明被告承认原告的部分诉讼请求的具体内容。

6. 在诉辩意见之后，另起一段简要写明当事人举证、质证的一般情况，表述为："本案当事人围绕诉讼请求依法提交了证据，本院组织当事人进行了证据交换和质证。"

7. 当事人举证质证一般情况后直接写明人民法院对证据和事实的认定情况。对当事人所提交的证据原则上不一一列明，可以附录全案证据或者证据目录。

对当事人无争议的证据，写明"对当事人无异议的证据，本院予以确认并在卷佐证"。对有争议的证据，应当写明争议的证据名称及人民法院对争议证据认定的意见和理由；对有争议的事实，应当写明事实认定意见和理由。

8. 对于人民法院调取的证据、鉴定意见，经庭审质证后，按照当事人是否有争议分别写明。对逾期提交的证据、非法证据等不予采纳的，应当说明理由。

9. 争议证据认定和事实认定，可以合并写，也可以分开写。分开写的，在证据的审查认定之后，另起一段概括写明法院认定的基本事实，表述为："根据当事人陈述和经审查确认的证据，本院认定事实如下：……"。

10. 认定的事实，应当重点围绕当事人争议的事实展开。按照民事举证责任分配和证明标准，根据审查认定的证据有无证明力、证明力大小，对待证事实存在与否进行认定。要说明事实认定的结果、认定的理由以及审查判断证据的过程。

11. 认定事实的书写方式应根据案件的具体情况，层次清楚，重点突出，繁简得当，避免遗漏与当事人争议有关的事实。一般按时间先后顺序叙述，或者对法律关系或请求权认定相关的事实着重叙述，对其他事实则可归纳、概括叙述。

综述事实时，可以划分段落层次，亦可根据情况以"另查明"为引语叙述其他相关事实。

12. 召开庭前会议时或者在庭审时归纳争议焦点的，应当写明争议焦点。争议焦点的摆放位置，可以根据争议的内容处理。争议焦点中有证据和事实内容的，可以在当事人诉辩意见之后在当事人争议的证据和事实中写明。争议焦点主要是法律适用问题的，可以在本院认为部分，先写明争议焦点。

13. 适用外国法的，应当叙述查明外国法的事实。

（六）理由

1. 理由部分的核心内容是针对当事人的诉讼请求，根据认定的案件事实，依照法律规定，明确当事人争议的法律关系，阐述原告请求权是否成立，依法应当如何处理。裁判文书说理要做到论理透彻，逻辑严密，精炼易懂，用语准确。

2. 理由部分以"本院认为"作为开头，其后直接写明具体意见。

3. 理由部分应当明确纠纷的性质、案由。原审确定案由错误，二审或者再审予以改正的，应在此部分首先进行叙述并阐明理由。

4. 说理应当围绕争议焦点展开，逐一进行分析论证，层次明确。对争议的法律适用问题，应当根据案件的性质、争议的法律关系、认定的事实，依照法律、司法解释规定的法律适用规则进行分析，作出认定，阐明支持或不予支持的理由。

5. 争议焦点之外，涉及当事人诉讼请求能否成立或者与本案裁判结果有关的问题，也应在说理部分一并进行分析论证。

6. 理由部分需要援引法律、法规、司法解释时，应当准确、完整地写明规范性法律文件的名称、条款项序号和条文内容，不得只引用法律条款项序号，在裁判文书后附相关条文。引用法律条款中的项的，一律使用汉字不加括号，例如："第一项"。

7. 正在审理的案件在基本案情和法律适用方面与最高人民法院颁布的指导性案例相类似的，应当将指导性案例作为裁判理由引述，并写明指导性案例的编号和裁判要点。

8. 司法指导性文件体现的原则和精神，可在理由部分予以阐述或者援引。

9. 在说理最后，可以另起一段，以"综上所述"引出，对当事人的诉讼请求是否支持进行评述。

（七）裁判依据

1. 引用法律、法规、司法解释时，应当严格适用《最高人民法院关于裁判文书引用法律、法规等规范性法律文件的规定》。

2. 引用多个法律文件的，顺序如下：法律及法律解释、行政法规、地方性法规、自治条例或者单行条例、司法解释；同时引用两部以上法律的，应当先引用基本法律，后引用其他法律；同时引用实体法和程序法的，先引用实体法，后引用程序法。

3. 确需引用的规范性文件之间存在冲突，根据《中华人民共和国立法法》等有关法律规定无法选择适用的，应依法提请有决定权的机关作出裁决，不得自行在裁判文书中认定相关规范性法律文件的效力。

4. 裁判文书不得引用宪法和各级人民法院关于审判工作的指导性文件、会议纪要、各审判业务庭的答复意见以及人民法院与有关部门联合下发的文件作为裁判依据，但其体现的原则和精神可以在说理部分予以阐述。

5. 引用最高人民法院的司法解释时，应当按照公告公布的格式书写。

6. 指导性案例不作为裁判依据引用。

（八）裁判主文

1. 裁判主文中当事人名称应当使用全称。

2. 裁判主文内容必须明确、具体、便于执行。

3. 多名当事人承担责任的，应当写明各当事人承担责任的形式、范围。

4. 有多项给付内容的，应当先写明各项目的名称、金额，再写明累计金额。如："交通费……元、误工费……元、……，合计……元"。

5. 当事人互负给付义务且内容相同的，应当另起一段写明抵付情况。

6. 对于金钱给付的利息，应当明确利息计算的起止点、计息本金及利率。

7. 一审判决未明确履行期限的，二审判决应当予以纠正。

判决承担利息，当事人提出具体请求数额的，二审法院可以根据当事人请求的数额作出相应判决；当事人没有提出具体请求数额的，可以表述为"按×××利率，自××××年××月××日起计算至××××年××月××日止"。

（九）尾部

1. 尾部应当写明诉讼费用的负担和告知事项。

2. 诉讼费用包括案件受理费和其他诉讼费用。收取诉讼费用的，写明诉讼费用的负担情况。如："案件受理费……元，由……负担；申请费……元，由……负担"。

3. 诉讼费用不属于诉讼争议的事项，不列入裁判主文，在判决主文后另起一段写明。

4. 一审判决中具有金钱给付义务的,应当在所有判项之后另起一行写明:"如果未按本判决指定的期间履行给付金钱义务,应当依照《中华人民共和国民事诉讼法》第二百五十三条的规定,加倍支付迟延履行期间的债务利息。"二审判决具有金钱给付义务的,属于二审改判的,无论一审判决是否写入了上述告知内容,均应在所有判项之后另起一行写明上述告知内容。二审维持原判的判决,如果一审判决已经写明上述告知内容,可不再重复告知。

5. 对依法可以上诉的一审判决,在尾部表述为:"如不服本判决,可以在判决书送达之日起十五日内,向本院递交上诉状,并按对方当事人的人数或者代表人的人数提出副本,上诉于××××人民法院。"

6. 对一审不予受理、驳回起诉、管辖权异议的裁定,尾部表述为:"如不服本裁定,可以在裁定书送达之日起十日内,向本院递交上诉状,并按对方当事人的人数或者代表人的人数提出副本,上诉于××××人民法院。"

四、落款

(一) 署名

诉讼文书应当由参加审判案件的合议庭组成人员或者独任审判员署名。

合议庭的审判长,不论审判职务,均署名为"审判长";合议庭成员有审判员的,署名为"审判员";有助理审判员的,署名为"代理审判员";有陪审员的,署名为"人民陪审员"。独任审理的,署名为"审判员"或者"代理审判员"。书记员,署名为"书记员"。

(二) 日期

裁判文书落款日期为作出裁判的日期,即裁判文书的签发日期。当庭宣判的,应当写宣判的日期。

(三) 核对戳

本部分加盖"本件与原本核对无异"字样的印戳。

五、数字用法

(一) 裁判主文的序号使用汉字数字,例:"一""二";

(二) 裁判尾部落款时间使用汉字数字,例:"二〇一六年八月二十九日";

(三) 案号使用阿拉伯数字,例:"(2016)京0101民初1号";

(四) 其他数字用法按照《中华人民共和国国家标准GB/T15835-2011出版物上数字用法》执行。

六、标点符号用法

(一) "被告辩称""本院认为"等词语之后用逗号。

（二）"×××向本院提出诉讼请求""本院认定如下""判决如下""裁定如下"等词语之后用冒号。

（三）裁判项序号后用顿号。

（四）除本规范有明确要求外，其他标点符号用法按照《中华人民共和国国家标准GB/T15834-2011 标点符号用法》执行。

七、引用规范

（一）引用法律、法规、司法解释应书写全称并加书名号。

（二）法律全称太长的，也可以简称，简称不使用书名号。可以在第一次出现全称后使用简称，例："《中华人民共和国民事诉讼法》（以下简称民事诉讼法）"。

（三）引用法律、法规和司法解释条文有序号的，书写序号应与法律、法规和司法解释正式文本中的写法一致。

（四）引用公文应先用书名号引标题，后用圆括号引发文字号；引用外文应注明中文译文。

八、印刷标准

（一）纸张标准，A4型纸，成品幅面尺寸为：210mm×297mm。

（二）版心尺寸为：156mm×225mm，一般每面排22行，每行排28个字。

（三）采用双面印刷；单页页码居右，双页页码居左；印品要字迹清楚、均匀。

（四）标题位于版心下空两行，居中排布。标题中的法院名称和文书名称一般用二号小标宋体字；标题中的法院名称与文书名称分两行排列。

（五）案号之后空二个汉字空格至行末端。

（六）案号、主文等用三号仿宋体字。

（七）落款与正文同处一面。排版后所剩空白处不能容下印章时，可以适当调整行距、字距，不用"此页无正文"的方法解决。审判长、审判员每个字之间空二个汉字空格。审判长、审判员与姓名之间空三个汉字空格，姓名之后空二个汉字空格至行末端。

（八）院印加盖在日期居中位置。院印上不压审判员，下不压书记员，下弧骑年压月在成文时间上。印章国徽底边缘及上下弧以不覆盖文字为限。公章不应歪斜、模糊。

（九）凡裁判文书中出现误写、误算，诉讼费用漏写、误算和其他笔误的，未送达的应重新制作，已送达的应以裁定补正，避免使用校对章。

（十）确需加装封面的应印制封面。封面可参照以下规格制作：

1. 国徽图案高55mm，宽50mm。

2. 上页边距为65mm，国徽下沿与标题文字上沿之间距离为75mm。

3. 标题文字为"××××人民法院××判决书（或裁定书等）"，位于国徽图案下方，字体为小标宋体字；标题分两行或三行排列，法院名称字体大小为30磅，裁判文书名称字体大小为36磅。

4. 封面应庄重、美观，页边距、字体大小及行距可适当进行调整。

九、其他

（一）本规范可以适用于人民法院制作的其他诉讼文书，根据具体文书性质和内容作相应调整。

（二）本规范关于裁判文书的要素和文书格式、标点符号、数字使用、印刷规范等技术化标准，各级人民法院应当认真执行。对于裁判文书正文内容、事实认定和说理部分，可以根据案件的情况合理确定。

（三）逐步推行裁判文书增加二维条形码，增加裁判文书的可识别性。

附：

（一）民事判决书

1. 民事判决书（第一审普通程序用）

××××人民法院
民事判决书

（××××）……民初……号

原告：×××，男/女，××××年××月××日出生，×族，……（工作单位和职务或者职业），住……。

法定代理人/指定代理人：×××，……。

委托诉讼代理人：×××，……。

被告：×××，住所地……。

法定代表人/主要负责人：×××，……。

委托诉讼代理人：×××，……。

第三人：×××，……。

法定代理人/指定代理人/法定代表人/主要负责人：×××，……。

委托诉讼代理人：×××，……。

（以上写明当事人和其他诉讼参加人的姓名或者名称等基本信息）

原告×××与被告×××、第三人×××……（写明案由）一案，本院于××××年

××月××日立案后，依法适用普通程序，公开/因涉及……（写明不公开开庭的理由）不公开开庭进行了审理。原告×××、被告×××、第三人×××（写明当事人和其他诉讼参加人的诉讼地位和姓名或者名称）到庭参加诉讼。本案现已审理终结。

×××向本院提出诉讼请求：1.……；2.……（明确原告的诉讼请求）。事实和理由：……（概述原告主张的事实和理由）。

×××辩称，……（概述被告答辩意见）。

×××诉/述称，……（概述第三人陈述意见）。

当事人围绕诉讼请求依法提交了证据，本院组织当事人进行了证据交换和质证。对当事人无异议的证据，本院予以确认并在卷佐证。对有争议的证据和事实，本院认定如下：1.……；2.……（写明法院是否采信证据，事实认定的意见和理由）。

本院认为，……（写明争议焦点，根据认定的事实和相关法律，对当事人的诉讼请求作出分析评判，说明理由）。

综上所述，……（对当事人的诉讼请求是否支持进行总结评述）。依照《中华人民共和国……法》第×条、……（写明法律文件名称及其条款项序号）规定，判决如下：

一、……；

二、……。

（以上分项写明判决结果）

如果未按本判决指定的期间履行给付金钱义务，应当依照《中华人民共和国民事诉讼法》第二百五十三条规定，加倍支付迟延履行期间的债务利息（没有给付金钱义务的，不写）。

案件受理费……元，由……负担（写明当事人姓名或者名称、负担金额）。

如不服本判决，可以在判决书送达之日起十五日内，向本院递交上诉状，并按照对方当事人或者代表人的人数提出副本，上诉于××××人民法院。

审判长×××

审判员×××

审判员×××

××××年××月××日

（院印）

书记员×××

【说明】

一、依据

本样式根据《中华人民共和国民事诉讼法》第一百五十二条等制定，供人民法院适用第一审普通程序开庭审理民事案件终结后，根据已经查明的事实、证据和有关的法律规定，对案件的实体问题作出判决用。除有特别规定外，其他民事判决书可以参照本判决书样式和说明制作。

二、标题

标题由法院名称、文本名称、案号组成。

依照《中华人民共和国民事诉讼法》第一百五十三条规定就一部分事实先行判决的，第二份民事判决书开始可在案号后缀"之一""之二"……，以示区别。

三、首部

首部依次写明诉讼参加人基本情况、案件由来和审理经过。

（一）诉讼参加人基本情况

1. 诉讼参加人包括当事人、诉讼代理人。全部诉讼参加人均分行写明。

2. 当事人诉讼地位写明"原告""被告"。反诉的写明"原告（反诉被告）""被告（反诉原告）"。有独立请求权第三人或者无独立请求权第三人，均写明"第三人"。

当事人是自然人的，写明姓名、性别、出生年月日、民族、工作单位和职务或者职业、住所。外国人写明国籍，无国籍人写明"无国籍"；港澳台地区的居民分别写明"香港特别行政区居民""澳门特别行政区居民""台湾地区居民"。

共同诉讼代表人参加诉讼的，按照当事人是自然人的基本信息内容写明。

当事人是法人或者其他组织的，写明名称、住所。另起一行写明法定代表人或者主要负责人及其姓名、职务。

当事人是无民事行为能力人或者限制民事行为能力人的，写明法定代理人或者指定代理人及其姓名、住所，并在姓名后括注与当事人的关系。

当事人及其法定代理人有委托诉讼代理人的，写明委托诉讼代理人的诉讼地位、姓名。委托诉讼代理人是当事人近亲属的，近亲属姓名后括注其与当事人的关系，写明住所；委托诉讼代理人是当事人本单位工作人员的，写明姓名、性别及其工作人员身份；委托诉讼代理人是律师的，写明姓名、律师事务所的名称及律师执业身份；委托诉讼代理人是基层法律服务工作者的，写明姓名、法律服务所名称及基层法律服务工作者执业身份；委托诉讼代理人是当事人所在社区、单位以及有关社会团体推荐的公民的，写明姓名、性别、住所及推荐的社区、单位或有关社会团体名称。

委托诉讼代理人排列顺序，近亲属或者本单位工作人员在前，律师、法律工作者、被推荐公民在后。

委托诉讼代理人为当事人共同委托的，可以合并写明。

（二）案件由来和审理经过

案件由来和审理经过，依次写明当事人诉讼地位和姓名或者名称、案由、立案日期、适用普通程序、开庭日期、开庭方式、到庭参加诉讼人员、未到庭或者中途退庭诉讼参加人、审理终结。

不公开审理的，写明不公开审理的理由，例："因涉及国家秘密"或者"因涉及个人隐私"或者"因涉及商业秘密，×××申请"或者"因涉及离婚，×××申请"。

当事人及其诉讼代理人均到庭的，可以合并写明。例："原告×××及其委托诉讼代理人×××、被告×××、第三人×××到庭参加诉讼。"

诉讼参加人均到庭参加诉讼的，可以合并写明。例："本案当事人和委托诉讼代理人均到庭参加诉讼。"

当事人经合法传唤未到庭参加诉讼的，写明："×××经传票传唤无正当理由拒不到庭参加诉讼。"或者"×××经公告送达开庭传票，未到庭参加诉讼。"

当事人未经法庭许可中途退庭的，写明："×××未经法庭许可中途退庭。"

诉讼过程中，如果存在指定管辖、移送管辖、程序转化、审判人员变更、中止诉讼等情形，应当同时写明。

四、事实

事实部分主要包括：原告起诉的诉讼请求、事实和理由，被告答辩的事实和理由，人民法院认定的证据和事实。

（一）当事人诉辩意见

诉辩意见包括原告诉称、被告辩称，有第三人的，还包括第三人诉（述）称。

1. 原告诉称包括原告诉讼请求、事实和理由

先写诉讼请求，后写事实和理由。诉讼请求两项以上的，用阿拉伯数字加点号分项写明。

诉讼过程中增加、变更、放弃诉讼请求的，应当连续写明。增加诉讼请求的，写明："诉讼过程中，×××增加诉讼请求：……。"变更诉讼请求的，写明："诉讼过程中，×××变更……诉讼请求为：……。"放弃诉讼请求的，写明："诉讼过程中，×××放弃……的诉讼请求。"

2. 被告辩称包括对诉讼请求的意见、事实和理由

被告承认原告主张的全部事实的，写明："×××承认×××主张的事实。"被告承认原告主张的部分事实的，先写明："×××承认×××主张的……事实。"后写明有争议的事实。

被告承认全部诉讼请求的，写明："×××承认×××的全部诉讼请求。"被告承认部分诉讼请求的，写明被告承认原告的部分诉讼请求的具体内容。

被告提出反诉的，写明："×××向本院提出反诉请求：1……；2……。"后接反诉的事实和理由。再另段写明："×××对×××的反诉辩称，……。"

被告未作答辩的，写明："×××未作答辩。"

3. 第三人诉（述）称包括第三人主张、事实和理由

有独立请求权的第三人，写明："×××向本院提出诉讼请求：……。"后接第三人请求的事实和理由。再另段写明原告、被告对第三人的诉讼请求的答辩意见："×××对×××的诉讼请求辩称，……。"

无独立请求权第三人，写明："×××述称，……。"第三人未作陈述的，写明："×××未作陈述。"

原告、被告或者第三人有多名，且意见一致的，可以合并写明；意见不同的，应当分别写明。

(二) 证据和事实认定

对当事人提交的证据和人民法院调查收集的证据数量较多的，原则上不一一列举，可以附证据目录清单。

对当事人没有争议的证据，写明："对当事人无异议的证据，本院予以确认并在卷佐证。"

对有争议的证据，应当写明争议证据的名称及法院对争议证据的认定意见和理由；对争议的事实，应当写明事实认定意见和理由。

争议的事实较多的，可以对争议事实分别认定；针对同一事实有较多争议证据的，可以对争议的证据分别认定。

对争议的证据和事实，可以一并叙明；也可以先单独对争议证据进行认定后，另段概括写明认定的案件基本事实，即"根据当事人陈述和经审查确认的证据，本院认定事实如下：……。"

对于人民法院调取的证据、鉴定意见，经庭审质证后，按照是否有争议分别写明。

召开庭前会议或者在庭审时归纳争议焦点的，应当写明争议焦点。争议焦点的摆放位置，可以根据争议的内容处理。争议焦点中有证据和事实内容的，可以在当事人诉辩意见之后写明。争议焦点主要是法律适用问题的，可以在本院认为部分，先写明争议焦点，再进行说理。

五、理由

理由应当围绕当事人的诉讼请求，根据认定的事实和相关法律，逐一评判并说明理由。

理由部分，有争议焦点的，先列争议焦点，再分别分析认定，后综合分析认定。

没有列争议焦点的，直接写明裁判理由。

被告承认原告全部诉讼请求，且不违反法律规定的，只写明："被告承认原告的诉讼请求，不违反法律规定。"

就一部分事实先行判决的，写明："本院对已经清楚的部分事实，先行判决。"

经审判委员会讨论决定的，在法律依据引用前写明："经本院审判委员会讨论决定，……。"

六、裁判依据

在说理之后，作出判决前，应当援引法律依据。

分项说理后，可以另起一段，综述对当事人诉讼请求是否支持的总结评价，后接法律依据，直接引出判决主文。说理部分已经完成，无需再对诉讼请求进行总结评价的，直接另段援引法律依据，写明判决主文。

援引法律依据，应当依照《最高人民法院关于裁判文书引用法律、法规等规范性法律文件的规定》处理。

法律文件引用顺序，先基本法律，后其他法律；先法律，后行政法规和司法解释；先实体法，后程序法。实体法的司法解释可以放在被解释的实体法之后。

七、判决主文

判决主文两项以上的，各项前依次使用汉字数字分段写明。

单项判决主文和末项判决主文句末用句号，其余判决主文句末用分号。如果一项判决主文句中有分号或者句号的，各项判决主文后均用句号。

判决主文中可以用括注，对判项予以说明。括注应当紧跟被注释的判决主文。例：（已给付……元，尚需给付……元）；（已给付……元，应返还……元）；（已履行）；（按双方订立的《××借款合同》约定的标准执行）；（内容须事先经本院审查）；（清单详见附件）等等；

判决主文中当事人姓名或者名称应当用全称，不得用简称。

金额，用阿拉伯数字。金额前不加"人民币"；人民币以外的其他种类货币的，金额前加货币种类。有两种以上货币的，金额前要加货币种类。

八、尾部

尾部包括迟延履行责任告知、诉讼费用负担、上诉权利告知。

1. 迟延履行责任告知

判决主文包括给付金钱义务的，在判决主文后另起一段写明："如果未按本判决指定的期间履行给付金钱义务，应当依照《中华人民共和国民事诉讼法》第二百五十三条规定，加倍支付迟延履行期间的债务利息。"

2. 诉讼费用负担根据《诉讼费用交纳办法》决定

案件受理费，写明："案件受理费……元"。

减免费用的，写明："减交……元"或者"免予收取"。

单方负担案件受理费的，写明："由×××负担"。

分别负担案件受理费的，写明："由×××负担……元，×××负担……元。"

3. 告知当事人上诉权利

当事人上诉期为十五日。在中华人民共和国领域内没有住所的当事人上诉期为三十日。同一案件既有当事人的上诉期为十五日又有当事人的上诉期为三十日的，写明："×××可以在判决书送达之日起十五日内，×××可以在判决书送达之日起三十日内，……。"

九、落款

落款包括合议庭署名、日期、书记员署名、院印。

合议庭的审判长，不论审判职务，均署名为"审判长"；合议庭成员有审判员的，署名为"审判员"；有助理审判员的，署名为"代理审判员"；有陪审员的，署名为"人民陪审员"。书记员，署名为"书记员"。

合议庭按照审判长、审判员、代理审判员、人民陪审员的顺序分行署名。

落款日期为作出判决的日期，即判决书的签发日期。当庭宣判的，应当写宣判的日期。

两名以上书记员的，分行署名。

落款应当在同一页上，不得分页。落款所在页无其他正文内容的，应当调整行距，不写"本页无正文"。

院印加盖在审判人员和日期上，要求骑年盖月、朱在墨上。

加盖"本件与原本核对无异"印戳。

十、附表

确有必要的，可以另页附录。

2. 民事判决书（二审改判用）

××××人民法院
民事判决书

（××××）……民终……号

上诉人（原审诉讼地位）：×××，……。
……

被上诉人（原审诉讼地位）：×××，……。
……

原审原告/被告/第三人：×××，……。
……

（以上写明当事人和其他诉讼参加人的姓名或者名称等基本信息）

上诉人×××因与被上诉人×××/上诉人×××及原审原告/被告/第三人×××……（写明案由）一案，不服××××人民法院（××××）……民初……号民事判决，向本院提起上诉，本院于××××年××月××日立案后，依法组成合议庭，开庭/因涉及……（写明不开庭的理由）不开庭进行了审理。上诉人×××、被上诉人×××、原审原告/被告/第三人×××（写明当事人和其他诉讼参加人的诉讼地位和姓名或者名称）到庭参加诉讼。本案现已审理终结。

×××上诉请求：……（写明上诉请求）。事实和理由：……（概述上诉人主张的事实和理由）。

×××辩称，……（概述被上诉人答辩意见）。

×××述称，……（概述原审原告/被告/第三人陈述意见）。

×××向一审法院起诉请求：……（写明原告/反诉原告/有独立请求权的第三人的诉讼请求）。

一审法院认定事实：……（概述一审认定的事实）。一审法院认为，……（概述一审裁判理由）。判决：……（写明一审判决主文）。

本院二审期间，当事人围绕上诉请求依法提交了证据。本院组织当事人进行了证据交换和质证（当事人没有提交新证据的，写明：二审中，当事人没有提交新证据）。对当事人二审争议的事实，本院认定如下：……（写明二审法院是否采信证据、认定事实的意见和理由，对一审查明相关事实的评判）。

本院认为，……（根据二审认定的案件事实和相关法律规定，对当事人的上诉请求进行分析评判，说明理由）。

综上所述，×××的上诉请求成立，予以支持。依照《中华人民共和国×××法》第×条（适用法律错误的，应当引用实体法）、《中华人民共和国民事诉讼法》第一百七十条第一款第×项规定，判决如下：

一、撤销×××人民法院（××××）……民初……号民事判决；
二、……（写明改判内容）。
二审案件受理费……元，由……负担（写明当事人姓名或者名称、负担金额）。
本判决为终审判决。

审判长×××
审判员×××
审判员×××

××××年××月××日
（院印）
书记员×××

【说明】

1. 本样式根据《中华人民共和国民事诉讼法》第一百七十条等制定，供二审人民法院对当事人不服一审判决提起上诉的民事案件，按照第二审程序审理终结，就案件的实体问题依法改判用。

2. 二审判决主文按照撤销、改判的顺序写明。

一审判决主文有给付内容，但未明确履行期限的，二审判决应当予以纠正。

判决承担利息，当事人提出具体请求数额的，二审法院可以根据当事人请求的数额作出相应判决；当事人没有提出具体请求数额的，可以表述为"按……利率，自××××年××月××日起计算至××××年××月××日止"。

3. 二审对一审判决进行改判的，应当对一审判决中驳回其他诉讼请求的判项一并进行处理，如果驳回其他诉讼请求的内容和范围发生变化的，应撤销原判中驳回其他诉讼请求的判项，重新作出驳回其他诉讼请求的判项。

4. 因为出现新的证据导致事实认定发生变化而改判的，需要加以说明。人民法院依法在上诉请求范围之外改判的，也应加以说明。

5. 按本样式制作二审民事判决书时，可以参考驳回上诉，维持原判用二审民事判决书样式的说明。

最高人民法院关于印发《涉外商事海事裁判文书写作规范》的通知

(法〔2015〕67号)

各省、自治区、直辖市高级人民法院,解放军军事法院,新疆维吾尔自治区高级人民法院生产建设兵团分院:

为进一步规范和统一涉外商事海事裁判文书写作标准,提高裁判文书质量,最高人民法院研究制定了《涉外商事海事裁判文书写作规范》,现予印发,请认真遵照执行。在适用本规范过程中有何问题,请及时报告最高人民法院。

最高人民法院
2015年3月16日

涉外商事海事裁判文书写作规范

裁判文书应当全面、准确地记载案件的审理过程和裁判的依据、理由与结果。撰写裁判文书应当做到要素齐全、结构完整、逻辑严谨、条理清晰、语句规范、繁简得当。为进一步规范和统一涉外商事海事裁判文书的写作标准,提高文书质量,现就涉外商事海事裁判文书的写作提出如下规范意见。

一、裁判文书的首部应当分别写明文书标题、案号、当事人及其法定代表人(或代表人)和委托代理人的基本情况以及案件由来、案由和审理过程等。

(一)裁判文书标题一般表述为"中华人民共和国××××人民法院民事判决书(调解书、裁定书)"。海事法院裁判文书标题中法院前不需冠以"人民"字样。

(二)案件当事人中如果没有外国人、无国籍人、外国企业或组织的,除最高人民法院制作的裁判文书外,其他各级人民法院制作的裁判文书标题中的法院名称无需冠以"中华人民共和国"字样。

(三)法院名称应当与院印文字一致。除海事法院外,基层人民法院、中级人民法院的裁判文书标题应当冠以省、自治区、直辖市的名称。

二、裁判文书应当准确列明当事人的诉讼地位、姓名或名称及其住所地。

(一)二审裁判文书在列明当事人二审诉讼地位的同时,亦应用括号注明其一审诉讼地位(例如一审原告、一审被告等)。既非上诉人、亦非被上诉人的二审当事人,直接列明其一审诉讼地位。

(二)申请再审或再审案件的裁判文书应当分别列明当事人在申请再审过程中或再审

诉讼中的地位，同时用括号注明其一、二审诉讼地位。既非再审申请人、亦非被申请人的，直接列明其一、二审诉讼地位。抗诉案件应当列明抗诉机关。

（三）当事人是自然人的，写明其姓名、性别、民族、出生日期、职业、住所地，职业不明确的，可以不表述；对于其身份证件号码一般应予注明，提交中华人民共和国居民身份证的应注明其公民身份号码。

自然人的住所地以其提交的合法有效的身份证件载明的地址为准；住所地与经常居住地不一致，且根据案件审理的需要需明确当事人经常居住地的，写明经依法查明的经常居住地。

（四）自然人为证明其身份提交的护照、往来港澳通行证、台湾居民来往大陆通行证等证件，无需再办理公证认证等证明手续。

（五）外国自然人，应当写明其国籍，无国籍人亦应予以注明。

港澳台地区的居民亦应予以注明。

（六）法人或其他组织的名称、住所地等，以其注册登记文件记载的内容为准。

（七）境外企业、组织提交的证明其主体资格的注册登记文件，需依法办理公证认证等证明手续；证明文件是外文的，应当附有中文译本。

（八）对于外国当事人，在裁判文书首部应当写明其经过翻译的中文姓名或名称和住所地，并在中文姓名或名称和住所地后括号中注明其外文姓名或名称和住所地。

（九）当事人姓名或名称变更的，裁判文书首部应当列明变更后的姓名或名称，变更前姓名或名称无需在此处列明。对于姓名或名称变更的事实可根据需要在案件由来或者查明事实部分写明。

（十）当事人诉讼地位的称谓后面使用冒号。当事人为公司、企业、其他组织的，其名称后面使用句号，"住所地"后面使用冒号。当事人为自然人的，其姓名后均使用逗号，基本信息阐述完毕后使用句号。

（十一）当事人中有外国当事人或无国籍人的，表述住所地时应当分别写明中外当事人的国别名称或无国籍情况。当事人国别名称应当使用全称。

没有外国当事人或无国籍人的，表述国内当事人住所地时省略"中华人民共和国"字样。

（十二）表述港澳地区当事人住所地时，应当使用香港特别行政区、澳门特别行政区的全称。

表述台湾地区当事人住所地时，应当写明"台湾地区××市……"，不应使用"台湾省"或"台湾"等表述。

（十三）当事人住所地、代理人情况相同的，应当各自列明，不应当使用"情况同上"进行表述。

三、法人或其他组织作为当事人的,应当写明其法定代表人或代表人及其身份信息。

(一) 法定代表人后面使用冒号,写明法定代表人的姓名及其职务。

(二) 当事人为不具备法人资格的其他组织的,应当写明其"代表人",不应表述为"负责人"或"授权代表人"。

(三) 外国或者港澳台地区的企业、组织作为当事人的,亦应使用"代表人"的表述。

四、裁判文书中应当写明代理人的姓名及其身份信息。

(一) 当事人委托本单位工作人员担任代理人的应当列在第一位,其委托外单位的人员或者律师担任代理人的列在第二位。

(二) 当事人委托本单位人员作为代理人的,其身份信息可表述为"该公司(或该机构如该委员会、该厂等)工作人员"。

(三) 律师、基层法律服务工作者担任代理人的,其身份信息表述为"××律师事务所律师"或"××法律服务所法律工作者"。

(四) 当事人的近亲属或者其所在社区、单位以及有关社会团体推荐的公民担任代理人的,写明代理人的姓名、性别、出生日期、民族、职业、住所地。代理人是当事人近亲属的,还应当在住所地之后注明其与当事人的关系。

(五) 代理人变更的,裁判文书首部只列写变更后的代理人。对于代理人变更的事实可根据需要在案件由来或者查明事实部分写明。

五、案由应当准确反映案件所涉及的民事法律关系的性质,并应当与最高人民法院《民事案件案由规定》中所列案由相一致。

二审法院或再审法院经审理认为原审裁判文书所列案由不当的,二审或再审裁判文书中应当写明经审理后最终确定的案由,并在裁判理由部分予以说明。

六、裁判文书应当写明案件的由来以及开庭审理过程。

(一) 根据一审、二审或再审程序的不同,在案件由来部分简要写明当事人起诉、上诉、发回重审或者申请再审、指令再审、提审等情况。一审裁判文书应当写明当事人起诉的时间。

(二) 此部分叙述时可在当事人全称后面括号注明其简称。简称要清楚、得当,避免引起歧义,不应以当事人诉讼地位的称谓(如原告、上诉人、答辩人等)或甲方、乙方等作为其简称。

(三) 合议庭组成成员的情况不必具体表述,但如果合议庭成员有回避、变更情况的,应当在此部分写明。

（四）经过多次开庭审理的，应当分别简述开庭情况，以充分体现开庭审理的经过。开庭审理前组织证据交换、召集庭前会议的，亦应将相关情况予以阐述。

（五）当事人未到庭应诉或者中途退庭的，写明"经本院传票传唤，无正当理由拒不到庭"或者"未经法庭许可中途退庭"的情况。

（六）存在中止诉讼后又恢复审理等情况的，应当在此部分写明过程。

七、裁判文书应当依次写明当事人的起诉（包括诉讼请求）、答辩、第三人陈述等情况，写明当事人的诉讼主张及其所依据的事实、理由。

（一）转述当事人起诉、答辩的事实、理由时，应当对较长的起诉状、答辩状进行提炼、归纳，对其病句、错字进行修正，同时注意准确全面，忠实原意，不得遗漏要点。

（二）原告庭审时变更诉讼请求、提出新的诉讼请求，被告未作书面答辩或第三人未提交书面意见，但在庭审中进行口头答辩或陈述以及对原书面答辩或陈述意见予以补充的，应当在此节中予以表述。

（三）被告提出反诉的，亦应在此部分概述其反诉请求、依据的事实、理由以及对方的答辩情况。

（四）二审当事人的上诉、答辩等情况，在转述一审判决结果后进行概述，并应当按照前述第（一）、（二）项的要求进行提炼、归纳和表述。

八、一审裁判文书应当写明当事人提交证据的名称、证明目的、各方当事人的质证意见，人民法院同时应当结合当事人举证、质证的意见，依照相关法律、司法解释的规定，对当事人提交证据的真实性、关联性、合法性进行分析，最终对证据是否应予采信及其证明力作出认定，明确阐明人民法院的认证意见。

九、根据质证认证情况，对业经查明认定的基本事实进行综合陈述。

（一）本部分以"本院查明"作为引言，其后用冒号，另起一行写明查明的事实。

（二）综述所查明的事实时，可以划分段落层次，亦可根据情况以"另查明"为引语表述其他相关事实，该另查明的事实可以多项；避免使用"还查明""再查明""又查明"等引语。

（三）在适用外国法的情况下，对于外国法查明的客观事实可在此部分予以表述。

十、二审裁判文书应当在"案件由来"部分之后，写明一审审理情况，包括原告的诉讼请求、一审法院认定的事实、裁判的理由和最终的裁判结果。

（一）简要概括一审原告起诉的事实、理由及其具体的诉讼请求、一审被告的答辩意见、第三人的陈述，以明确案件争议的焦点。一审被告提起反诉的，亦应写明。

（二）写明一审查明的事实，该部分以"一审法院查明"为引语开始，"一审法院查明"后面使用冒号。对一审查明的事实原则上予以照抄，有错字、漏字或者语法错误的，可适当修改。

（三）对于一审裁判文书中表述的当事人为支持自己主张提供的证据、当事人的质证意见及一审法院对证据的认证意见等内容，在二审裁判文书中可以省略，不再援引。当事人有争议的除外。

（四）写明一审裁判文书理由和结果，该部分以"一审法院认为"为引语开始，一审法院认为后面使用冒号。对一审认为部分原则上予以照抄，有错字、漏字或者语法错误的，可适当修改。

（五）一审裁判文书主文即裁判结果应当全文照抄，不得遗漏和更改，此前部分当事人名称使用简称的，此部分表述时仍使用简称，注意不得遗漏当事人负担的诉讼费及保全费、鉴定费等内容的表述。

十一、二审裁判文书应当根据上诉审的特点，结合相关证据材料，依据相关法律规定，针对当事人对一审认定事实提出的异议，重点予以分析、阐述。

（一）对于二审中当事人提交的新证据的名称、证明目的、各方当事人的质证意见等详细写明。

（二）结合当事人举证、质证的意见，依照相关法律、司法解释的规定，对有关证据的真实性、关联性、合法性进行分析，最终对证据是否应予采信及其证明力作出认定。

（三）根据不同情况，二审查明事实部分可分四种表述方式：

1. 当事人未提交新的证据，对一审查明的事实无异议，二审中也没有新查明的事实的，可写明："一审查明的事实，有相关证据予以佐证，各方当事人均未提出异议，亦未提交新的证据，本院对一审查明的事实予以确认。"

2. 当事人对一审查明的事实无异议，但提交新证据或者二审法院根据自行调查收集的证据，有新查明的事实的，可写明"一审查明的事实，有相关证据予以佐证，各方当事人均未提出异议，本院对一审查明的事实予以确认。本院另查明：……（在综合列举当事人提交的新证据或法院调查收集的证据、阐述各方当事人的质证意见及本院对证据的认证意见的基础上，对另查明的事实作出认定。）"

3. 当事人对部分事实提出异议，并提交新的证据，但经审查其异议不能成立的。

首先，对于当事人无异议部分的事实，可写明"一审查明的××部分的事实，有相关证据予以佐证，各方当事人均未提出异议，本院对一审判决查明的××部分的事实予以确认。"

其次，对于当事人提出异议部分的事实，可写明"上诉人××对一审查明的××部分的事实提出异议……（写明当事人对相关事实提出异议的具体意见及对方的反驳意见，并列举当事人为支持其主张提交的新证据，各方当事人对证据的质证意见以及本院对各证据的认证意见,在此基础上写明本院最终意见,最后可总结性写明"上诉人××虽然对一审查明的××部分的事实提出异议,但其未能提供充分的证据予以证明,其异议不能成立,本院不予支持,对于一审查明的××部分的事实,本院予以确认。")"。

4. 当事人对部分事实提出异议,根据当事人提交的新证据或者本院调查收集的证据,经审理发现一审查明的事实确实存在部分错误的。

首先,对于当事人无异议的正确部分的事实,可写明"一审查明的××部分的事实,有相关证据予以佐证,各方当事人均未提出异议,本院对一审查明的××部分的事实予以确认。"

其次,对于一审认定错误的事实,可写明"上诉人××对一审查明的××部分的事实提出异议……(写明当事人对相关事实提出异议的具体意见及对方的反驳意见,并列举当事人为支持其主张提交的新证据或本院调查收集的证据,各方当事人对证据的质证意见以及本院对各证据的最终认证意见,在此基础上写明本院查明的事实,最后可总结性写明"一审对××部分的事实认定有误,应予纠正,上诉人××对此提出的异议成立,本院予以支持。")"。

上述部分具体措辞可由承办人视案件情况灵活掌握。

十二、再审裁判文书应当在"案件由来"部分之后,写明原一、二审审理情况以及申请再审及答辩情况。

上述两部分的具体书写分别参照适用二审裁判文书"一审审理情况"和一审裁判文书关于"当事人起诉及答辩情况"部分的要求。

十三、再审裁判文书应当根据再审案件特点,结合相关证据材料,依据相关法律规定,针对当事人提出的对原一、二审认定事实的异议,重点予以分析、阐述。

该部分的具体书写参照适用二审裁判文书关于"二审认定的事实"部分的要求。

十四、裁判理由是裁判文书的核心部分,要有针对性和说服力,二审及再审裁判文书要防止照抄原判理由或者公式化的套话。

(一)本部分以"本院认为"作为引言,其后用冒号,另起一行写明具体意见。

(二)应明确纠纷的性质、案由。原审确定案由错误,二审或者再审予以改正的,应在此部分首先进行叙述并阐明理由。

(三)涉外、涉港澳台民商事案件,应当依照《中华人民共和国涉外民事关系法律适用法》及《最高人民法院关于适用〈中华人民共和国涉外民事关系法律适用法〉若干问题的解释(一)》《最高人民法院关于审理涉台民商事案件法律适用问题的规定》等司法解释的规定,对解决纠纷应当适用的法律作出分析认定。涉外涉港澳台海事案件,应当依照《中华人民共和国海商法》的相关规定对法律适用问题作出分析认定,《中华人民共和国海商法》没有规定的，适用《中华人民共和国涉外民事关系法律适用法》及其司法解释的相关规定。

（四）涉外案件应当适用我国法律的，表述为"适用中华人民共和国法律"。

涉港澳案件，应当适用内地法律的，表述为"适用内地法律"，应适用港澳地区法律的，表述为"适用香港特别行政区（澳门特别行政区）法律"。

涉台案件，应当适用大陆法律的，表述为"适用大陆法律"（大陆后面不能加"地区"二字），应当适用台湾地区法律的，表述为"适用台湾地区法律"。

案件中既有港澳地区当事人，也有台湾地区当事人的，如果应当适用内地（大陆）法律，表述为"适用内地法律"即可。

（五）一审裁判文书应当围绕当事人争议的焦点问题及原告的最终诉讼请求能否成立进行论述。

（六）二审或再审裁判文书应当围绕当事人争议的焦点问题及上诉或再审请求能否成立进行论述。原审裁判正确，上诉或申请再审无理的，指出其理由的不当之处；原审裁判不当，上诉或申请再审理由成立的，应当阐明原判错之处、上诉或申请再审请求和理由成立的事实和法律依据、改判的理由等等。

（七）人民法院审理合同纠纷案件，对于合同是否成立、效力等问题应当主动予以审查，即使当事人未就此提出异议，亦应予以分析阐述。

（八）对于案件复杂，当事人争议问题较多的，可以根据庭审时归纳的当事人争议焦点，分别逐项予以阐述。

（九）在该部分引用法律法规、司法解释时，应当严格适用《最高人民法院关于裁判文书引用法律、法规等规范性法律文件的规定》。并列引用多个法律文件的，引用顺序如下：法律及法律解释、行政法规、地方性法规、自治条例或者单行条例、司法解释；同时引用两部以上法律的，应当先引用基本法律，后引用其他法律；引用包括实体法和程序法的，先引用实体法，后引用程序法。

引用最高人民法院的司法解释时，应当按照公告公布的格式书写。

适用公约时，应当援引适用的公约具体条款。引用公约条款的顺序应置于法律、司法解释之前。

（十）二审或再审改判的，对于改判所依据的实体法应当予以援引。

（十一）如果案件因为涉及商业秘密或者隐私等问题不公开开庭审理，裁判文书中应当援引《中华人民共和国民事诉讼法》第一百三十四条的规定。如果是缺席判决的，应当根据具体情况援引《中华人民共和国民事诉讼法》第一百四十三条或者第一百四十四条的规定。

（十二）指导性案例及非司法解释性的规范性文件，如各种指导性意见、会议纪要、个案答复等不得作为法律依据予以援引，但其体现的原则和精神可在说理部分予以阐述。

（十三）案件经审判委员会讨论决定的，应予以写明。

（十四）案件管辖权问题在判决书理由部分不需要予以阐述。

十五、裁判主文即裁判结果，是对案件实体问题作出的处理决定，裁判结果要明确、具体、完整。裁判结果应对当事人争议的实体问题作出终审结论。二审或再审裁判文书要对原审裁判作出明确表态，写明维持原裁判或者撤销原裁判，或者维持哪几项、撤销哪几项；对改判或加判的内容，要区别确认之诉、变更之诉、给付之诉等不同情况，作出明确、具体的处理决定。

（一）裁判文书主文部分中当事人名称应当用全称，主文的各项之间统一用分号。

（二）裁判文书主文内容必须明确具体、便于执行。如原审判决中未明确履行期限的，二审或再审裁判文书应写明判项的履行日期。

（三）对于金钱给付的利息，当事人要求计算至判决执行之日止，而原审裁判计算出绝对数的，二审或再审应予以纠正，应当明确利息计算的起止点。

（四）根据最高人民法院法〔2007〕19号通知的要求，1. 一审判决中具有金钱给付义务的，应当在所有判项之后另起一行写明：如果未按本判决指定的期间履行给付金钱的义务，应当依照《中华人民共和国民事诉讼法》第二百五十三条的规定，加倍支付迟延履行期间的债务利息。2. 二审判决作出改判的案件，无论一审判决是否写入了上述告知内容，均应在所有判项之后另起一行写明第一条的告知内容。3. 如一审判决已经写明上述告知内容，二审维持原判的判决，可不再重复告知。

十六、裁判文书尾部应写明诉讼费用的负担，合议庭成员署名和判决日期等。

（一）诉讼费用是人民法院根据《诉讼费用交纳办法》的有关规定来决定的，不属于诉讼争议的问题，不应列为判决结果的一项内容，应在判决结果后另起一行写明。

根据《诉讼费用交纳办法》第五十五条的规定，诉讼费用应以人民币为计算单位。

（二）一、二审诉讼费用应当分别表述。按照《诉讼费用交纳办法》第十七条的规定："对财产案件提起上诉的，按照不服一审判决部分的上诉请求数额交纳案件受理费。"二审要根据当事人上诉请求的数额重新计算诉讼费，不能完全按照一审的标准收取。根据《诉讼费用交纳办法》第二十九条的规定，共同诉讼当事人败诉的，应明确当事人各自负担的诉讼费用数额。

如果一审诉讼费用不作调整，可表述为"一审案件受理费××元人民币，财产保全费（或其他费用）××元人民币，按一审判决承担。"

（三）裁判文书尾部由合议庭成员共同署名。助理审判员参加合议的，署代理审判员。

院长、庭长参加合议庭审判的案件，院长、庭长担任审判长。

（四）"本件与原本核对无异"字样的印戳，应加盖在年月日与书记员署名之间空行的左边。

十七、其他注意问题。

（一）为避免引起混淆，裁判文书中当事人的名称应当统一，只使用其名称或简称，除以引号转引相关书证原文的情形外，若当事人之间的合同、协议中有"甲方""乙方"等表述时，应统一变换为当事人的名称。

二审、再审裁判文书使用当事人简称时，应当确保与所引用原审文书对应简称表述一致。

二审、再审裁判文书在表述原审法院名称时，可视情况使用"一审法院""二审法院"的表述，亦可使用法院简称。

（二）在援引一审裁判文书相关内容时，应当将其中的"本院"修改为"一审法院（或其简称）"。

（三）裁判文书中表述阿拉伯数字时，数字之间不使用逗号。

（四）涉台案件裁判文书的书写，适用《最高人民法院关于贯彻执行〈关于审理涉台民商事案件法律适用问题的规定〉的通知》（法〔2011〕180号）的要求。

最高人民法院巡回法庭审判管理工作指导意见

（2017年4月6日 法发〔2017〕9号）

为进一步深入贯彻落实院党组关于巡回审判、司法责任制、司法公开、网上办案等各项工作要求，切实加强巡回法庭审判管理工作，有效确保巡回法庭办案工作的质量和效率，充分发挥巡回法庭示范效应，结合我院工作实际，制定此指导意见。

一、收立案阶段

1. 诉讼服务中心工作人员应当通过各种方式采集再审申请人、申诉人、上诉人及诉讼代理人的证件号码（身份证号、军官证号、护照号或者组织机构代码等）、手机号码、送达地址等，引导上述人员选择接受电子送达，要求上述人员签署"送达地址、送达方式确认书"，提供被申请人、被申诉人、被上诉人联系方式等信息。

2. 对于符合民事、行政再审申请或者刑事申诉立案条件的，诉讼服务中心工作人员应当要求再审申请人或者申诉人提交再审申请书或者申诉状、原审生效裁判文书、身份证明材料、委托代理手续以及支持申请再审或者申诉理由的有关证据材料的电子文档。再审申请人或者申诉人未提交电子文档或者提交的电子文档不符合要求的，工作人员应当一次性告知其所需提供材料的规格和样式。对于确有困难无法自行提供电子文档的，工作人员应当指导扫描中心帮助制作电子文档。

3. 对于二审案件，一审法院移送一审卷宗时，应当同时提供一审电子卷宗和上诉状、一审裁判文书、身份证明材料、委托代理手续、有关证据材料等上诉材料的电子文档。对于未按照要求提供电子卷宗的，诉讼服务中心工作人员应当要求一审法院补充材料。对于未按照要求提供上诉材料电子文档的，诉讼服务中心工作人员可以要求一审法院补充材料，也可以指导扫描中心制作。

4. 巡回法庭应当积极引导民事、行政再审申请人和诉讼代理人依托互联网申请网上预约立案或者网上立案。再审申请人申请网上预约立案，或者诉讼代理人申请网上立案的，应当详细填录本指导意见第1条规定的信息，并上传本指导意见第2条规定的电子文档。对于已经在网上预约立案的，巡回法庭应当提供优先立案通道，由再审申请人在立案窗口提交诉讼材料原件，并签署"送达地址、送达方式确认书"。

5. 信息中心应当建立稳定便捷的原审电子卷宗调取通道，支持巡回法庭工作人员根据接访和办案工作需要依权限实时调取辖区法院所有原审电子卷宗，并支持将原审电子卷宗自动导入办案平台。有条件的巡回法庭，可以会同辖区高级人民法院探索建立专门的电子卷宗调取通道，实现与辖区法院信息化平台的互联互通、信息共享。巡回法庭应当督促辖区法院配合做好电子卷宗制作和调取等各项工作，确保从源头上解决网上办案难题。

6. 自接收下级法院、案件当事人或者诉讼代理人提交的案件材料开始，除涉及国家秘密的内容外，巡回法庭的所有工作均应依托信访系统或者办案平台进行，所有案件材料均应实现网上流转、网上审批、全程留痕，案件流程进展情况均应向案件当事人及诉讼代理人主动公开。

7. 立案时，立案工作人员应当准确完整填写办案平台中的案件当事人信息、原审案件信息、立案案由等各项立案信息。对于二审案件，立案工作人员应当填录所有案件当事人的证件号码、手机号码、送达地址等信息；对于审查类案件，立案工作人员应当填录申请再审、申诉一方当事人的证件号码、手机号码、送达地址等信息。案件当事人在立案阶段已经委托诉讼代理人的，立案工作人员应当填录诉讼代理人的证件号码、手机号码、送达地址等信息。

8. 除高级人民法院报请批准延长审限的案件外，巡回法庭一般情况下不应当办理请示案件。巡回法庭认为确实需要办理请示案件的，应当在立案前向审管办提交报告并说明理由。审管办会同立案庭、研究室及相关业务部门共同研究后，认为应当由巡回法庭审理的，巡回法庭可以立案。

9. 分案工作依托办案平台进行，应当坚持随机、均衡、自动的基本原则，不再采用手工分案方式。巡回法庭可以结合自身实际，向审管办提出本庭详细的随机分案规则，经审管办审核后交信息中心办理。分案规则应在确保本庭主审法官办案工作量基本均衡的基础上，尽量简单、可行。各巡回法庭随机分案规则向全院公开。

10. 各巡回法庭应当指定一名庭领导负责确认和调整分案。确定合议庭成员后，原则上不应变更合议庭成员。因特殊需要必须变更合议庭成员的，应当层报负责调整分案的庭领导审批。调整分案情况通过办案平台向全庭所有人员公开，并通过审判流程信息公开平台向案件当事人及诉讼代理人公开。

二、审理阶段

11. 案件审理过程中案件信息发生变化的，主审法官应当指导法官助理或者书记员及时在办案平台予以变更。对于审查类案件，进入审理阶段后，法官助理或者书记员应当采集、填录被申诉人、被申请人的证件号码、手机号码、送达地址等信息。案件进入审理阶段后，当事人又委托、增加、变更诉讼代理人，或者诉讼代理人的证件号码、手机号码、送达地址等发生变化的，法官助理或者书记员应当及时采集、填录、更新上述信息。法官助理或者书记员应当通过查阅案卷、联系下级法院、联系人民检察院等途径完成上述信息的采集工作。

12. 合议庭成员确定后，书记员应当依托办案平台及时制作受理案件通知书、应诉通知书及传票，呈报承办主审法官或者审判长签发后，提交总值班室电子签章。书记员应当及时向案件当事人或者诉讼代理人送达受理案件通知书、应诉通知书、传票、廉政监督卡、审判流程信息公开告知书等文书和材料，并在办案平台及时填录送达信息。对于案件当事人或者诉讼代理人同意接受电子送达的，以上文书及材料应当采用电子送达方式。诉讼服务中心工作人员应当通过审判流程信息公开平台跟踪电子送达状态，并通过适当方式督促、指导受送达人及时接受电子送达，下载、查阅电子送达的诉讼文书。受送达人未接受电子送达的，及时采取其他方式进行送达。有条件的巡回法庭，可以探索由诉讼服务中心统一完成送达和电子送达工作，确保送达工作规范高效。

13. 对于案件审理过程中收到的证据材料，由承办主审法官负责指导法官助理或者书记员同步扫描形成电子文档，并上传办案平台。主审法官、法官助理和书记员应当依托办案平台完成各种笔录、报告、裁判文书的整理与起草工作，或者在完成上述工作后及时上传办案平台。

14. 合议庭成员确定开庭时间后，一律由书记员通过办案平台预订法庭。对于庭审直播案件，由法官助理或者书记员准备案情简介，通过办案平台报承办主审法官或者审判长审批后提供给庭审直播平台运维人员。预订法庭后原则上不应变更庭审时间和庭审地点。

确实需要变更的，书记员应当及时主动向案件当事人及诉讼代理人作出解释说明。庭审直播预告发布后，庭审需要改期的，承办主审法官应当及时指导书记员通过办案平台进行取消庭审和预订法庭的操作，系统自动发布庭审改期公告。

15. 对于庭审直播案件，应当在开庭通知书、传票中告知检察机关、案件当事人及其他诉讼参与人庭审直播的有关情况。检察机关或者案件当事人通过书面形式申请不进行网络直播，经审查确有正当理由的，承办主审法官通过办案平台填写《最高人民法院庭审不进行网络直播审批表》，层报庭长审批同意，可以不直播。

16. 庭审直播预告发布后，出现撤诉、调解等特殊情形的，承办主审法官应当通过办案平台填写《最高人民法院取消庭审网络直播审批表》，层报庭长审批同意后，系统自动发布取消庭审直播的公告，并载明取消理由。

17. 庭审开始时，书记员负责操作科技法庭系统、庭审直播系统，庭审网络直播自动进行。庭审网络直播过程中，出现不适宜直播的特殊情形的，审判长有权决定中断庭审直播。书记员根据审判长的指令，进行相应操作。中断直播的事由消除后，审判长应当指令书记员恢复庭审直播。中断直播的事由无法消除，或者庭审出现确不适宜继续直播的情况，审判长有权决定终止庭审直播。中断、恢复、终止直播的，应当记入开庭笔录。终止直播的，审判长应当在庭审后3个工作日内作出书面说明，经巡回法庭庭领导审批，报审管办和新闻局备案。

18. 提交合议庭评议前，承办主审法官应当提炼出案件的争议焦点及所涉及的主要法律适用问题，依托办案平台、中国裁判文书网、法信平台等，对我院已经审结的涉及相同、相似争议焦点或者法律适用问题的类似案件，以及我院已审结或者正在审理的关联案件进行全面检索，形成"类案及关联案件检索报告"，及时上传办案平台。检索类似案件及关联案件有困难的，可以报巡回法庭庭领导审批后，向审管办提出需求，由审管办协同院本部有关审判业务部门、研究室及信息中心帮助完成此项工作。

19. 提交合议庭评议前，承办主审法官应当确保所有案件材料的电子版已上传办案平台，以便其他合议庭成员在合议前依托办案平台详细查看拟合议案件的电子卷宗。

20. 巡回法庭要建立和完善主审法官会议机制，研究制定科学合理的主审法官会议事规则，报审管办备案。主审法官会议的讨论意见供合议庭复议时参考，采纳与否由合议庭决定，讨论记录应当及时上传办案平台，并入卷备查。对于所有拟提交审判委员会讨论的案件，巡回法庭均须先行提交主审法官会议讨论，并经巡回法庭庭长批准。

21. 合议时，承办主审法官应当对案情进行全面客观的介绍，并详细汇报类似案件及关联案件的检索情况，提出裁判意见。合议庭成员发表意见和观点须陈述理由，不得只讲观点不讲理由或者简单附议他人意见。一般情况下，合议庭应当遵循我院业已形成的裁判规则和尺度，如拟处意见与我院既有裁判规则和尺度不一致，应当说明理由，并提交主审法官会议讨论。主审法官会议认为应当改变我院既有裁判规则的，应当提交审判委员会讨论。如查询到的我院同类案件之间存在裁判标准和尺度的重大差异，巡回法庭可通报审管办，由审管办报请院领导将差异案件所涉法律问题提交审判委员会讨论，以确定应当遵从的裁判规则。

22. 合议时，书记员应当依托办案平台对合议过程进行记录，或者在合议后及时将合议笔录上传办案平台，依次送交合议庭成员签署。合议模块开发完成前，书记员应当及时将合议笔录的电子版及合议庭成员签名原件的扫描件上传办案平台。

23. 对于在办案件，巡回法庭庭领导应当依托办案平台加强巡查，强化对案件质量和效率的管理。对于以下四类案件，巡回法庭庭领导有权要求合议庭报告案件进展和评议结果：（1）涉及群体性纠纷，可能影响社会稳定的；（2）疑难、复杂且在社会上有重大影响的；（3）与本院类案判决可能发生冲突的；（4）有关单位或者个人反映法官有违法审判行为的。庭领导对上述四类案件的审理过程或者评议结果有异议的，可以将案件提交主审法官会议讨论。

24. 巡回法庭办理请示案件，合议庭作出答复或者批复前，应当提交本庭主审法官会议讨论。主审法官会议讨论情况应当报审管办备案。

25. 案件审理期限的变更应当严格依照法律及司法解释进行。对于符合扣除审限、延长审限条件的，承办主审法官应当及时通过办案平台提出申请，层报庭领导审批。审限扣除、延长的时间、理由等均将通过审判流程信息公开平台自动同步向案件当事人及其诉讼代理人公开。

三、结案阶段

26. 裁判文书签发后，承办主审法官应当及时指导法官助理和书记员对裁判文书进行认真校对、纠错、排版后，提交总值班室电子签章。总值班室签章后，承办主审法官可以打印裁判文书，安排书记员及时开展送达工作。书记员应当在办案平台中及时准确填录送达方式、开始送达时间和完成送达时间。送达工作开始后，承办主审法官可以在办案平台中结案。结案时，承办主审法官应当准确填录结案方式、结案案由等案件信息，准确选择结案裁判文书。案件结案后，相关信息原则上不允许修改。确实需要修改的，应当通过办公平台报庭领导和审管办审批后交信息中心办理。

27. 裁判文书送达后七个工作日内，承办主审法官应当及时完成裁判文书上网前技术处理及裁判文书上网公开工作。公告送达的，公告送达开始后即可以将有关裁判文书上网公开。

四、其他事项

28. 一般情况下，巡回法庭不得出台指导性意见、指导性案例以及其他司法政策文件。巡回法庭认为确有必要的，应当首先提交主审法官会议讨论。主审法官会议讨论通过后，应当提交审判委员会讨论。审判委员会讨论通过后，该指导性意见、指导性案例以及其他司法政策文件应当以最高人民法院名义对外统一发布。

29. 巡回法庭庭领导应当加强对本庭案件质量和效率的分析研判，有针对性地开展专项评查，研究发现和解决制约本庭审判质效的普遍性、深层次问题。庭领导应当明确和细化本庭不同岗位人员的工作职责，并在此基础上不断完善本庭审判业绩评价体系，使审判业绩评价更加科学合理、客观真实、公开透明。

30. 巡回法庭应当确定一名庭领导专门负责推动网上办案工作，并指定一名联络员协助庭领导负责此项工作。在推动过程中：要组织得力人员，深入了解掌握本部门人员规范使用办案软件、落实网上办案具体要求的实际情况，认真查找存在的问题，分析原因，制定对策，并及时汇总办案人员对软件的修改完善意见和具体需求，通过联络员及时反馈审管办、信息中心。

31. 巡回法庭要根据部门工作实际，将办案人员开展网上办案的情况作为重要考核指标，与主审法官、法官助理、书记员和诉讼服务人员个人的评优评先等挂钩。审管办将通过办案平台对各审判业务部门开展网上办案的情况进行评查，评查结果纳入年度绩效考核。

32. 庭审结束后，庭审录像即向案件当事人及其诉讼代理人公开。电子卷宗正卷无论是否归档，均向案件当事人及其诉讼代理人公开。查阅庭审录像的，由诉讼服务中心在核实查阅人员身份信息后直接提供；查阅已归档电子档案的，经承办主审法官和档案管理部门批准后提供查阅；查阅未归档电子卷宗的，经承办主审法官批准后提供查阅。对于案件当事人及诉讼代理人申请阅卷的，优先提供电子卷宗查阅服务。一般情况下，应当允许案件当事人及诉讼代理人通过互联网查阅案件卷宗。案件当事人及诉讼代理人申请查阅纸质卷宗的，应当在诉讼服务中心进行。书记员应准备好案件正卷，经核对身份证件及代理权限后提供查阅，并安排专门人员监督阅卷。

33. 巡回法庭应当在诉讼服务中心设立扫描中心，聘请专业化社会服务团队为当事人、诉讼代理人及承办主审法官提供扫描服务。档案部门应当明确网上办案情况下诉讼卷宗归档的具体操作规程。

34. 行装局、信息中心应当充分保障办案平台升级改造、电子卷宗生成设备配备、电子卷宗深度应用功能开发及购买专业化服务所需资金。应当提供充足内外网网络带宽，不断优化系统间接口性能，提升系统间信息共享和融合水平，着力保障信息化系统的稳定性和易用性，并通过配置高清宽屏显示器、高性能内外网办公电脑、保密远程无线办公设备等，进一步改善法官网上办案条件，为法官充分利用电子卷宗提供软件、硬件的同步支持。

35. 各巡回法庭已经制定的审判管理文件及办案工作流程，与本指导意见不一致的，以本指导意见为准。

最高人民法院关于发布第 17 批指导性案例的通知

（法〔2017〕332 号）

各省、自治区、直辖市高级人民法院，解放军军事法院，新疆维吾尔自治区高级人民法院生产建设兵团分院：

经最高人民法院审判委员会讨论决定，现将张道文、陶仁等诉四川省简阳市人民政府侵犯客运人力三轮车经营权案等五个案例（指导案例 88－92 号），作为第 17 批指导性案例发布，供在审判类似案件时参照。

最高人民法院

2017 年 11 月 15 日

最高人民法院关于发布第 16 批指导性案例的通知

（法〔2017〕53 号）

各省、自治区、直辖市高级人民法院，解放军军事法院，新疆维吾尔自治区高级人民法院生产建设兵团分院：

经最高人民法院审判委员会讨论决定，现将北京奇虎科技有限公司诉腾讯科技（深圳）有限公司、深圳市腾讯计算机系统有限公司滥用市场支配地位纠纷案等十个案例（指导案例 78－87 号）作为第 16 批指导性案例发布，供在审判类似案件时参照。

最高人民法院

2017 年 3 月 6 日

最高人民法院关于发布第 15 批指导性案例的通知

（法〔2016〕449 号）

各省、自治区、直辖市高级人民法院，解放军军事法院，新疆维吾尔自治区高级人民法院

生产建设兵团分院：

　　经最高人民法院审判委员会讨论决定，现将北京阳光一佰生物技术开发有限公司、习文有等生产、销售有毒、有害食品案等八个案例（指导案例70-77号），作为第15批指导性案例发布，供在审判类似案件时参照。

最高人民法院

2016年12月28日

最高人民法院关于发布第14批指导性案例的通知

（法〔2016〕311号）

各省、自治区、直辖市高级人民法院，解放军军事法院，新疆维吾尔自治区高级人民法院生产建设兵团分院：

　　经最高人民法院审判委员会讨论决定，现将上海市虹口区久乐大厦小区业主大会诉上海环亚实业总公司业主共有权纠纷案等5件案例（指导案例65-69号），作为第14批指导性案例发布，供在审判类似案件时参照。

最高人民法院

2016年9月19日

最高人民法院关于发布第13批指导性案例的通知

（法〔2016〕214号）

各省、自治区、直辖市高级人民法院，解放军军事法院，新疆维吾尔自治区高级人民法院生产建设兵团分院：

　　经最高人民法院审判委员会讨论决定，现将马乐利用未公开信息交易案等四个案例作为第13批指导性案例发布（指导案例61-64号），供在审判类似案件时参照。

最高人民法院

2016年6月30日

最高人民法院关于发布第 12 批指导性案例的通知

(法〔2016〕172 号)

各省、自治区、直辖市高级人民法院,解放军军事法院,新疆维吾尔自治区高级人民法院生产建设兵团分院:

经最高人民法院审判委员会讨论决定,现将温州银行股份有限公司宁波分行诉浙江创菱电器有限公司等金融借款合同纠纷案等四个案例(指导案例 57-60 号),作为第 12 批指导性案例发布,供在审判类似案件时参照。

最高人民法院
2016 年 5 月 30 日

最高人民法院关于发布第 11 批指导性案例的通知

(法〔2015〕320 号)

各省、自治区、直辖市高级人民法院,解放军军事法院,新疆维吾尔自治区高级人民法院生产建设兵团分院:

经最高人民法院审判委员会讨论决定,现将福建海峡银行股份有限公司福州五一支行诉长乐亚新污水处理有限公司、福州市政工程有限公司金融借款合同纠纷案等 4 个案例(指导案例 53-56 号),作为第 11 批指导性案例发布,供在审判类似案件时参照。

最高人民法院
2015 年 11 月 19 日

最高人民法院关于发布第十批指导性案例的通知

(法〔2015〕85 号)

各省、自治区、直辖市高级人民法院,解放军军事法院,新疆维吾尔自治区高级人民法院生产建设兵团分院:

根据《最高人民法院关于案例指导工作的规定》第九条的规定,最高人民法院对《最高人民法院公报》刊发的对全国法院审判、执行工作具有指导意义的案例,进行了清理和编纂。经最高人民法院审判委员会讨论决定,现将经清理和编纂的北京百度网讯科技有限公司诉青岛奥商网络技术有限公司等不正当竞争纠纷案等八个案例（指导案例45－52号），作为第十批指导性案例发布，供在审判类似案件时参照。

最高人民法院
2015 年 4 月 15 日

最高人民法院关于发布第九批指导性案例的通知

（法〔2014〕337 号）

各省、自治区、直辖市高级人民法院，解放军军事法院，新疆维吾尔自治区高级人民法院生产建设兵团分院：

根据《最高人民法院关于案例指导工作的规定》第九条的规定，最高人民法院对《最高人民法院公报》刊发的对全国法院审判、执行工作具有指导意义的案例，进行了编纂。经最高人民法院审判委员会讨论决定，现将田永诉北京科技大学拒绝颁发毕业证、学位证案等七个案例（指导案例38－44号），作为第九批指导性案例发布，供在审判类似案件时参照。

最高人民法院
2014 年 12 月 24 日

最高人民法院关于发布第八批指导性案例的通知

（法〔2014〕327 号）

各省、自治区、直辖市高级人民法院，解放军军事法院，新疆维吾尔自治区高级人民法院生产建设兵团分院：

经最高人民法院审判委员会讨论决定，现将张某某、金某危险驾驶案等六个案例（指导案例32－37号），作为第八批指导性案例发布，供在审判类似案件时参照。

最高人民法院
2014 年 12 月 18 日

最高人民法院关于发布第七批指导性案例的通知

（法〔2014〕161 号）

各省、自治区、直辖市高级人民法院，解放军军事法院，新疆维吾尔自治区高级人民法院

生产建设兵团分院：

经最高人民法院审判委员会讨论决定，现将臧进泉等盗窃、诈骗案等五个案例（指导案例27－31号），作为第七批指导性案例发布，供在审判类似案件时参照。

最高人民法院

2014年6月26日

最高人民法院关于发布第六批指导性案例的通知

（法〔2014〕18号）

各省、自治区、直辖市高级人民法院，解放军军事法院，新疆维吾尔自治区高级人民法院生产建设兵团分院：

经最高人民法院审判委员会讨论决定，现将孙银山诉南京欧尚超市有限公司江宁店买卖合同纠纷案等四个案例（指导案例23－26号），作为第六批指导性案例发布，供在审判类似案件时参照。

最高人民法院

2014年1月26日

最高人民法院关于发布第五批指导性案例的通知

（法〔2013〕241号）

各省、自治区、直辖市高级人民法院，解放军军事法院，新疆维吾尔自治区高级人民法院生产建设兵团分院：

经最高人民法院审判委员会讨论决定，现将张莉诉北京合力华通汽车服务有限公司买卖合同纠纷案等六个案例（指导案例17－22号），作为第五批指导性案例发布，供在审判类似案件时参照。

最高人民法院

2013年11月8日

最高人民法院关于发布第四批指导性案例的通知

（法〔2013〕24号）

各省、自治区、直辖市高级人民法院，解放军军事法院，新疆维吾尔自治区高级人民法院

生产建设兵团分院：

经最高人民法院审判委员会讨论决定，现将王召成等非法买卖、储存危险物质案等四个案例（指导案例13-16号），作为第四批指导性案例发布，供在审判类似案件时参照。

最高人民法院
2013年1月31日

最高人民法院关于发布第三批指导性案例的通知

（法〔2012〕227号）

各省、自治区、直辖市高级人民法院，解放军军事法院，新疆维吾尔自治区高级人民法院生产建设兵团分院：

经最高人民法院审判委员会讨论决定，现将上海存亮贸易有限公司诉蒋志东、王卫明等买卖合同纠纷案等四个案例（指导案例9-12号），作为第三批指导性案例发布，供在审判类似案件时参照。

最高人民法院
2012年9月18日

最高人民法院关于发布第二批指导性案例的通知

（法〔2012〕172号）

各省、自治区、直辖市高级人民法院，解放军军事法院，新疆维吾尔自治区高级人民法院生产建设兵团分院：

经最高人民法院审判委员会讨论决定，现将鲁潍（福建）盐业进出口有限公司苏州分公司诉江苏省苏州市盐务管理局盐业行政处罚案等四个案例（指导案例5-8号），作为第二批指导性案例发布，供在审判类似案件时参照。

最高人民法院
2012年4月9日

最高人民法院关于发布第一批指导性案例的通知

(法〔2011〕354号)

各省、自治区、直辖市高级人民法院,解放军军事法院,新疆维吾尔自治区高级人民法院生产建设兵团分院:

为了贯彻落实中央关于建立案例指导制度的司法改革举措,最高人民法院于2010年11月26日印发了《关于案例指导工作的规定》(以下简称《规定》)。《规定》的出台,标志着中国特色案例指导制度初步确立。社会各界对此高度关注,并给予大力支持。各高级人民法院根据《规定》要求,积极向最高人民法院推荐报送指导性案例。最高人民法院专门设立案例指导工作办公室,加强并协调有关方面对指导性案例的研究。近日,最高人民法院审判委员会讨论通过,决定将上海中原物业顾问有限公司诉陶德华居间合同纠纷案等4个案例作为第一批指导性案例予以公布。现将有关工作通知如下:

一、准确把握案例的指导精神

(一)上海中原物业顾问有限公司诉陶德华居间合同纠纷案,旨在解决二手房买卖活动中买方与中介公司因"跳单"引发的纠纷。该案例确认:居间合同中禁止买方利用中介公司提供的房源信息,却撇开该中介公司与卖方签订房屋买卖合同的约定具有约束力,即买方不得"跳单"违约;但是同一房源信息经多个中介公司发布,买方通过上述正当途径获取该房源信息的,有权在多个中介公司中选择报价低、服务好的中介公司促成交易,此行为不属于"跳单"违约。从而既保护中介公司合法权益,促进中介服务市场健康发展,维护市场交易诚信,又促进房屋买卖中介公司之间公平竞争,提高服务质量,保护消费者的合法权益。

(二)吴梅诉四川省眉山西城纸业有限公司买卖合同纠纷案,旨在正确处理诉讼外和解协议与判决的效力关系。该案例确认:对于当事人在二审期间达成诉讼外和解协议后撤诉的,当事人应当依约履行。一方当事人不履行或不完全履行和解协议的,另一方当事人可以申请人民法院执行一审生效判决。从而既尊重当事人对争议标的的自由处分权,强调了协议必须信守履行的规则,又维护了人民法院生效裁判的权威。

(三)潘玉梅、陈宁受贿案旨在解决新形式、新手段受贿罪的认定问题。该案例确认:国家工作人员以"合办"公司的名义或以交易形式收受贿赂的、承诺"为他人谋取利益"未谋取利益而受贿的、以及为掩饰犯罪而退赃的,不影响受贿罪的认定,从而对近年来以新的手段收受贿赂案件的处理提供了明确指导。对于依法惩治受贿犯罪,有效查处新形势下出现的新类型受贿案件,推进反腐败斗争深入开展,具有重要意义。

（四）王志才故意杀人案旨在明确判处死缓并限制减刑的具体条件。该案例确认：刑法修正案（八）规定的限制减刑制度，可以适用于 2011 年 4 月 30 日之前发生的犯罪行为；对于罪行极其严重，应当判处死刑立即执行，被害方反应强烈，但被告人具有法定或酌定从轻处罚情节，判处死刑缓期执行，同时依法决定限制减刑能够实现罪刑相适应的，可以判处死缓并限制减刑。这有利于切实贯彻宽严相济刑事政策，既依法严惩严重刑事犯罪，又进一步严格限制死刑，最大限度地增加和谐因素，最大限度地减少不和谐因素，促进和谐社会建设。

二、切实发挥好指导性案例作用

各级人民法院对于上述指导性案例，要组织广大法官认真学习研究，深刻领会和正确把握指导性案例的精神实质和指导意义；要增强运用指导性案例的自觉性，以先进的司法理念、公平的裁判尺度、科学的裁判方法，严格参照指导性案例审理好类似案件，进一步提高办案质量和效率，确保案件裁判法律效果和社会效果的有机统一，保障社会和谐稳定；要高度重视案例指导工作，精心编选、积极推荐、及时报送指导性案例，不断提高选报案例质量，推进案例指导工作扎实开展；要充分发挥舆论引导作用，宣传案例指导制度的意义和成效，营造社会各界理解、关心和支持人民法院审判工作的良好氛围。

今后，各高级人民法院可以通过发布参考性案例等形式，对辖区内各级人民法院和专门法院的审判业务工作进行指导，但不得使用"指导性案例"或者"指导案例"的称谓，以避免与指导性案例相混淆。对于实施案例指导工作中遇到的问题和改进案例指导工作的建议，请及时层报最高人民法院。

附：上海中原物业顾问有限公司诉陶德华居间合同纠纷案等四个指导性案例（略）

二〇一一年十二月二十日

关键词索引

案例指导制度　1，30
案由广泛　98
颁发证书　249
保护范围　235，236
保险代位求偿权　224
保险人代位求偿　224
备案结果通知　248
被诉侵权药品制备工艺查明　236
必要措施　235
别除权　223
不具备用工主体资格的单位或者个人　206
不履行和解协议　256
不正当竞争　232，233，239—242
财产保险合同　224
财产返还　211
参照率　49，73，98，183
撤回上诉　256
诚实信用　233
诚信原则　240
承诺谋利　207
程序性行政行为　252
重申司法解释　49
出质登记　215
船舶碰撞损害赔偿　220
错误执行　260
DNA 指纹检测　238
搭售　243

大数据分析　1，170
单方解除　219
到期债权　258
盗窃　205
低价购房受贿　207
第三者对保险标的的损害　224
电信服务合同　219
毒害性物质　199
恶意串通　211，257
二手房买卖　218
发布数量　73，118
发还赃物　260
发明专利权　234
法定义务　210
法律效力　214，252
防空地下室　253
非法经营数额　202
非法买卖、储存危险物质　199
分期付款　222
服务提供者　235
高等学校　249
告知义务　217，219，250
工伤认定　252
工作场所　247
工作过失　247
工作原因　247
公安行政登记　254

公司僵局　221
公司解散　221
公司决议撤销　222
公司清算义务　211
公序良俗　254
功能性特征　237
股权转让　222
故意杀人罪　203
关联公司　212
管辖　224
管辖异议　226
规章参照　245
国家赔偿　259，260
过错责任　225
海上货物运输保险合同　221
海事　221
海事赔偿责任限额计算　227
海事赔偿责任限制基金　227
海事诉讼　227
航班延误　217
航空旅客运输合同　217
"合办"公司受贿　207
合同解除　222
合同解释　252
合同类指导性案例　98
合同诈骗　201
合意违反航行规则　220
后续行为　234
环境污染公益诉讼　227
婚恋纠纷引发　203
婚生子女　209
机动车交通事故　225

机动车让行　247
技术保护措施　229
技术调查官　236
技术术语　235
既遂　201
继承　209
家用汽车　213
假冒注册商标罪　202
交通事故　225
交通事故侵权　170
借款合同　214
金钱质押　228
金融借款合同　215
近似品种　238
禁止令　204
经营管理严重困难　221
精神损害赔偿　259
竞争关系　232，239
居间合同　218
举报答复　255
举证责任　230，238，251，261
拒不支付劳动报酬罪　206
拒不执行判决、裁定罪　206
抗诉　217
跨领域　132
捆绑交易　243
捆绑销售　229
滥用市场支配地位　243
劳动合同　219
老字号　233，242
累犯　203
离婚　210

离婚时 210
历史题材 231
利用未公开信息交易罪 200
利用信息网络 205
连带清偿责任 211
连带责任 212，225，235
临时保护期 234
垄断 243
买卖合同 213
没收较大数额财产 246
民间矛盾引发 203
民间文学艺术衍生作品 230
民商事指导性案例 73
民事 209—215，217—225，227—243
民事诉讼 216，217，224，226，256—258
年度比较 30
拍卖无效 257
赔偿责任 217
批复 251
骗取土地使用权 208
期限 250
欺诈 213
企业借贷 216
起算点 223
起算时间 206
强制拆除 261
强制医疗 204
抢劫罪 204
侵犯植物新品种权 238
侵害 234
侵害发明专利权 235，236

侵害计算机软件著作权 229，230
侵害商标权 232，233，239，242
侵害实用新型专利权 235
侵害外观设计专利 237
侵害植物新品种权 237
侵权对比 230，235
亲属协助抓捕 203
清偿债务 214
情节恶劣 200
情节特别严重 200
权利承受人 256
权利滥用 229，233
缺陷性特征 230
确认 250
确认合同无效 211
人防 253
人格混同 212
人工授精 209
擅用他人企业名称 239
擅自处分共同财产 210
商标侵权 232，240
商品房买卖合同 214
商品通用名称 232，240
设计特征 237
涉外仲裁裁决 258
申请撤诉 217
申请执行 256
申请执行期间起算 258
审查 214
生产、销售有毒、有害食品罪 201
十倍赔偿 213
实质相似 231

食品安全 213
食品安全标准 246
食品标签 246
食品说明书 246
市场合理价值 261
市场支配地位 243
适用法律错误 251
收益权质押 215
受案范围 248,249,251,255
受贿数额计算 207
受贿罪 207
受理 252
数额犯 201
刷信誉 202
司法赔偿 260
司法审查 252
司法审查范围 222
司法应用 1,30,49,73,98,118,132,170,183
死刑缓期执行 203
诉讼时效 210
贪污罪 208
坦白悔罪 203
套牌 225
特定化 228
特有包装、装潢 241
听证程序 246
同案不同判 132
外来原因 221
网络 235
网络服务 240
网络申请 254

网络销售 202
危险驾驶罪 200
违法判决 250
违约 218,219
违约行为 224
未成年人犯罪 204
未遂 201
未引用具体法律条款 251
委托拍卖 257
无罪逮捕 259
限制减刑 203
相关市场 243
相互授权许可 237
消防验收 248
协助履行 258
刑事 199—208
刑事赔偿 259,260
刑事诉讼 204
刑事指导性案例 49
刑事追缴 260
行使期限 223
行政 245—247,250,252—254,261
行政程序 250
行政处罚 245—247
行政工伤认定 247
行政赔偿 261
行政确认 248
行政诉讼 246,248,249,251,252,255
行政协议 252
行政许可 245,250
行政征收 253

行政指导性案例　132

姓名权　254

虚假诉讼　216

虚假宣传　233，242

学术自治　249

学位授予　249

盐业管理　245

掩饰受贿退赃　207

药品制备方法发明专利　236

业主共有权　210

一切险　221

一审判决　256

移交占有　228

易地建设费　253

应用案由　183

应用率　49，73

应用主体　183

影视作品　231

优先受偿权　223

有毒有害的非食品原料　201

有继续危害社会可能　204

有效期限　219

有效通知　235

逾期答复　254

玉米品种鉴定　238

原告资格　255

援引法定刑　200

再审期间　226

责任　225

责任认定　220

诈骗　205

整体视觉效果　237

正当程序　249

正当理由　254

正在通过人行横道　247

政府信息公开　254

知名商品　241

知识产权　234

知识产权法院　118

知识产权指导性案例　118

执行复议　256—258

执行管辖　258

执行和解　256

执行回转　260

执行异议之诉　228

执行指导性案例　183

职务便利　208

指导案例24号　170

指导性案例　1，30

质权实现　215

终结审查　217

著作权侵权　230，231

专门从事环境保护公益活动的社会组织　227

专项维修资金　210

追逐竞驶　200

最高额担保　215